Silke Wickel-Kirsch | Matthias Janusch | Elke Knorr

Personalwirtschaft

Silke Wickel-Kirsch | Matthias Janusch |
Elke Knorr

Personalwirtschaft

Grundlagen der Personalarbeit
in Unternehmen

GABLER

Bibliografische Information der Deutschen Nationalbibliothek
Die Deutsche Nationalbibliothek verzeichnet diese Publikation in der
Deutschen Nationalbibliografie; detaillierte bibliografische Daten sind im Internet über
<http://dnb.d-nb.de> abrufbar.

Prof. Dr. Silke Wickel-Kirsch ist Professorin für Personalwirtschaft und Organisation an der Fachhochschule Wiesbaden.

Matthias Janusch ist Referent für Personalcontrolling, Personalentwicklung und Grundsatzfragen in einer Spezialbank.

Elke Knorr ist Geschäftsführerin der PRE Unternehmens- und Personalberatung GmbH.

1. Auflage 2008

Alle Rechte vorbehalten
© Gabler | GWV Fachverlage GmbH, Wiesbaden 2008

Lektorat: Stefanie Brich

Gabler ist Teil der Fachverlagsgruppe Springer Science+Business Media.
www.gabler.de

Umschlaggestaltung: Ulrike Weigel, www.CorporateDesignGroup.de
Druck und buchbinderische Verarbeitung: Krips b.v., Meppel
Gedruckt auf säurefreiem und chlorfrei gebleichtem Papier

ISBN 978-3-8349-0500-0

Vorwort

„I believe that the next ten years will be the HR decade."[1]

Keine Frage: Die Vermutung von Dave Ulrich aus dem Jahr 1996 hat sich bestätigt: Die Bedeutung des Personal-Managements hat in den vergangenen 10 Jahren deutlich zugenommen. Die Ursachen hierfür waren vielschichtig und etwa die fortschreitende Globalisierung oder die Herausforderungen des demografischen Wandels machen deutlich, dass diese Entwicklung weiter fortschreitet. Vielschichtig sind auch die Themen, mit denen sich Personalbereiche heute konfrontiert sehen. Kein Wunder, dass (fast) täglich neue Bücher zum Thema Personalwirtschaft, Personalentwicklung, Personalmanagement, Personalcontrolling, Human Resource Management oder Human Capital Management auf den Markt kommen. Braucht man also wirklich ein weiteres Buch zu diesem Themenbereich? Die Antwort aus Sicht der Autoren dieses Buchs lautet: „Ja!"

Auf der einen Seite wimmelt es von Büchern, die sich an Praktiker richten und mit vielen Checklisten und vereinfachten Handlungsanweisungen arbeiten. Hier fehlt allerdings oft die theoretische Fundierung. Auf der anderen Seite gibt es zahlreiche Bücher, die für den akademischen Gebrauch gedacht sind und folgerichtig die Themen primär wissenschaftlich behandeln – dies dann auch in der entsprechenden Tiefe.

Dieses Buch stellt einen Spagat zwischen diesen beiden Extremen dar. Wir haben versucht, es so verständlich aufzubereiten, dass ein Praktiker gut damit arbeiten kann. Und dies, ohne die theoretische Fundierung völlig außer Acht zu lassen. Somit eignet es sich insbesondere zur Bearbeitung personalwirtschaftlicher Themen im Rahmen eines Bachelor-Studiums. Die personalwirtschaftliche Theorie und Praxis wird mit allen Aspekten – von der klassischen Administration bis hin zum üblicherweise vernachlässigten oder nur in einem Nebensatz erwähnten Personalcontrolling – beleuchtet. Auf diese Weise bekommen der Bachelor-Student und der Praktiker einen ersten Einblick in die verschiedenen Bereiche der Personalarbeit.

Unser Dank geht an den Gabler Verlag, speziell an Frau Stefanie Brich, die uns auf sehr professionelle Art betreut hat. Danken möchten wir besonders auch Herrn Dr. Rainer Schöttle, der im Hintergrund dafür gesorgt hat, dass das Buch ein harmonisches Ganzes werden konnte. Nicht zuletzt gilt unser Dank unseren Ehepartnern, die mit diversen Verbesserungsvorschlägen, viel Geduld und dem Verzicht auf etliche Stunden gemeinsamer Zeit zu diesem Buch beigetragen haben.

Dr. Silke Wickel-Kirsch   Elke M. Knorr   Matthias Janusch

---

[1] Ulrich 1996, S. viii

Inhalt

1 Politik und Strategie

1.1 Veränderungen des Arbeitsmarkts

Leitfragen:

- Welche Herausforderungen gibt es für das Personalmanagement?
- Wie kann Personalarbeit einen Beitrag zur Unternehmensstrategie leisten?

Die Funktion des Personalmanagements findet sich in allen Unternehmen/Organisationen, in denen Mitarbeiter (neudeutsch: „Humanressourcen") zur Erfüllung von Aufgaben eingesetzt werden. Zur Bestimmung, ob Personalmanagement eine wichtige Rolle spielt oder eher eine untergeordnete, bieten sich diverse Anhaltspunkte an:

1. Die organisatorische Zuordnung des Personalmanagements in der Unternehmenshierarchie (eigenständige Abteilung und, wenn ja, auf welcher Ebene angesiedelt?)

2. Akzeptanz der Mitarbeiter des Personalbereichs bei den Führungskräften im operativen Geschäft

3. Kompetenz und fachlicher Stand der Mitarbeiter in der Personalabteilung

4. Das angebotene Leistungsspektrum, für das die Personalabteilung verantwortlich zeichnet

In den Anfängen der Betriebswirtschaftslehre wurde die Bezeichnung „Personalwesen" verwendet. Seit den 70er-Jahren greift man immer häufiger auf die Begriffe Personalwirtschaft oder Personalmanagement zurück, da sich das Leistungsspektrum wandelt – weg von der reinen Aktenverwaltung und Lohnauszahlstelle hin zu einer Abteilung, die sich sowohl wirtschaftlichen Überlegungen als auch dem Management der Humanressourcen verschrieben hat.

Allerdings wurde dieser Wandel auch durch äußere Umstände getrieben und dauert noch an. Gerade heute findet eine grundlegende Veränderung des Arbeitsmarktes statt, die neue, veränderte Strategien und Verhaltensweisen der Personalabteilung verlangt. Konnte ein Hochschulabsolvent oder ein junger Mensch mit abgeschlossener

Berufsausbildung 1980 in Deutschland noch davon ausgehen, dass er bei dem Arbeitgeber in Rente geht, bei dem er sein Berufsleben beginnt, so kann er dies heute nicht mehr. Aufgrund steigender Dynamik in der Unternehmens- und Marktentwicklung, die sich in verändernden Arbeitsanforderungen ausdrückt, muss der gleiche junge Mensch heute mit durchschnittlich 4 bis 5 Arbeitgeberwechseln während seines Berufslebens rechnen. Dies geht so weit, dass viele Arbeitnehmer damit rechnen müssen, wenn sich die Entwicklung weiter fortsetzt, dass sie immer wieder Phasen der Beschäftigung haben, die sich mit Phasen ohne Beschäftigung ablösen. Das heißt, für viele Arbeitnehmer könnte die auftragsbezogene Beschäftigung Wirklichkeit werden.

Abbildung 1-1: *Der gespaltene Arbeitsmarkt (nach Marr 2000, S. 221)*

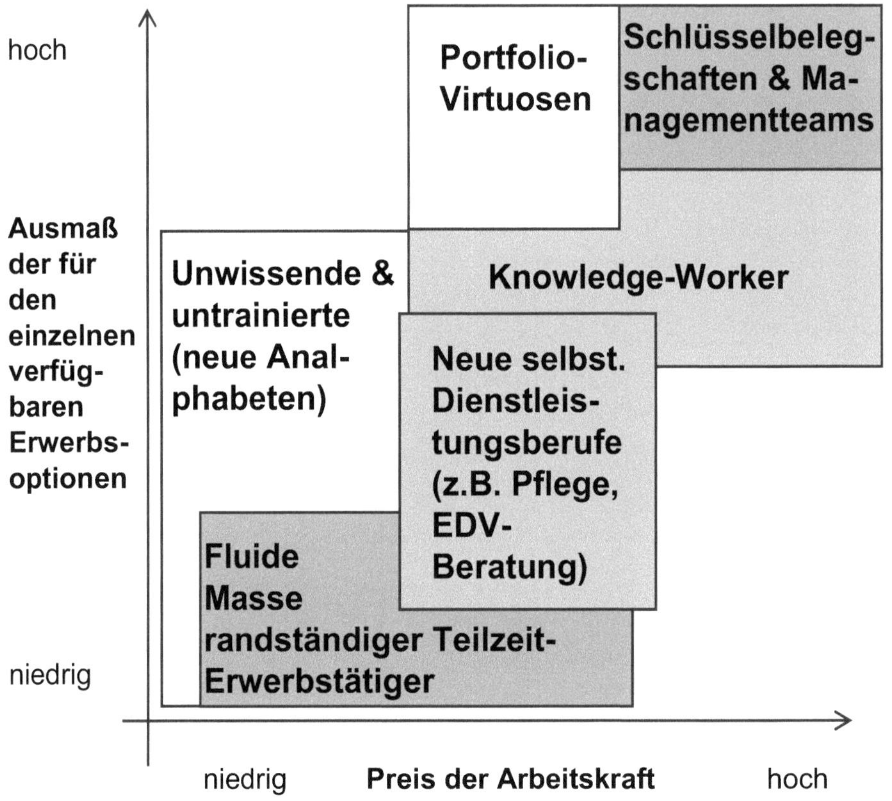

Durch diese Veränderungen auf dem Arbeitsmarkt werden sich außerdem die Beschäftigungsgruppen verändern bzw. in erstrebenswerte und weniger erstrebenswerte Gruppen aufteilen. Diese Aufteilung in Gruppen zeigt Abbildung 1-1. Es wird in dieser Aufteilung des Arbeitsmarktes immer wichtiger werden, zu den Gruppen „rechts oben" zu gehören, um die sich die Unternehmen streiten und die so viel Macht haben, dass sie ihre Arbeitskraft zu hohen Preisen jederzeit verkaufen können. Die Gruppe „unten links" hingegen ist von Dauerarbeitslosigkeit und niedrigen Einkommen am Rande des Existenzminimums bedroht. Aus Sicht der Personalarbeit wird damit die Arbeit weitaus komplexer, da nicht mehr eine relativ homogene Gruppe von Mitarbeitern in Dauerarbeitsverhältnissen zu betreuen ist, sondern vielfältige Gruppen mit unterschiedlichen, teilweise sogar konkurrierenden Interessen in einem Unternehmen unter einen Hut gebracht werden müssen. Und: Trennungen von Mitarbeitern werden zum Tagesgeschäft einer Personalabteilung gehören. Ebenso die Frage: Wie kann ein komplexeres Arbeitsfeld mit den gleichen Mitteln, also effizienter bei gleicher Qualität, bearbeitet werden? Hier ergeben sich völlig neue Herausforderungen, und die reine Administration wird nicht mehr genügen.

Allerdings stellt sich, bevor die Frage der operativen Ausgestaltung einer Personalabteilung und der Personalarbeit beantwortet werden kann, die Frage nach der Einordnung in den größeren Zusammenhang des Unternehmens und der Unternehmensstrategie als Ganzes.

1.2 Herausforderungen für Politik und Strategie

Da Humanressourcen ein maßgeblicher Erfolgsfaktor eines Unternehmens sind, muss die Personalarbeit in die strategische Unternehmensführung integriert werden. Der Personalabteilung kommt dabei die Rolle zu, die verabschiedeten Unternehmensstrategien voranzutreiben und die Umsetzung zu unterstützen. Hierzu wird eine Personalstrategie entwickelt, die einen Handlungsrahmen für die Gestaltung personalwirtschaftlicher Instrumente und Methoden darstellt und die Kernfunktionen der Personalarbeit und die Ausgestaltung der Personalabteilung festlegt. Schon in der Unternehmenspolitik wird festgelegt, in welcher Weise die Aufgaben erledigt und wie die angestrebten Ziele des Unternehmens erreicht werden sollen. Aus ihr leitet sich im nächsten Schritt der Konkretisierung eine Personalstrategie ab.

Im Rahmen der Unternehmenspolitik müssen bestimmt werden:

- Teilziele für die einzelnen Unternehmensbereiche, also auch für die Personalwirtschaft, und Zwischenziele zur Erreichung der Endziele

- Handlungsarten, die zur Aufgabendurchführung und zur Zielerreichung einzuhalten sind, z. B. Strategien, Methoden, Maßnahmen

- Verhaltensnormen, die für die Mitarbeiter gelten; diese sind für die Personalwirtschaft von besonderer Bedeutung.

Mit der Festlegung dieses Rahmens umfasst Personalpolitik typischerweise folgende Inhalte: Zunächst Grundsatzentscheidungen, die als richtungsweisende personalpolitische Leitlinien für Personalstrategien von der Unternehmensleitung formuliert werden, z. B.: Festanstellung hat Vorrang vor Zeitverträgen. Darauf aufbauend werden Einzelentscheidungen getroffen, mit denen die Grundsatzentscheidungen durch die Vorgesetzten in den einzelnen Unternehmensbereichen ausgeführt und umgesetzt werden.

Abbildung 1-2:   *Beispiele für personalpolitische Grundsätze (nach Olfert 2006, S. 36 f.)*

Allgemeine Grundsätze, die für alle Bereiche des Unternehmens gültig sind	
Prinzip der internen Aufstiegsbesetzung	Leitungspositionen werden nur durch interne Mitarbeiter und nicht extern besetzt
Prinzip der repräsentativen Meinungs-ermittlung	Regelmäßige Meinungsumfragen durchführen, um ein repräsentatives Meinungsbild einzuholen
Prinzip der Mitarbeiterbeteiligung	Die Mitarbeiter sind am Unternehmen in geeigneter Weise zu beteiligen
Grundsätze für Führungskräfte, die für die Personalführung gültig sind	
Prinzip der offenen Tür	Jeder Mitarbeiter hat das Recht, Anliegen und Beschwerden bei höheren Vorgesetzten vorzutragen
Prinzip der Mitarbeiterbeurteilung	Jeder Mitarbeiter hat Anspruch auf regelmäßige Beurteilung durch den Vorgesetzten
Prinzip der Mitarbeiterförderung	Jeder Vorgesetzte hat seine Mitarbeiter zu fördern, z.B. durch Fortbildungsmaßnahmen und Aufstiegsvorschläge
Grundsätze für die Personalabteilung, die für die Personalarbeit gültig sind	
Prinzip der Behindertenbevorzugung	Bei gleicher Eignung werden behinderte Menschen bevorzugt
Prinzip der Zusammenarbeit	Mit dem Betriebsrat wird eine vertrauensvolle Zusammenarbeit angestrebt
Prinzip des Qualifizierungsangebotes	Den Mitarbeitern sind geeignete Fortbildungsmaßnahmen anzubieten

In der Praxis werden solche personalpolitischen Leitlinien festgehalten in Form von Unternehmenssatzungen mit personalpolitischen Grundsätzen oder in einer Geschäfts- oder Arbeitsordnung. Auch Anweisungen, wie Organisationsrichtlinien oder Arbeitsanweisungen, helfen dabei, die Personalpolitik für die Mitarbeiter transparent zu machen. In vielen Unternehmen findet sie sich gar nicht in Form von schriftlichen Dokumenten wieder, sondern wird nur in mündlicher Form als Tradition oder Haltung überliefert.

Die Ziele, die ein Unternehmen oder eine Organisation mit personalpolitischen Grundsätzen verfolgt, sind zum einen sicherlich die Steigerung der Leistungsfähigkeit der Mitarbeiter, z.B. durch Förderung von unterschiedlichen Altersgruppen. Zum anderen geht es den Unternehmen bzw. Organisationen um die Steigerung der Leistungsbereitschaft der Mitarbeiter, z.B. durch Arbeitszeitmodelle oder Entgeltmodelle. Und es geht den Unternehmen/Organisationen auch um die Steigerung der Leistungsmöglichkeit, z.B. durch ergonomische Arbeitsplatzgestaltung und leistungsorientierte Entlohnung.

Auf Ebene der Personalstrategie als nächster Konkretisierungsebene können nach Bühner[2] drei Arten von Strategien entwickelt werden: Eine innenorientierte Personalstrategie bedeutet, dass ohne direkte Anbindung an die Unternehmensstrategie eine Personalstrategie entwickelt wird. Die investitionsorientierte Personalstrategie wird aus Sicht des zu erreichenden Ziels festgelegt: Welche Mittel sind notwendig, um das Ziel zu erreichen? Die Personalstrategie wird damit aus Sicht der Wettbewerbsbedingungen formuliert. Die ressourcenorientierte Personalstrategie bedeutet, dass die vorhandenen Humanressourcen die Unternehmensstrategie bestimmen. Damit beteiligt sich die Personalabteilung aktiv an der Entwicklung und Verabschiedung einer Unternehmensstrategie.

1.2.1 Auswirkungen von Politik und Strategie auf die operative Personalarbeit

Was bedeutet nun die Umsetzung einer Personalpolitik oder -strategie für die tägliche, also operative Arbeit in der Personalabteilung? In größeren Unternehmen häufig eine komplette Neuorientierung und Veränderung der Aufgaben, verbunden mit einer Umstrukturierung; in kleineren Unternehmen in vielen Fällen eine Veränderung „nur" im Sinne einer erhöhten Anzahl von Transaktionen und damit einer höheren Arbeitsbelastung, mit der eine Personalabteilung fertigwerden muss.

Zunächst muss die Frage nach der organisatorischen Aufstellung der Personalabteilung und die nach der Kapazität in Form von Vollzeitmitarbeitern in der Personalabteilung entsprechend der Strategie gestellt werden. Auch die Frage, ob alle Aufgaben

---

[2] Bühner 1997, S. 38

von der Personalabteilung selbst oder durch externe Unternehmen in Form von soge-nanntem Outsourcing wahrgenommen werden sollen, muss entschieden werden und wird das Tagesgeschäft beeinflussen. Je nach Ausprägung der Personalstrategie und der Personalpolitik werden mehr Mitarbeiter in den verwaltenden Tätigkeiten, also im Sinne eines Personalwesens, eingesetzt werden. Oder es werden, wenn die strategische Ausrichtung dies fordert, mehr Kapazitäten in den strategisch relevanten Aufgaben des Personalmarketings, der Nachfolgeplanung oder des Personalcontrollings gebun-den sein.

Bei steigendem Transaktionsvolumen, etwa durch immer wieder auftretende befristete Einstellungen von Mitarbeitern und deren „Entlassung", muss die Frage nach effizien-ter Abwicklung gestellt werden. Heute wird diese Effizienzsteigerung häufig durch die Einführung elektronischer Systeme vorgenommen, was eine strategische Entschei-dung darstellt und die Arbeit einer Personalabteilung nachhaltig verändert. Die Ein-stellung befristeter Mitarbeiter wird mittlerweile aufgrund des hohen Volumens viel-fach von externen Zeitarbeitsunternehmen übernommen, um die Personalabteilung zu entlasten, was sich auf die Arbeit der Mitarbeiter in der Personalabteilung auswirkt und ebenfalls eine strategische Entscheidung ist. Diese Auslagerung von Einstellpro-zessen lehnen viele Unternehmen gerade mit dem Hinweis darauf ab, dass Einstellun-gen eine strategische Entscheidung darstellen, da sie das Unternehmen langfristig binden.

Neben der Effizienz in der Abwicklung durch den Einsatz von EDV wird immer stär-ker auf die Standardisierung gesetzt. So geben heute viele Unternehmen die administ-rativen Teile der Vorauswahl bei Beschaffungen an externe Anbieter ab, die den Pro-zess nach vorgegebenen Standards abarbeiten. Ob diese Arbeit tatsächlich als Stan-dardprozess abgewickelt werden soll oder aber die Individualität im Vordergrund steht, ist ebenfalls eine strategische Fragestellung.

Um Messlatten für das Vorgehen und die Tagesarbeit in der Personalabteilung zu setzen, wird eine Personalstrategie gebraucht, und diese muss auch implementiert werden. Nur die stringente Umsetzung der Personalstrategie sorgt dafür, dass die Personalarbeit zur Wertschöpfung des Unternehmens beitragen kann. Zieht die Perso-nalabteilung nicht am gleichen Strang wie das gesamte Unternehmen, koppelt sie sich also von der Strategie ab, wird sie bestenfalls als nicht wertschöpfend, schlimmsten-falls als Behinderer wahrgenommen.

1.2.2 Die Rolle der Personalabteilung

Die strategische Rolle der Personalabteilung kann je nach ihrer strategischen Ausrich-tung variieren. Das Rollenmodell, das derzeit am häufigsten in der Praxis diskutiert wird, ist das nach Dave Ulrich.[3] Er argumentiert, dass eine Personalabteilung sich

---

[3] Vgl. Ulrich 1998, S. 59–69

grundsätzlich zwischen vier Rollenmodellen und damit strategischen Ausrichtungen entscheiden kann und muss. Alle Rollen zugleich einzunehmen bringt kein klares Profil und damit keinen messbaren Wertbeitrag. Basierend darauf muss die Kapazitätsplanung erfolgen. Einschränkend soll erwähnt werden, dass die Fokussierung auf eine Rolle nicht bedeutet, die anderen Rollen gar nicht mehr zu verfolgen. Aber für das Schaffen eines Wertbeitrags muss eine klare Priorisierung erfolgen, da im Wirtschaftsleben nie genug Mittel zur Verfügung stehen, um alles gleichzeitig zu machen. Sondern die knappen Ressourcen müssen je nach strategischer Rolle auf die wichtigsten Vorhaben konzentriert werden.

Abbildung 1-3:   *Strategische Rollen der Personalabteilung (nach Heidecker 2003, S. 25)*

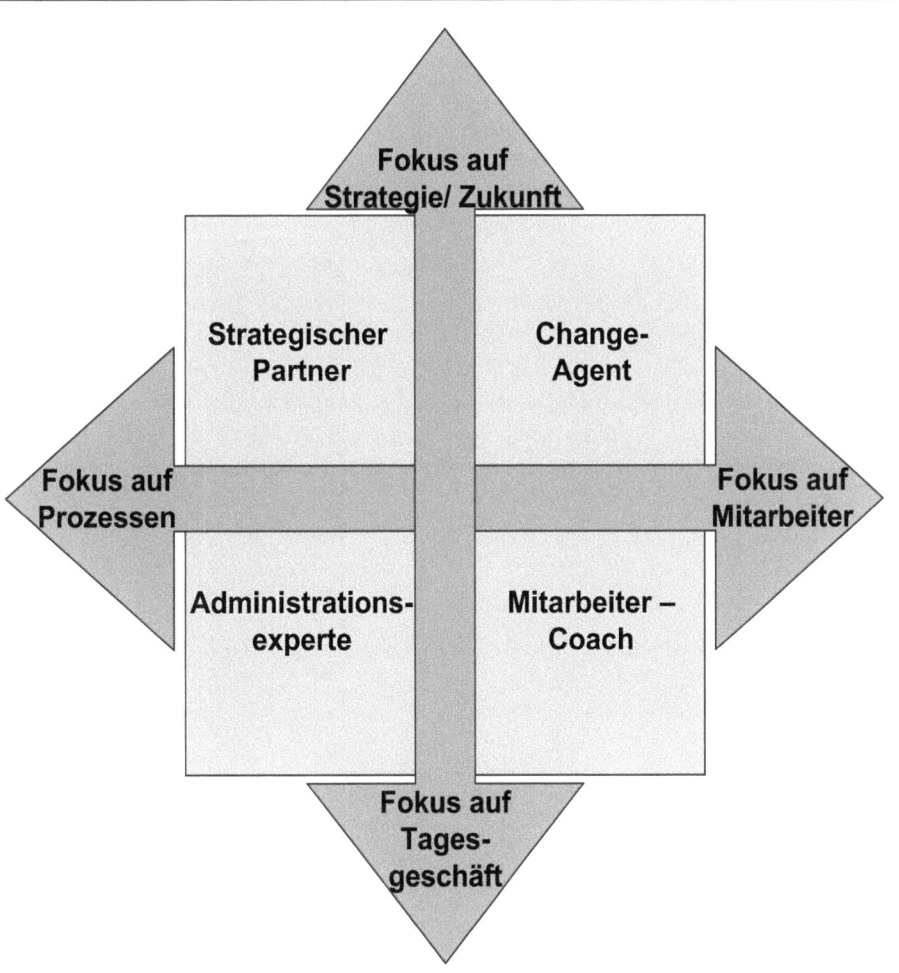

Nimmt eine Personalabteilung die strategische Rolle als „Business Partner" (= Strategischer Partner) ein, so liegt der Schwerpunkt der Arbeit darauf, die Prozesse der Personalarbeit optimal auf die Geschäftsbereiche, also die internen Kunden, auszurichten. Die Personalabteilung muss hierfür das Geschäftsmodell der Kunden verstehen und durch Methoden und Instrumente unterstützen. Die Arbeit ist im Wesentlichen strategisch und auf den Erfolg des Geschäfts und damit auf den des Unternehmens als Ganzes hin orientiert.

Der Administrationsexperte, der heute in der Praxis sehr häufig anzutreffen ist, legt den Fokus auf operative Prozesse wie Gehaltsabrechnung und Beschaffungsabwicklung. Damit muss er eine intensive Prozessanalyse und ein stringentes Prozesscontrolling durchführen. Die Steuerung der Prozesse im Sinne von Kosten und Durchlaufzeiten mit gleichzeitigem Qualitätsmanagement steht im Vordergrund. Allerdings ist die Ausrichtung weniger strategisch orientiert.

Der Mitarbeiter-Coach, der heute das Selbstverständnis der meisten Mitarbeiter in der Personalabteilung widerspiegelt, stellt den Mitarbeiter und seine Bedürfnisse im Tagesgeschäft in den Vordergrund. Themen wie Mitarbeiterzufriedenheit, Personalentwicklung im Sinne des Mitarbeiters, Verbesserung der Arbeitsstrukturen und das „Umsorgen" des Mitarbeiters stehen im Vordergrund. Diese Rolle hat keine strategische Ausrichtung und kann, muss aber nicht die Interessen des Unternehmens in den Vordergrund stellen.

Der Change-Agent schließlich stellt die Transformation der Unternehmensvision in konkrete Handlungsprogramme in den Vordergrund. Hier leistet die Personalabteilung einen strategischen Beitrag zur Entwicklung des Unternehmens. Es geht um die Identifizierung und Förderung von Verbesserungsvorschlägen bzw. um Initiativen zum Wandel und zur Weiterentwicklung des gesamten Unternehmens. Daneben stehen methodische Unterstützung des Innovationsmanagements und der Abbau von Innovationswiderständen im Vordergrund.

2   Operative Personalprozesse

2.1   Personalplanung

Leitfragen:

- ■ Welchen Einfluss hat Personalplanung auf den Gewinn eines Unternehmens?

- ■ Welche Verfahren unterstützen die Personalbedarfsermittlung?

- ■ Wie kann Personalbedarf ermittelt werden?

- ■ Wie funktioniert Personalkostenplanung?

Warum wird die Personalplanung als eine der wichtigsten Personalmanagementfunktionen mit hoher strategischer Bedeutung beschrieben? Weil alle Leistungsprozesse im Unternehmen zu jedem Zeitpunkt eine ausreichende Ausstattung mit Personal erfordern. Personale Engpässe oder ein Zuviel an Personal gefährden die unternehmerische Zielerreichung. Diese Tatsache galt schon immer. Jedoch hat sich die Situation beispielsweise durch den massiven technischen und gesellschaftlichen Wandel noch verschärft. Schneller technischer Fortschritt und rapide Veränderungen an den Märkten erfordern andere und höhere Qualifikationen der Mitarbeiter. Doch Weiterbildung oder Umschulung lassen sich nicht von heute auf morgen realisieren. Vielmehr gilt es, im Rahmen des Personalmanagements Aktivitäten in den Bereichen Personalrekrutierung, Personaleinsatz und Personalentwicklung mittel- bis langfristig zu planen.

2.1.1   Grundlagen der Personalplanung

Personalplanung kann als gedankliche Vorwegnahme von personalwirtschaftlichen Entscheidungen, Abläufen und Handlungen definiert werden.[4] Dabei sollen alle zukünftigen Maßnahmen, die man zur Erreichung bestimmter Ziele benötigt, unter Be-

---

[4] Vgl. Mag 1998, S. 10 ff.

rücksichtigung der Dimensionen Qualität, Quantität und Zeit festgelegt werden. Das betrifft insbesondere die Ermittlung des zukünftigen Personalbedarfs sowie die Bereitstellung der benötigten Arbeitskräfte in der erforderlichen Anzahl, zum richtigen Zeitpunkt, am richtigen Ort und mit den richtigen Qualifikationen. Nehmen wir ein Beispiel: Ein Unternehmen will einen Teil seiner Produktion nach Asien verlagern. Das Personalmanagement stellt dazu folgende Fragen: Welche Mitarbeiter werden benötigt? Was müssen sie können? Wo können sie rekrutiert werden? Wie lange dauert das und was wird es kosten? Die Personalplanung muss diese Fragen beantworten, indem sie für jede einzelne Frage die möglichen Antworten als Handlungsalternativen aufzeigt und die sie begrenzenden Faktoren untersucht. Es werden diejenigen Alternativen zur Verwirklichung ausgewählt, von denen unter Berücksichtigung aller zum Planungszeitpunkt bekannten Informationen erwartet wird, das Ziel bestmöglich zu erreichen.

Abbildung 2-1:   *Personalplanung als Teil der Unternehmensplanung (nach Mag 1998, S. 222)*

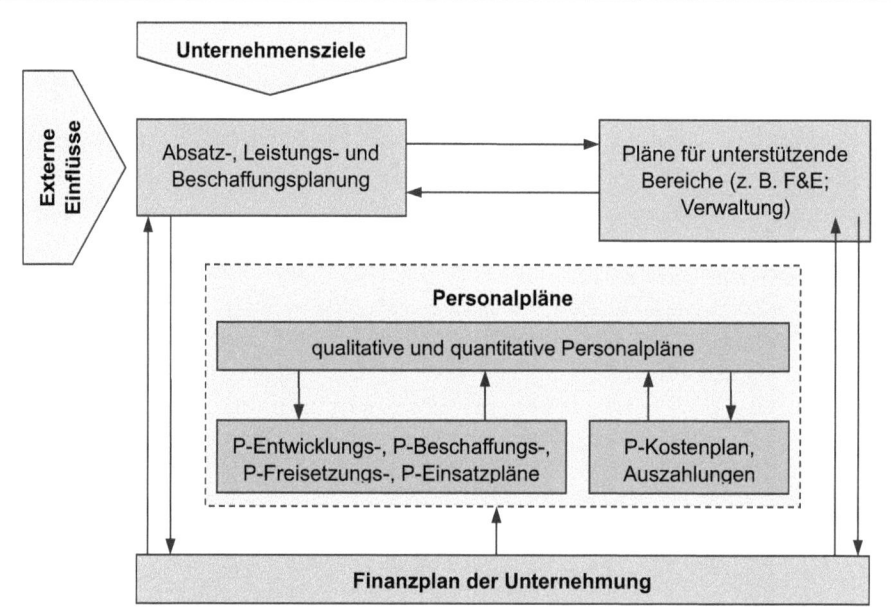

Insofern ist die Personalplanung keine eigenständige, isolierte Aufgabenstellung innerhalb des Personalmanagements, sondern ein Teil der Unternehmensplanung und im Idealfall eine auf der Unternehmens- und Personalstrategie aufbauende Entscheidungsplattform für alle personalwirtschaftlichen Aktionsfelder (vgl. Abbildung 2-1).

Die Personalplanung als Teil der Unternehmensplanung ist eng verbunden mit den sonstigen Unternehmensteilplanungen wie Absatz-, Leistungs- und Beschaffungsplanung sowie dem Finanzplan der Unternehmung. Grundsätzlich muss sich die Personalplanung an diesen Unternehmensteilplänen orientieren. Im Extremfall kann sich die Abhängigkeit umkehren, etwa wenn nicht ausreichend personelle Ressourcen auf dem Arbeitsmarkt beschafft werden können.

Unter Personal ist in diesem Sinne die Gesamtheit der in einem Unternehmen tätigen Personen zu verstehen, die aufgrund von Arbeitsvertrag, Ausbildungs- oder arbeitsvertragsähnlichem Vertrag beschäftigt sind.

Die Aufgabe der Personalplanung ist es, folgende Fragen zu beantworten:

- ■ Welche personalwirtschaftlich relevanten internen und externen Einflüsse gibt es?

- ■ Mit welchen personalwirtschaftlichen Maßnahmen können die vorgegebenen Ziele erreicht werden?

- ■ Welche Zahlen, Daten und Fakten sind erforderlich, um die Maßnahmen auf eine solide Planungsgrundlage zu stellen, und wie kann die notwendige Informationsbasis beschafft werden?

- ■ Wie, wann und in welchem Umfang sollen die Maßnahmen durchgeführt werden?

- ■ Welche Kosten entstehen?

Die Personalplanung zeichnet sich durch bestimmte Merkmale aus, die gegeben sein müssen, damit die Planung sinnvoll vollzogen werden kann: Information, Gestaltung und Prozess. Um planen zu können, sind Informationen zu beschaffen, zu speichern, zu verarbeiten und auf den jeweiligen Sachverhalt zu übertragen. Häufig ist aber unsere Welt so komplex, dass nicht immer alle Details verfügbar sind, die nötig wären, um rational entscheiden zu können. In diesem Fall müssen die Informationslücken mit Annahmen und Prognosen gefüllt werden, um dennoch eine Planung zu ermöglichen. Das Merkmal Gestaltung bezieht sich darauf, Probleme nicht nur zu erkennen, sondern gleichzeitig Mittel und Wege für Lösungen aufzuzeigen. Und Planung hat immer Prozesscharakter. Das bedeutet, sie vollzieht sich in einem mehrstufigen Prozess, bestehend aus einer regelmäßigen Abfolge von Aktivitäten. Außerdem muss zur Planung ein Zukunftsbezug gegeben sein. Der Planer muss heute Informationen über in der Zukunft liegende Sachverhalte erlangen, zukünftige Erwartungen formulieren und Prognosen aufstellen. Planung hat den Anspruch, rational und analytisch zu sein. Damit ist gemeint, dass es sich immer um ein systematisches und methodisches Arbeiten handelt, bei dem auf das Ziel gerichtet vorausgedacht wird. Was nicht heißt, dass man auf Intuition und Fingerspitzengefühl verzichtet, sondern dass man diese auf Erfahrung beruhenden Intuitionen explizit in der Planung berücksichtigt.

Die Frage danach, wer im Unternehmen die Verantwortung für die Personalplanung trägt, ist je nach Unternehmensgröße und -tradition unterschiedlich zu beantworten. Grundsätzlich gilt, dass die Geschäftsführung bzw. der Vorstand die Planungshoheit haben und entscheiden. Unterstützt werden sie dabei von den jeweiligen Bereichs- oder Abteilungsleitern, vom Personalmanagement und dem Finanz- oder Personalcontrolling. Die strategische Personalplanung liegt näher bei der Geschäftsführung, die operative Personalplanung eher in der Hand des Personalmanagements.

Die Personalplanung weist zahlreiche Gemeinsamkeiten mit dem Personalcontrolling auf. Beiden Disziplinen geht es um das Ziel, künftige Entwicklungen zu steuern. Auch benutzen sie häufig gleiche Kennzahlen und Instrumente, betrachten gleiche Teilbereiche des Personalmanagements, und es besteht bei beiden Disziplinen eine hohe Affinität zu Zahlen. Ein ausgereiftes Personalcontrolling bietet eine gute Plattform für eine erfolgreiche Personalplanung und umgekehrt. Deshalb spricht nichts gegen die Empfehlung, Personalcontrolling und Personalplanung zusammenzulegen.

Abbildung 2-2: *Personalplanung*

Unter dem Begriff Personalplanung subsumieren sich eine Reihe von Teilplanungen, die sich an den unterschiedlichen Planungsgegenständen orientieren und sich, wie in Abbildung 2-2 gezeigt, darstellen lassen.[5]

Die Personalbedarfsplanung betrachtet zunächst die heutigen und zukünftigen Unternehmensaktivitäten sowie die damit verbundenen Arbeitsprozesse und beantwortet

---

[5] Vgl. Mag 1998, S. 56 ff.

dann die Frage, welcher Personalbedarf voraussichtlich in welcher Qualität, Quantität und zu welchem Zeitpunkt entsteht. Innerhalb der gesamten Personalplanung nimmt die Bedarfsplanung eine vorrangige Stellung ein, da sie grundlegende Werte für die anderen Teilpläne vorgibt.

Die Personaleinsatzplanung ordnet die Mitarbeiter den vorhandenen Arbeitsplätzen zu und stellt sicher, dass sich die Anforderungen der Stellen mit den Fähigkeiten und Fertigkeiten sowie dem Wissen der Mitarbeiter decken. Es gilt z. B. Unter- oder Überforderung auszuschließen, weil beides einen Leistungs- und Motivationsabfall zur Folge haben kann.

Bei der Personalbeschaffungsplanung geht es um die Frage, wie heutiger und zukünftiger Personalbedarf bestmöglich gedeckt werden kann. Dabei stehen zwei Möglichkeiten zur Verfügung: die Bedarfsdeckung mit bereits vorhandenen Mitarbeitern (interne Rekrutierung) oder mit neuen, am Arbeitsmarkt vorhandenen Arbeitskräften (externe Rekrutierung). Bei der Planung der externen Rekrutierung wird der Weg festgelegt, auf dem neue Mitarbeiter zu finden sind, z. B. Anzeigenschaltung, Arbeitsamt und Suche über Personalberater.

Die Personalfreisetzungsplanung führt zum Personalabbau und muss durchgeführt werden, wenn die Personalbedarfsplanung eine nicht nur kurzfristige Überdeckung von Personal ausweist. Viele Firmen berücksichtigen dabei nicht nur die Kosten, sondern auch die Interessen und Bedürfnisse der Mitarbeiter. Idealerweise werden sozialverträgliche Lösungen gefunden, die beiden Sichtweisen gerecht werden.

Mithilfe der Personalentwicklungsplanung soll die strategiegeleitete, bedarfsgerechte Qualifizierung von Mitarbeitern sichergestellt werden. Es geht um die Frage, welche Kompetenzen und Qualifikationen Mitarbeiter haben und ob sie damit der Anforderung gerecht werden, die Aufgaben optimal und wertschöpfend zu erfüllen. Dazu werden interne oder externe Maßnahmen zur Aus- und Fortbildung erarbeitet, durchgeführt und evaluiert.

Die Personalkostenplanung begleitet alle Aktivitäten der jeweiligen Teilplanung. Es wird jeweils die Frage nach den Kosten personalwirtschaftlicher Entscheidungen und Maßnahmen beantwortet. Sie ermöglicht die Steuerung der Personalkosten und die Suche nach Möglichkeiten zur Kosteneinsparung.

Die Personalplanung mit ihren funktionalen Teilplänen kann kurz- oder langfristig und je nach Natur des geplanten Sachverhalts eher strategisch oder operativ ausgerichtet sein. Die operative Personalplanung ist kurzfristig ausgelegt, in der Regel für den Zeitraum eines Geschäftsjahres. Sie beinhaltet konkrete personalwirtschaftliche Maßnahmen und Aktionen, die in diesem Zeitraum durchgeführt werden. Die planerischen Überlegungen betreffen dann nur die konkrete Durchführung der Maßnahme (z. B.: In welchem Medium soll die Anzeige veröffentlicht werden? Welche Auswahlverfahren sollen eingesetzt werden?).

Die strategische Personalplanung ist langfristig angelegt und bezieht sich meist auf einen Zeitraum von mehr als drei Jahren. Unter strategischer Personalplanung versteht man die personalwirtschaftliche Vorbereitung und Absicherung einer vorteilhaften Wettbewerbssituation des Unternehmens.[6] Sie betrachtet die von der Personalstrategie vorgegebenen Ziele und „schnürt gewissermaßen das Maßnahmenbündel, dessen sich das Personalmanagement zur Umsetzung der Personalstrategie bedienen soll".[7] Hier werden auch alle zukünftigen und schon absehbaren Veränderungen berücksichtigt, z. B. hinsichtlich der Betriebsstruktur, der Organisation, der Kapazität oder des Produktprogramms. Aber auch Änderungen in der Technologie oder im Vertriebssystem werden in der langfristigen Planung in ihren Auswirkungen auf den Mitarbeiterstamm hin erfasst. In der Praxis sind selten Personalplanungen anzutreffen, die über fünf Jahre hinausgehen.

Um Planungen effizient durchführen zu können, müssen bestimmte Voraussetzungen der Personalplanung im Unternehmen gegeben sein. Dazu gehört zunächst eine Vorstellung darüber, was das Unternehmen und die jeweiligen Geschäftsbereiche erreichen wollen. Idealerweise existiert eine strategische Unternehmensplanung, die es dem Personalmanagement erlaubt, daraus personalwirtschaftliche Ziele abzuleiten. Das ist in großen, international agierenden Unternehmen die Regel, aber in mittelständischen oder Kleinunternehmen besteht eine solche Klarheit über die wichtigsten personalwirtschaftlichen Ziele mangels strategischer Unternehmensplanung häufig nicht. Das führt dann zu einer Situation, in der das Personalmanagement kaum Kriterien hat, an die es sich bei Entscheidungen halten kann.

Eine weitere Voraussetzung für eine gute Personalplanung ist die Beachtung der Planungsprinzipien Kontinuität, Flexibilität, Vollständigkeit, Genauigkeit und Wirtschaftlichkeit.[8] Bei der Kontinuität geht es darum, nicht nur für ein Jahr, sondern idealerweise für drei Planungshorizonte zu planen. Flexibilität bedeutet in diesem Zusammenhang, dass im Zuge sich wandelnder Rahmenbedingungen Änderungen sowohl in der operativen als auch in der strategischen Planung jederzeit möglich sein müssen. Hinsichtlich der Vollständigkeit wird die Anforderung gestellt, dass alle zuvor festgelegten Ziele berücksichtigt werden müssen und z. B. auch der Betriebsrat mit einbezogen werden muss. Die Datenbasis muss nach dem Prinzip der Genauigkeit jederzeit auf Richtigkeit und Zuverlässigkeit überprüft werden können, was bestimmte Anforderungen an die schriftliche bzw. elektronische Datenverarbeitung stellt. Und letztendlich gilt auch für die Personalplanung, dass Kosten und Nutzen in einem angemessenen Verhältnis zueinander stehen müssen.

Es gibt kritische Stimmen zu der Frage, ob Personalplanung generell möglich und nützlich ist: Die meisten Planungsmethoden gehen von Annahmen über vorhandene oder zu beschaffende Informationen aus, die in der Praxis oft nicht erfüllbar sind.

---

[6] Vgl. Drumm 2004, S. 671
[7] Bühner 1997, S. 57
[8] Vgl. Bröckermann/Pepels 2002, S. 442 ff.

Unsere Welt ist so beschaffen, dass man nicht alles wissen kann, was man wissen müsste, um rational entscheiden zu können.[9]

2.1.2 Rechtlicher Rahmen der Personalplanung

Will man bestimmen, welche Gesetze und Regelungen im Rahmen der Personalplanung eine Rolle spielen, muss unterschieden werden, ob das Unternehmen einen Betriebsrat hat oder nicht und ob eine Tarifbindung vorliegt (vgl. Abbildung 2-3).

Abbildung 2-3: *Rechtlicher Handlungsrahmen (nach Grochla u. a. 1983)*

	Ohne Tarifbindung	Mit Tarifbindung
Ohne Betriebsrat	Es gelten: Arbeitsrechtliche Gesetze	Es gelten: Arbeitsrechtliche Gesetze, jeweilige Tarifverträge
Mit Betriebsrat	Es gelten: Arbeitsrechtliche Gesetze, Betriebsverfassungsrecht	Es gelten: Arbeitsrechtliche Gesetze, jeweilige Tarifverträge, Betriebsverfassungsrecht

Die Mitbestimmung des Betriebsrats bezieht sich auf die eigentliche Personalplanung, aber auch die Regelungen zur Beschäftigungssicherung, zur Ausschreibung von Arbeitsplätzen (§§ 92–95 BetrVG), zu den Personalfragebögen und Beurteilungssystemen, zu Auswahlrichtlinien und indirekten Mitwirkungsrechten bei Betriebsveränderungen (§§ 111–112 BetrVG) sind zu beachten.

Bei der Personalplanung hat der Arbeitgeber die Verpflichtung, den Betriebsrat über den gegenwärtigen und zukünftigen Personalbedarf zu unterrichten. Die Unterrichtung bezieht sich auf die Personalbedarfsplanung, aber auch auf Stellenbeschreibun-

---

[9] Vgl. Wimmer/Neuberger 1998, S. 34

gen, Stellenpläne, Anforderungsprofile, Methoden der Personalplanung und eingesetzte organisatorische und technische Hilfsmittel (z. B. Personalinformationssysteme,
Arbeitszeitsysteme usw.). Außerdem darf der Betriebsrat dem Arbeitgeber Vorschläge
für die Einführung einer Personalplanung und ihre Durchführung machen. Ziel dieser
Regelungen ist es, dem Betriebrat bei personellen Maßnahmen wie Einstellungen,
Versetzungen und Kündigungen eine Einflussnahme zu gewähren. Dadurch lässt sich
im Idealfall eine stärkere Objektivierung und erhöhte Transparenz für personelle Entscheidungen erreichen.

2.1.3   Personalbedarfsplanung

Solange es nicht das Utopia-Unternehmen gibt, in dem nur Roboter und Maschinen
arbeiten, werden Mitarbeiter zur Leistungserbringung benötigt. Diese müssen aus
zahlreichen Gründen im Lauf der Zeit ersetzt werden, z. B. wegen Ausscheidens aus
Altersgründen, Invalidität oder Kündigung. Es kann Neubedarf entstehen, weil das
Unternehmen bei guter Auftragslage expandiert oder sich strukturell verändert. Oder
umgekehrt, die Auftragslage verschlechtert sich und Mitarbeiter müssen freigestellt
werden. Diese Bewegungen im Personalbestand zu erfassen und planerisch vorweg-
zunehmen, ist eine Aufgabe der Personalbedarfsplanung. Darüber hinaus gilt es, zukünftige Entwicklungen, die sich auf die Höhe des benötigten Personalbestands auswirken, zu berücksichtigen. Dazu gehören unternehmensinterne Themen wie die
unternehmerische Gesamtstrategie und die strategischen und operativen Ziele der
Funktionsbereiche wie Vertrieb, Produktion oder Personal. Aber auch unternehmensexterne Themen, die sich aus technischen, politischen, regionalen und gesellschaftlichen Veränderungen ergeben, z. B. gesetzliche Bestimmungen, aber auch Kultur und
Werte der Gesellschaft, haben Einfluss auf die Personalbedarfsplanung.

Die Personalbedarfsplanung dient zur Ermittlung des Personal-Sollbestands (Brutto-
Personalbedarf) in quantitativer, qualitativer und zeitlicher Hinsicht, welcher zur
Erreichung der betrieblichen Ziele erforderlich ist. „Darüber hinaus weist sie eine
Über- oder Unterdeckung des Sollbestandes aus, entweder für den gesamten Betrieb
und/oder für einzelne Teilbereiche".[10]

---

[10] Berthel/Becker 2003, S. 183

Abbildung 2-4:   *Personalbedarfsplanung*

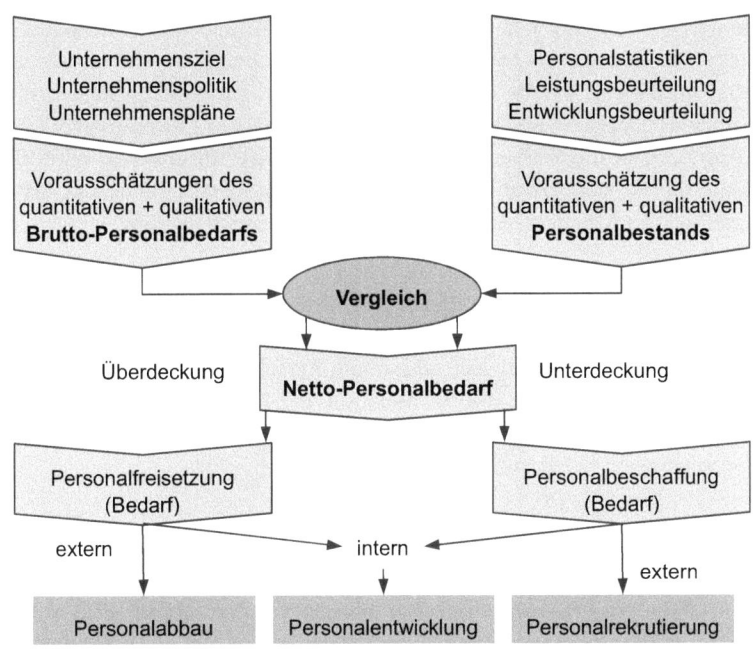

Eine Über- bzw. Unterdeckung an Personal wird durch einen Vergleich zwischen Brutto-Personalbedarf und dem zu Beginn des Planungszeitraums geschätzten Personalbestand festgestellt. Das Ergebnis ist dann der Netto-Personalbedarf, der je nach Vorzeichen eine Personalfreisetzung oder eine Personalbeschaffung impliziert (vgl. Abbildung 2-4).

Die Personalbedarfsplanung schafft damit die grundlegenden Voraussetzungen zur Erstellung weiterer Personalteilpläne (Planung der Personalbeschaffung, Personalentwicklung, Personalfreisetzung). Eine zu ungenaue Personalbedarfsplanung führt zu Personalüberhängen oder Personalengpässen, die sich auf die Kosten niederschlagen und es schwieriger machen, strategische Unternehmensziele zu erreichen.

Bei der Personalbedarfsplanung wird in der Literatur unterschieden zwischen quantitativer und qualitativer Personalbedarfsplanung. In der Praxis verschwimmt diese begriffliche Unterscheidung, weil es wenig sinnvoll ist, nur eine der Dimensionen zu betrachten. „Die fehlende Verkäuferin in der Filiale A lässt sich nun einmal nicht gegen den überzähligen Lageristen in der Filiale B saldieren".[11] Insofern gibt es nicht nur eine einzige Personalbedarfsplanung, sondern Bedarfsplanungen pro Stellenkategorie

---

[11] Kador/Pornschlegel 2004, S. 29

oder Beschäftigtengruppe, die dann zu einer Gesamtbedarfsplanung unter Berücksichtigung von Ort und Zeit des Bedarfs zusammengefasst werden.

Die quantitative Betrachtung hat zum Ziel, den Beschaffungs- oder Freistellungsbedarf in Bezug auf die Anzahl der Mitarbeiter zu ermitteln. Es gilt zu klären, wie viele Mitarbeiter („Köpfe") für welche Stellenkategorien bzw. Aufgabengebiete bereitgestellt werden müssen. Dabei fließen zukünftige Änderungen der Outputmenge (Arbeitsvolumen, Aufträge) in die Sollbedarfsrechnung ein. In der Produktion wird allerdings weniger mit der Größe „Anzahl Mitarbeiter", sondern meist mit einer in Arbeitsstunden ausgedrückten Arbeitsmenge pro Qualifikationsbereich geplant.

Die qualitative Betrachtung zielt auf das zur Leistungserbringung erforderliche Wissen und Können, also die Qualifikationen der Mitarbeiter ab. Dazu müssen Informationen über die Anforderungen der Stellen bzw. Arbeitsplätze vorliegen. Um abzuklären, ob der Mitarbeiter diesen Anforderungen gerecht wird, müssen Informationen über dessen Wissen, Können, Motivation und Erfahrungen vorhanden sein. Diese Informationen können z. B. in Form von (fachlichen, evtl. auch sozialen) Kompetenzprofilen vorliegen.

Bei der zeitlichen Betrachtung muss sichergestellt werden, dass die benötigten Mitarbeiter zum richtigen Zeitpunkt und für den richtigen Zeitraum zur Verfügung stehen. Im Stellenplan geht man bei der Planung von Vollzeit- oder Teilzeitstellen aus, die von einem Voll- oder Teilzeitmitarbeiter besetzt werden. Diese Sicht stößt jedoch schnell an Grenzen, wenn es sich um flexible Formen der Arbeit und Arbeitszeit handelt, also bei Schichtarbeit, gleitender oder kapazitätsorientierter Arbeitszeit oder auch Teilzeitmodellen. Daher wird z. B. in der Produktion und im Bereich der gewerblichen Arbeitnehmer eher mit der Kennzahl „erforderliche Arbeitsstunden mit einer definierten Qualifikationsanforderung" geplant.

Bei der Frage nach dem Ort des Einsatzes muss die Personalbedarfsplanung sicherstellen, dass die personellen Ressourcen dort einsatzbereit sind, wo sie gebraucht werden (Niederlassungen, Geschäftsstellen, etc.).

2.1.3.1 Quantitative Personalbedarfsplanung

Die Größe, an der alle auf die Bedarfsplanung folgenden Maßnahmenplanungen anknüpfen, ist der Netto-Personalbedarf. Um diesen zu berechnen, sind drei Schritte erforderlich. Pro Stellenkategorie oder Beschäftigtengruppe mit gleichen oder ähnlichen Qualifikationsanforderungen wird zunächst der Ist-Personalbestand zum Planungshorizont t_1 ermittelt (Abbildung 2-5, Punkt 1). Im zweiten Schritt erfolgt die Bedarfsprognose (Abbildung 2-5, Punkt 2), die den Brutto-Personalbedarf in t_1 ausweist. Wenn diese beiden Berechnungen vorliegen, kann im dritten Schritt der Netto-

Personalbedarf berechnet werden, der je nach Vorzeichen („+" oder „-") Personal-beschaffung oder -freisetzung nach sich zieht.

Abbildung 2-5: *Entwicklungs- und Bedarfsprognose I (nach Mag 1998, S. 51)*

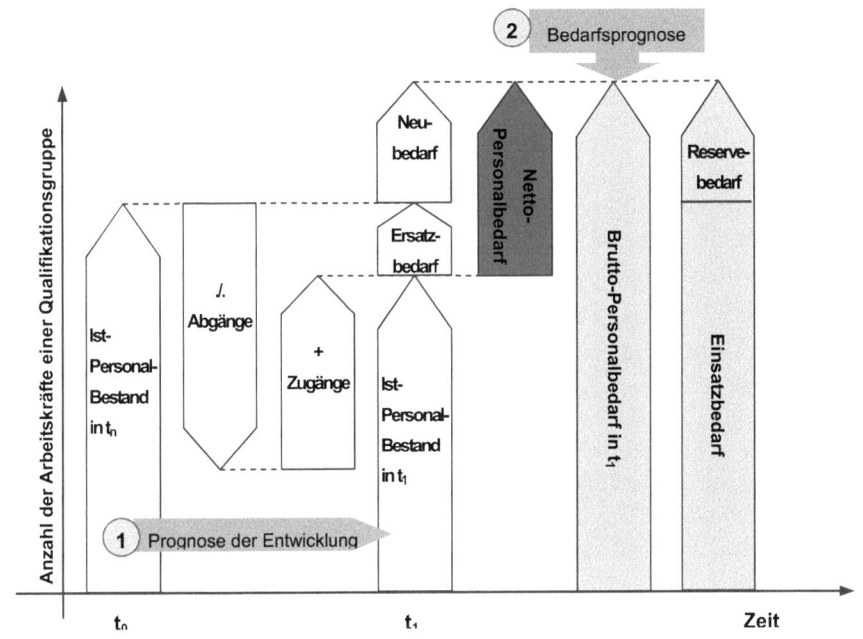

Prognose der Bestandsentwicklung

Ausgangspunkt für die Prognose der Bestandsentwicklung ist der zum Zeitpunkt t_0 im Unternehmen befindliche Ist-Personalbestand. Von diesem werden die vorhersehbaren Abgänge abgezogen und die bereits erfassbaren Zugänge zugerechnet. Zu den Abgängen gehören das Ausscheiden von Mitarbeitern aufgrund von Pensionierung, Ablauf von Zeitverträgen, unternehmensinternen Versetzungen, bereits ausgesprochenen Kündigungen usw. Hier sind Hilfsmittel wie eine aktualisierte Personalbestandsstatistik, Altersstatistik oder auch Nachfolgeplanung hilfreich. Daneben gibt es Abgänge, die zum Planungszeitpunkt noch nicht bekannt sind, statistisch gesehen aber eine gewisse Wahrscheinlichkeit haben, z. B. Arbeitnehmerkündigung, Tod oder vorzeitige Pensionierung. Um diese noch nicht vorhersehbaren Abgänge rechnerisch berücksichtigen zu können, ist die Fluktuationsquote notwendig. Unter Zugängen ist die Erhöhung des Personalbestandes z. B. durch Neueinstellungen, Rückkehr aus Elternzeit, Wehr- oder Zivildienst zu verstehen. Die Berechnungen mit Ab- und Zugängen sind nicht einfach, weil häufig das entsprechende Datenmaterial nicht auf Abruf zur Verfügung steht oder die Vorhersehbarkeit eingeschränkt ist. Das Ergebnis der Berücksichtigung zukünftiger Ab- und Zugänge ist der errechnete Ist-Personalbestand in t_1.

Der Brutto-Personalbedarf in t_1 kann mittels unterschiedlicher Methoden ermittelt werden, wie sie im Abschnitt „Methoden zur Ermittlung des Bruttobedarfs" beschrieben sind. Er setzt sich zusammen aus der Anzahl aller für den Leistungsprozess benötigten Mitarbeiter (Personaleinsatzbedarf) und einem Reservebedarf. Der Reservebedarf ist zu berücksichtigen, da nicht alle Mitarbeiter an allen Arbeitstagen einsetzbar sind, z. B. wegen Urlaub, Krankheit, Mutterschutz, Freistellungen usw.

Wird diesem Brutto-Personalbedarf in t_1 der errechnete Ist-Personalbestand in t_1 gegenübergestellt, ist das Ergebnis der Netto-Personalbedarf. Dieser weist eine mögliche Über- (vgl. Abbildung 2-5) oder Unterdeckung (vgl. Abbildung 2-6) aus. Aufgrund der gewonnenen Erkenntnisse können nun entsprechende personalwirtschaftliche Maßnahmen wie Personalbeschaffung, -freistellung oder -entwicklung geplant und durchgeführt werden.

Der Ist-Personalbestand lässt sich, wenn die notwendigen Daten verfügbar sind, relativ gut ermitteln. Die Schwierigkeiten beginnen mit der Bestimmung des Brutto-Personalbedarfs, welcher sich aus dem tatsächlichen Einsatzbedarf und einem Reservebedarf zusammensetzt. Es gibt eine Reihe von komplexen und teilweise schwer einschätzbaren Einflussfaktoren, die zu berücksichtigen sind und die eine Korrektur des in den jeweiligen Organisationseinheiten ermittelten Bedarfs notwendig machen. Zu diesen Faktoren gehören unternehmensexterne Einflüsse, wie z. B. Konjunktur, Marktstruktur, branchentinterner Konkurrenzdruck, Tarifpolitik und nicht zuletzt wirtschafts- und gesellschaftspolitische Sachverhalte und Entwicklungen. Zu den unternehmensinternen Faktoren gehören z. B. strategische Orientierung, geplante Absatzmenge, Produktionsmethoden, Fluktuationsquote, Fehlzeiten und das Verhalten des Betriebsrates.[12]

---

[12] Vgl. Kador/Pornschlegel 2004, S. 65

Abbildung 2-6:   Entwicklungs- und Bedarfsprognose II (nach Mag 1998, S. 51)

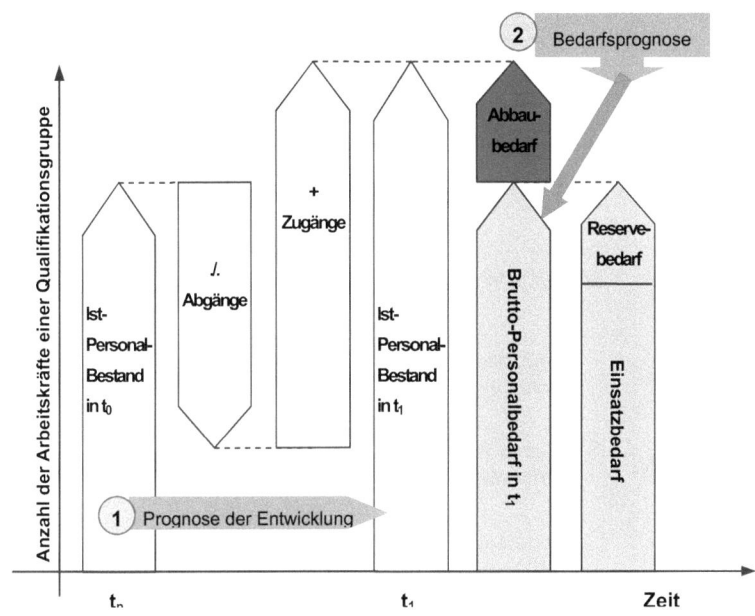

Methoden zur Ermittlung des Brutto-Personalbedarfs

In der Vergangenheit wurden Personalplanung und Errechnung des Brutto-Personalbedarfs (Sollbedarf) häufig mit dem Instrument der Stellenplanung gleichgesetzt. Nach und nach entwickelte sich eine Vielzahl von zusätzlichen Methoden,[13] die je nach Zeithorizont, Größe, Organisation und Geschäftsgegenstand des Unternehmens sowie der Stabilität der Marktdaten mehr oder weniger gut einsetzbar sind.

Die Methoden unterscheiden sich hinsichtlich des Praxisbezugs, aber auch hinsichtlich Umfang und Genauigkeit des erforderlichen Datenmaterials. Die Grenzen zwischen den verschiedenen Methoden sind teilweise fließend und entziehen sich einer schnittstellengenauen, systematischen Abgrenzung. Die wichtigsten in Literatur und Praxis anzutreffenden Methoden sind in Abbildung 2-7 dargestellt. Unabhängig davon welche Methode Anwendung findet, soll sichergestellt werden, dass die für die Erreichung der Produktions- oder Absatzziele optimale Anzahl richtig qualifizierter Mitarbeiter möglichst genau bestimmt werden kann.

Mit den eher intuitiven Methoden der globalen Schätzung kann über längere Zeiträume hinweg die quantitative Entwicklung des Personalbedarfs geschätzt werden.

---

[13] Vgl. RKW 1996, S. 452

Qualitative Aspekte lassen sich dabei aufgrund der „dann nicht mehr beherrschbaren Modellkomplexität"[14] nicht unterbringen. Daher sind diese Methoden nur pro Stellenkategorie, also mit vergleichbaren Qualifikationsanforderungen, einsetzbar. Die Methoden der detaillierten Personalbedarfsermittlung sind eher bei kurz- bis mittelfristigen Planungszeiträumen nützlich.

Abbildung 2-7:   *Methoden zur Ermittlung des Brutto-Personalbedarfs*

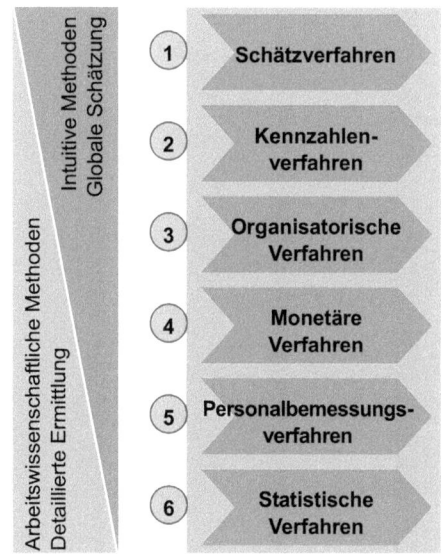

1	**Schätzverfahren**	– Expertenbefragung – Delphi-Methode – Szenario-Methode
2	**Kennzahlenverfahren**	– Arbeitsproduktivität – Umsatzproduktivität
3	**Organisatorische Verfahren**	– Stellenplanmethode – Leitungsspannenmethode
4	**Monetäre Verfahren**	– Budgetierung – Zero-Base-Budgeting
5	**Personalbemessungsverfahren**	– Zeitbedarf pro Arbeitsgang oder Tätigkeit und Häufigkeit der Tätigkeit
6	**Statistische Verfahren**	– Trendextrapolation – Regressions- und Korrelationsanalyse

---

Schätzverfahren

Die Schätzverfahren basieren meist auf Intuition und Problemkenntnis der zuständigen Führungskräfte in Bezug auf zukünftige Entwicklungen. In kleinen und mittleren Unternehmen werden diese Verfahren am häufigsten eingesetzt. Bei der einfachen Expertenbefragung befragt der Planungsverantwortliche zum Ende des Planungszeitraums die Führungskräfte der einzelnen Bereiche, wie viele Mitarbeiter im kommenden Planungszeitraum benötigt werden. Unternehmensleitung oder Personalmanagement überprüfen die Ergebnisse auf Plausibilität und berichtigen bzw. argumentieren, wo dies notwendig ist. Zwar erscheint diese Methode ungenau, doch zeichnet sie sich gegenüber anderen durch geringen Planungsaufwand aus. Auch Intuition und unternehmerisches Gespür werden berücksichtigt. Allerdings besteht die Gefahr, dass

---

[14] Bühner 1997, S. 82

sich kommunikationsstarke Führungskräfte mit ihrem Bereichsinteresse gegenüber schwächeren durchsetzen.

Um das zu vermeiden, können umfassendere Expertenbefragungen, die Delphi-Methode oder die Szenario-Technik, eingesetzt werden. Bei der Delphi-Methode[15] werden nicht nur die Führungskräfte, sondern auch Kunden, Unternehmensberater und z. B. Verbandsvertreter gebeten, ihre Sicht der Entwicklung des Personalbedarfs zu begründen. Dies geschieht durch eine anonyme, schriftliche Befragung in mehreren Befragungsrunden. Die Ergebnisse jeder Runde werden statistisch ausgewertet und mit Argumenten und Gegenargumenten dem nächsten Fragebogen beigefügt, als Rückmeldung an die Teilnehmer. Das Ziel ist es, eine Homogenität herzustellen, ohne dass sich die Experten in Gruppendiskussionen gegenseitig beeinflussen.

Die Szenario-Technik[16] als ein Verfahren der Zukunftsdarstellung versucht, die wichtigsten aller theoretisch denkbaren Einflussfaktoren zu berücksichtigen. Dazu werden zunächst die internen und externen Faktoren ermittelt, die den Personalbedarf bestimmen. Der derzeitige Stand der Einflussfaktoren wird festgehalten und daraus werden Annahmen über die zukünftige Entwicklung sowie deren Auswirkungen auf die Prognose des Personalbedarfs abgeleitet. Ziel ist es, einen Planungskorridor aufzuzeigen und Zukunftsbilder zu zeichnen. Dazu wird die jeweils günstigste und schlechteste denkbare Entwicklung mit ihren Abhängigkeiten von den Einflussfaktoren und deren Auswirkungen auf die Prognosegröße dargestellt und auf Störungen hin überprüft.

In der Praxis sind Delphi-Methode oder Szenario-Technik aufgrund des hohen Aufwands der Durchführung vergleichsweise selten anzutreffen.

Kennzahlenverfahren

Die kennzahlengestützten Verfahren unterstellen, dass es einen direkten Zusammenhang zwischen dem Personal-Sollbedarf und einer Unternehmenskennzahl gibt. Bei Betrachtung der strategisch festgelegten oder gewünschten Entwicklung der Kennzahl kann dann auf den Sollbedarf geschlossen werden. Eine häufig angewandte Kennzahl ist z.B. die Arbeitsproduktivität pro Mitarbeiter, definiert als Produktmenge / Mitarbeiteranzahl.

Ein Beispiel: In einem Unternehmen werden derzeit täglich 50 Garagentore gefertigt, von 80 Mitarbeitern, die je 8 Stunden pro Tag arbeiten. Zukünftig sollen 60 Tore gefertigt werden.

---

[15] Vgl. Wimmer/Neuberger 1998, S. 19
[16] Vgl. Wimmer/Neuberger 1998, S. 134 ff.

Dazu wird folgende Rechnung aufgestellt:

Arbeitsmenge / Anzahl der Mitarbeiter	**= Arbeitsproduktivität**
50 Tore/ 80 MA	= 0,625 Tore je MA
zukünftige Arbeitsmenge x Arbeitsproduktivität	**= Brutto-Personalbedarf**
60 Tore / 0,625 Tore je MA	= 96 MA

Eine andere Kennzahl zur Ermittlung des Sollbedarfs an Personal arbeitet mit der Umsatzproduktivität, definiert als Umsatz pro Kopf. Diese wird z. B. eingesetzt in Dienstleistungsbereichen, aber auch im Groß- und Einzelhandel. Dabei wird ein linearer Zusammenhang zwischen dem Umsatz und der Mitarbeiteranzahl unterstellt.

Ein Beispiel hierzu: Die Strategie einer Unternehmensberatung zielt darauf ab, zu den 10 größten Beratungshäusern in Deutschland zu zählen. Der derzeitige Umsatz beträgt 13,5 Mio. €, der mit 45 Beratern erwirtschaftet wird. Nach einer Marktstudie müsste das Unternehmen einen Umsatz von 18 Mio € ausweisen, um in das Ranking aufgenommen zu werden.

Berechnet wird wie folgt nach der Formel

„Personalbedarf an Beratern = Planumsatz x (Anzahl Berater / derzeitiger Umsatz):

18 Mio € x (45 Berater / 13,5 Mio. €) = 60 Berater

Das Unternehmen müsste danach 15 zusätzliche Berater einstellen, um das strategische Ziel erreichen zu können. Kann, wie in den vergangenen Jahren, weiterhin jährlich ein Produktivitätszuwachs von 10 % erreicht werden, reduziert sich die Zahl der notwendigen Berater. 18 Mio € geteilt durch 330.000 € ergibt 54,55, d.h. das Unternehmen müsste 10 zusätzliche Berater einstellen, um das strategische Ziel erreichen zu können.

Einsetzbar sind diese Kennzahlen-Verfahren, wenn zwischen Arbeitsmenge und Mitarbeiteranzahl[17] bzw. Umsatz und Mitarbeiteranzahl eine stabile Beziehung besteht und wenn alle einfließenden Parameter wie Leistungsprogramm, Produktivität, Umwelt, Markt, Arbeitsstrukturen und -prozesse konstant bleiben. Die Prognosequalität leidet jedoch dort, wo sich diese Einflussgrößen im Zeitablauf ändern.[18] Und das ist in der Praxis häufig der Fall. Das Leistungsprogramm bzw. der Output werden verändert oder neue Produkte werden hergestellt, die einen höheren oder geringeren Personaleinsatz erfordern. Die Produktivität steigt oder sinkt, je nach Umfeldbedingungen und Mitarbeitermotivation. Der Markt erreicht Sättigungsgrenzen, unbeeinflussbare politische und soziale Einflüsse verbessern oder verringern den Produktabsatz, oder inno-

---

[17] Weiter Beispiele für Kennzahlen je nach Leistungsart siehe Wittlage 1995, S. 82
[18] Vgl. Scholz 2000, S. 291

vative Produkte der Wettbewerber substituieren die eigenen. All dieses hat mittelbar Einfluss auf die benötigte Anzahl von Mitarbeitern. Insofern sind diese Betrachtungen jeweils zusätzlich zu der formelhaften Berechnung anzustellen, um diese entsprechend anzupassen.

Organisatorische Verfahren

Die Stellenplanmethode als organisatorisches Verfahren orientiert sich an der Organisationsstruktur eines Unternehmens. Organigramme geben die Struktur in grafischer Form wieder. Sie veranschaulichen die Aufgaben- und Stellengliederung, die Leitung von Bereichen und die Hierarchie der Bereichsleitungen. Dabei bilden sie zumeist nur die größeren Organisationseinheiten ab (Bereiche, Hauptabteilungen, Abteilungen). Die Stellenpläne sind sozusagen eine Vertiefung von Organigrammen in tabellarischer Form. Sie gehen bis auf die letzte Hierarchieebene der Abteilungen bzw. Organisationseinheiten hinunter und nennen Art, Tarifgruppe und Mitarbeiter der Stelle.

Aus einem aktuellen Stellenplan kann man den Ist-Personalbestand ablesen. Würde eine weitere Produktionslinie eingerichtet mit ansonsten gleichen Rahmenbedingungen, könnte man den Stellenplan fortschreiben und insofern zur quantitativen Personalbedarfsplanung nutzen. Das ist jedoch ein sehr enges Einsatzgebiet. Tatsächlich gibt es im Stellenplan keine Bezugsgröße zur Ermittlung des zukünftigen Bedarfs. Insofern ist der Stellenplan für die mittel- und langfristige Personalbedarfsplanung nur bedingt geeignet. In der Praxis wird der Stellenplan fast immer zu einem Stellenbesetzungsplan erweitert, der die personelle Besetzung der einzelnen Stellen darstellt und auch Stellvertretungs- und Nachfolgeregelungen erfasst.

Auch bei der Stellenplanmethode gehört eine qualifikationsbezogene Betrachtung immer dazu. Diese wird durch mehr oder weniger detaillierte Stellenbeschreibungen geleistet, die mindestens die wichtigsten Aufgaben, Kompetenzen, Verantwortlichkeiten und Anforderungen an den Stelleninhaber aufzeigen. Leitet man aus dieser Stellenbeschreibung die Qualifikationsanforderungen an die Stelleninhaber ab, so ist damit ein erster Schritt zur Stellenbewertung getan und die Basis für qualifizierte Planungen im Bereich Personaleinsatz, -beschaffung, -entwicklung und -vergütung gelegt.

Die Stellenplanmethode stößt, je produktionsnäher die Planung erfolgt, schnell an ihre Grenzen. In der Produktion benötigt man einen in Stunden und nicht in Stellen ausgedrückten Personalbedarf. Das bietet eine größere Flexibilität, um sich auf Änderungen des Personalbedarfs bei Arbeitszeiten, Überstunden, Sonderschichten, Kurzarbeit usw. einstellen zu können.

Die Leitungsspannenmethode berechnet mithilfe der Kennzahl „Mitarbeiter pro Führungskraft" die Leitungsspanne.[19] Dazu wird die vorhandene Anzahl der Mitarbeiter

---

[19] Vgl. Wittlage 1995, S. 125

in Relation zur Anzahl der Führungskräfte gesetzt. Um bei dem Beispiel mit den Garagentoren zu bleiben: Für die derzeit 80 Mitarbeiter der Produktion sind 8 Meister zuständig, die jeweils ein Team von 10 Mitarbeitern führen. Das entspricht einer Leitungsspanne von 10.

Wenn zukünftig 96 Mitarbeiter vorhanden sind und die bisherige Leitungsspanne beibehalten werden soll, fehlen für den nächsten Planungszeitraum 1,6 Führungskräfte. Je nach Auslastung, Markteinschätzung und Gegebenheiten im Unternehmen sind nach dieser Berechnung ein bis zwei weitere Meister einzustellen. Grundsätzlich kann kein starres Zahlenverhältnis für das ganze Unternehmen festgesetzt werden, sondern es sollte mit Hinblick auf die Aufgabenstellung, Führungsgrundsätze, Organisationsstruktur und Qualifikation der Mitarbeiter eine optimale Leitungsspanne für jeden Bereich ermittelt werden.

Monetäre Verfahren

Ansatzpunkt der monetären Verfahren sind die finanziellen Mittel, die das Unternehmen zur Leistungserstellung zur Verfügung stellen kann. Bei der Methode der Budgetierung wird der Personalbedarf unter Berücksichtigung der Gehaltsstruktur aus der Budgethöhe abgeleitet. Das zur Verfügung gestellte Budget muss die Personalkosten decken. Die Attraktivität dieses Verfahrens besteht darin, dass die personalverantwortlichen Führungskräfte innerhalb des Budgets die personelle Ausstattung selbst bestimmen können. Es steht in ihrem Ermessen, für ihre Abteilung wenige, hoch qualifizierte, dafür aber teure oder viele, geringer qualifizierte und preiswertere Mitarbeiter einzusetzen. Darin steckt die Annahme, dass die jeweilige Führungskraft besser als jeder Planende weiß, mit wie vielen und mit welchen Mitarbeitern eine optimale Leistung erzielt werden kann.

Bei dem Zero-Base-Budgeting als Variante der Budgetierung werden zunächst keine finanziellen Mittel zur Verfügung gestellt.[20] Die Notwendigkeit jeder einzelnen Aufgabe oder Tätigkeit muss begründet und dann von einer zentralen Funktion genehmigt werden. Genehmigte Aufgaben werden auf Stellen zusammengefasst, für die erst dann ein Budget erstellt wird.

---

[20] Vgl. Scholz 2000, S. 722 ff.

Personalbemessungsverfahren

Die Verfahren zur Personalbemessung werden auch arbeitswissenschaftliche Methoden genannt. Dazu gehören unter anderem Multimomentverfahren, Zeitstudien, Zeiterfassung nach REFA, die Selbstaufschreibung und die Rosenkranzformel.[21] Grundsätzlich wird der Zeitbedarf pro Arbeitsgang oder Tätigkeit gemessen und mit der Häufigkeit, mit der dieser Arbeitsgang ausgeführt werden muss, multipliziert. Summiert man nun die Ergebnisse aller Arbeitsgänge und setzt diese in Beziehung zur verfügbaren Arbeitszeit, kann daraus der Personalbedarf errechnet werden.[22] Die Formel zur Berechnung sieht dann meist so aus:

$$\text{Personalbedarf} = \frac{\text{Arbeitsmenge x Zeitbedarf pro Arbeitseinheit}}{\text{Durchschnittliche Arbeitszeit pro Mitarbeiter}}$$

Dieses Verfahren setzt voraus, dass sich die Tätigkeiten sinnvoll gliedern und mit Normzeiten versehen lassen. Das ist jedoch nur bei standardisierten Arbeitsprozessen der Fall. Die durchschnittliche Arbeitszeit pro Mitarbeiter lässt sich relativ einfach bestimmen. Fehl- und Ausfallzeiten können als prozentualer Zuschlag berücksichtigt werden. Schwieriger ist die Feststellung des Zeitbedarfs pro Arbeitseinheit, die mittels Arbeitsanalyse, also durch Zählen und mit einer Stoppuhr bestimmt werden müssen. Die Arbeitsmenge wiederum ergibt sich im Produktionsbereich aus der geplanten Leistungsmenge. In der Praxis ist dieses Verfahren im Produktionsbereich häufig anzutreffen, da die erforderlichen Daten meist schon vorliegen. Bei den nicht-produktionsnahen Tätigkeiten müssen die Daten über Umwege, z. B. Selbstaufschreibung von Aufgaben und Durchführungszeit, erhoben werden.

Statistische Verfahren

Bei statistischen Verfahren soll der zukünftige Personalbedarf über Berechnungen mittels Trendextrapolationen oder Korrelations- und Regressionsanalysen erhoben werden. Diese Analysen arbeiten mit Relationen zwischen Input- und Outputgrößen. Bei der Regressionsanalyse[23] werden mehrere bekannte oder erwartete Veränderungen der Outputgrößen, wie Produktmenge und Absatzhöhe, betrachtet und daraus auf den erforderlichen Input (= Arbeitsleistung), als abhängige Variable, in die Zukunft geschlossen. Mittels der Korrelationsanalyse kann geprüft werden, ob der unterstellte Zusammenhang zwischen Input und Output gegeben ist. Oder es werden Trendextrapolationen verwendet, um den Trend des Personalbedarfs aus der Vergangenheit in die Zukunft hochzurechnen. Diese Methoden sind nur dort wirksam, wo man es mit einer „stabilen Umwelt" zu tun hat, und wo Daten der Vergangenheit auch für die Zukunft gültig bleiben. Das ist heute eher selten der Fall. Und die Methoden setzen

---

[21] Eine gute Übersicht über Verfahren der Personalbemessung bietet Scholz 1994, S. 171 ff.
[22] Vgl. Bühner 1997, S. 88
[23] Vgl. Scholz 2000, S. 299

voraus, dass die gegenwärtige Situation das Optimum ist. Ist sie das nicht, werden Missstände in die Zukunft fortgeschrieben.[24]

Die Wahl der Methode

Alle der genannten Verfahren haben ihre spezifischen Vor- und Nachteile. Welche Methode zum Einsatz kommt, muss im Einzelfall überprüft werden und bestimmt sich nach dem jeweiligen Zeithorizont der Personalplanung, der Art der Anforderungen in den einzelnen Funktionsbereichen sowie der Quantifizierbarkeit der zu planenden Bereiche.

Generell fließt bei Personalbedarfsplanungen eine Vielzahl von Faktoren ein, die in ihrer Wirkung nicht immer genau bestimmbar sind. Es gilt, diese Komplexität zu reduzieren und planbar zu machen, ohne dabei zu oberflächlich zu werden. In der Praxis stützt sich die Personalbedarfsplanung daher selten auf nur eine Vorgehensweise, sondern es kommt eher ein „Methodenverbund" zum Einsatz.[25]

Zum anderen werden spezielle, aus der strategischen Ausrichtung des Unternehmens entstehende Anforderungen an den Personalbedarf berücksichtigt, z. B. wenn das Unternehmen an den Durchbruch einer neuen Technologie glaubt und dafür schon Mitarbeiter heranzieht. Oder, wenn ein Unternehmen frühzeitig auf demografische Entwicklungen reagiert, die ja keinesfalls überraschend kommen, sondern vom statistischen Bundesamt auf Jahrzehnte hin transparent gemacht werden.

2.1.3.2 Qualitative Personalbedarfsplanung

Bei der qualitativen Personalbedarfsplanung geht es um die Frage, was die Mitarbeiter an Wissen, Können, Motivation und Erfahrung mitbringen müssen, um den Anforderungen des Arbeitsplatzes bestmöglich gerecht zu werden (Soll-Profil). Dazu muss man zum einen auf die Stelle schauen, zum anderen ist der Blick auf den Mitarbeiter und dessen Ist-Profil erforderlich. Die Übereinstimmung zwischen Anforderungs- und Ist-Profil ist ein Indikator für die Eignung des Mitarbeiters (vgl. Abbildung 2-11 im Abschnitt „Personalrekrutierung").

Als Ergebnis der qualitativen Personalplanung liegen dann Aussagen über die Qualifikation der Mitarbeiter oder Mitarbeitergruppen für Stellen und Aufgaben vor. Diese fließen in die Personaleinsatzplanung, aber auch in die Personalbeschaffungs- und Personalentwicklungsplanungen ein. Aufgabe der Personaleinsatzplanung ist die Zuordnung der verfügbaren Mitarbeiter zu Tätigkeitsbereichen oder Arbeitsplätzen.

---

[24] Vgl. Oechsler 2000, S. 174
[25] Vgl. Scholz 2000, S. 268 ff.

Die zentralen Fragen der qualitativen Personalbedarfsplanung sind:

■ Wie viele Mitarbeiter mit welchen Qualifikationen werden benötigt?

■ Welche Stellen sind mit welchen Kompetenzen zu besetzen?

■ Welche Anforderungen an Mitarbeiter erwachsen aus den Stellen?

■ Welche Arbeitsbedingungen sind zu beachten?

Bei der Personaleinsatzplanung werden Mitarbeiter den Stellen anforderungs- und eignungsgerecht zugeordnet. Qualitätskriterium ist die Passgenauigkeit zwischen den Anforderungen der Stelle und der Eignung des Mitarbeiters. Die Aufgaben der Personaleinsatzplanung sind unterschiedlich je nach Zeithorizont der erforderlichen Besetzung. Bei kurzfristigem Bedarf von Personal, z. B. wegen krankheits- oder urlaubsbedingtem Mitarbeiterausfall oder Auftragsspitzen, geht es in erster Linie darum, die betriebliche Leistungsfähigkeit aufrechtzuerhalten. Der Schnelligkeit der Besetzung kommt dabei höhere Bedeutung zu als eine hohe Passgenauigkeit. Bei der mittelfristigen Personaleinsatzplanung geht es um die klassische Zuweisung von Mitarbeitern auf Stellen. Hier muss eine hohe Übereinstimmung von Anforderungs- und Eignungsprofil vorliegen, d. h., es darf weder Über- noch Unterforderung der Mitarbeiter auf einer Stelle entstehen, weil sich das negativ auf die Fehlzeitenquote und Fluktuationsrate auswirkt. Die langfristige Personaleinsatzplanung zielt genau wie die Personalentwicklung auf die Besetzung zukünftiger Bedarfe und arbeitet dabei mit Nachfolge- und Laufbahnplänen.

Bei der Personaleinsatzplanung kann nicht nur nach rationalen, sich aus der Stelle ergebenden Anforderungen entschieden werden kann, sondern es müssen auch soziale und psychologische Faktoren berücksichtigt werden. Insbesondere die persönlichen Erwartungen des Mitarbeiters zu Inhalt und Umfeld seiner Arbeitsstelle sind zu beachten, da bei Nichtberücksichtigung ein negativer Einfluss auf die Leistung zu erwarten ist. Jeder Mensch hat unterschiedliche Entwicklungs- und Karrierevorstellungen, und seine Motivation ist dort am größten, wo sich diese Vorstellungen in der Aufgabe realisieren lassen. Hier ist die Weitsicht des Personaleinsatzplaners gefragt, um die Vorstellungen und Wünsche der Mitarbeiter mit in die Planung einfließen zu lassen.

2.2 Personalrekrutierung

Leitfragen:

- Wie bekommt ein Unternehmen die Mitarbeiter, die es braucht?
- Wie können Rekrutierungsprozesse optimiert werden?
- Welcher Weg führt zu erfolgreichen Einstellungen?
- Wie kann der Erfolg von Einstellungen garantiert und kontrolliert werden?

Alle Maßnahmen zur Suche, Auswahl und Einstellung von Mitarbeitern werden unter dem Begriff der Personalrekrutierung (vgl. Abbildung 2-8) zusammengefasst.[26] Per Definition versteht man unter Personalrekrutierung die Gewinnung von Mitarbeitern in ausreichender Zahl, mit geeigneter Qualifikation, zum benötigten Zeitpunkt und für den richtigen Einsatzort. Neben der klassischen Anwerbung von Mitarbeitern über verschiedene Rekrutierungswege gibt es weitere Möglichkeiten der Bedarfsdeckung, z.B. über Personalleasing, Zeitarbeitsunternehmen oder die Beschäftigung freier Mitarbeiter. Es gibt vielfältige Gründe dafür, dass ein Unternehmen neue Mitarbeiter benötigt. Wenn z. B. die Personalbedarfsplanung einen negativen quantitativen oder qualitativen Nettopersonalbedarf ausweist oder Änderungen in der Organisationsstruktur zu einem neuen Personalbedarf führen, dann muss dieser über Maßnahmen der Personalentwicklung oder -rekrutierung gedeckt werden.[27] Auch wenn ein Unternehmen expandiert oder Mitarbeiter kündigen, müssen freien Stellen[28] besetzt werden. Bevor jedoch konkrete Maßnahmen zur Personalrekrutierung ergriffen werden, sollte die Möglichkeit geprüft werden, den Bedarf durch Mehrarbeit oder andere Arbeitszeitverteilungen zu decken. Ist der Bedarf nur von kurzer Dauer, kann auch Leiharbeit eine Alternative sein. In den meisten Unternehmen erfolgt die Mitteilung über einen Personalbedarf in Form einer Personalanforderung durch die jeweiligen Bereichsleitungen an die Personalabteilung. Diese prüft, ob die Stelle in der Personalbedarfsplanung bereits vorgesehen bzw. geplant ist. Die Entscheider, meist Geschäftsführung oder Bereichsleitung, müssen dann je nach Ausgang der Prüfung bestimmen, ob die Stelle in die Personalbedarfsplanung aufgenommen werden kann, und/oder geben den Start der Personalsuche frei.

Die operative Personalrekrutierung befasst sich mit der Durchführung personeller Maßnahmen zur Suche einzelner oder mehrerer Mitarbeiter. Spricht man dagegen von

---

26 Der Begriff Personalrekrutierung wird hier synonym zu den Begriffen der Personalgewinnung oder Personalbeschaffung verwendet.
27 Vgl. Kapitel „Personalplanung".
28 Synonym zu dem Begriff „freie Stelle" spricht man auch von „Vakanzen".

der strategischen Personalrekrutierung, so sind damit alle über die konkrete Maßnah-mendurchführung hinausgehenden Aktivitäten, Entscheidungen und Regelungen gemeint. Dazu gehören z. B. Personalmarketingmaßnahmen zum Aufbau eines Ar-beitgeberimages wie auch die Festlegung von Auswahlkriterien, die über die eigentli-chen Anforderungen der Stelle hinausgehen und die Strategie eines Unternehmens widerspiegeln.

Abbildung 2-8:   *Prozess der Personalrekrutierung*

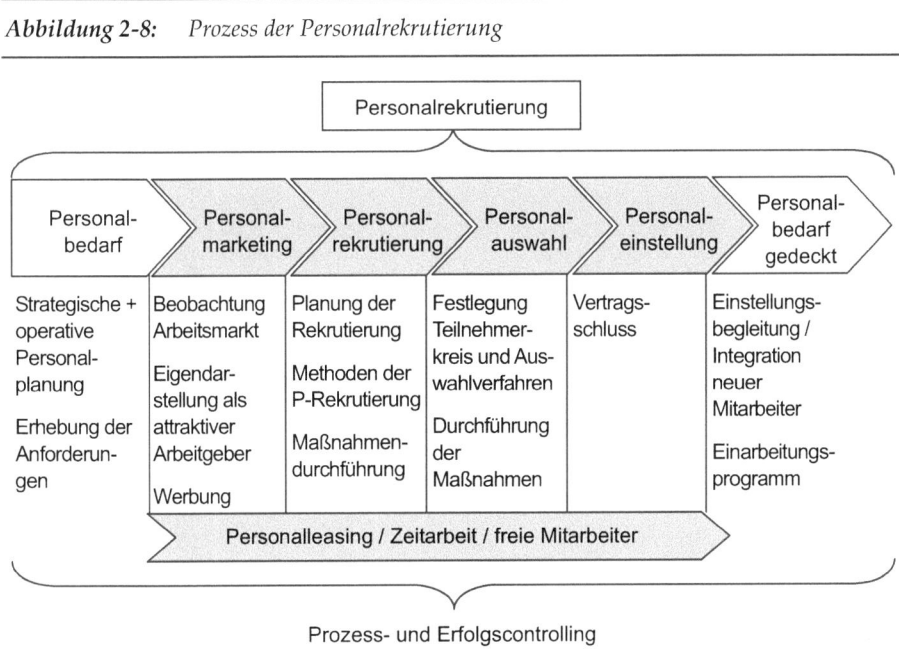

2.2.1   Ermittlung des Rekrutierungsbedarfs

Liegt der Personalabteilung eine Personalanforderung vor, für die eine Personalsuche bewilligt wurde, so werden noch folgende Informationen benötigt: Für welchen Be-reich wird gesucht? Wann soll die Stelle besetzt werden? Wie sieht die Stellenbeschrei-bung aus? Was muss der zukünftige Mitarbeiter wissen und über welche Fähigkeiten und Fertigkeiten muss er verfügen? Zur Unterstützung der Informationssammlung dienen die personalwirtschaftlichen Instrumente Stellenbeschreibung und Anforde-rungsprofil.

Abbildung 2-9:   *Ermittlung der Übereinstimmung von Soll- und Ist-Profil*

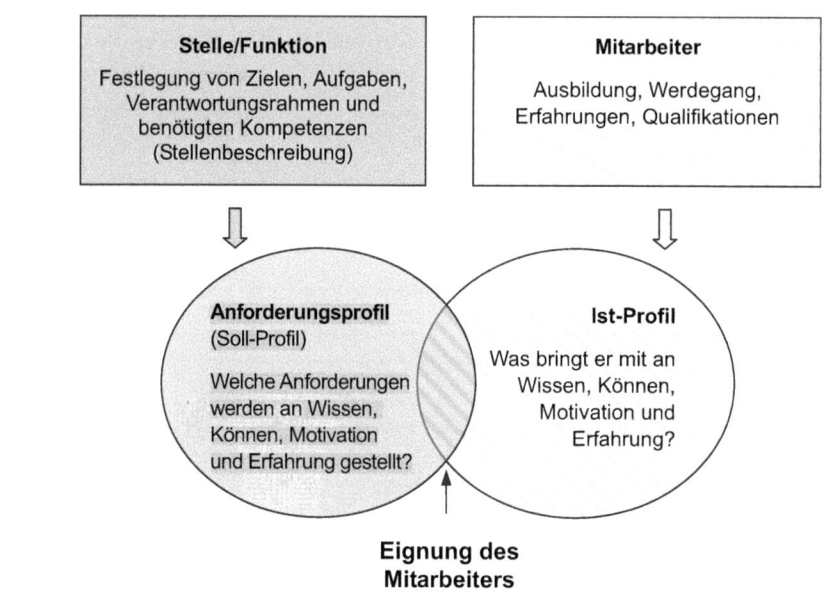

2.2.1.1   Stellenbeschreibung

Eine **Stelle** ist eine organisatorische Einheit, in der Aufgaben, Verantwortungen und Kompetenzen gebündelt sind, die zur Leistungserstellung im Unternehmen wichtig sind. In der klassischen Stellenbeschreibung werden die Anforderungen, Rechte und Pflichten einer Stelle und ihre Einordnung in die Gesamtorganisation des Unternehmen erfasst. Sie enthält Angaben zu folgenden Punkten:

■ Stellenbezeichnung

■ Stelleneinordung in das Organigramm (Unterstellung/Überstellung)

■ Stellenaufgaben

■ Stellziele

■ Stellenbefugnisse

■ Stellenverantwortung

■ Stellenvertretung

■ Stellenanforderungen/Anforderungsprofil

Die Vorteile einer Stellenbeschreibung sind vielfältig. Ziele, Aufgaben, Verantwortungsrahmen und Kompetenzen einer Stelle werden transparent und inhaltlich konkretisiert. Der Verantwortungsbereich wird abgegrenzt, Kompetenzkonflikte werden vermieden, und die Mitarbeiter sind vor willkürlicher Aufgabenzuweisung geschützt. Mit einer Stellenbeschreibung als Grundlage können Zielvorgaben zwischen Führungskraft und Mitarbeiter entwickelt werden. Gibt es in einem Unternehmen jedoch eine Vielzahl unterschiedlicher Stellenkategorien, ist der Aufwand, alle Stellen zu erfassen, groß. Zudem sind die Stellenbeschreibungen aktualisierungsbedürftig, wenn sich Aufgaben und Verantwortungsrahmen im Laufe der Zeit ändern.

Funktionsbeschreibungen sind eine Weiterentwicklung der Stellenbeschreibungen. Es geht dabei weniger um eine formale Beschreibung der Stellen, sondern um die Ziele und Funktionen im Prozessablauf, die durch diese erfüllt werden sollen. Eine Funktionsbeschreibung enthält folgende Bestandteile, zusätzlich zu denen einer Stellenbeschreibung:[29]

- interne Lieferanten/interne Kunden

- fachliche und persönliche Kompetenzanforderungen an den Stelleninhaber

- kritische Erfolgsfaktoren

- Kriterien zur Erfolgsmessung

- Arbeitszeit- und Arbeitsplatzbedingungen

- Werkzeuge und Hilfsmittel

- besondere Arbeitsbedingungen

Eine Stellenbeschreibung beschreibt das Aufgabengebiet, das von einem Mitarbeiter wahrgenommen werden soll.[30] Der Stelleninhaber ist dafür verantwortlich, dass die Aufgaben in der erforderlichen Qualität erledigt werden. Damit er nicht über- oder unterfordert wird und er problemlos seine Aufgaben wahrnehmen kann, muss eine hohe Übereinstimmung zwischen Anforderungs- und Ist-Profil des Mitarbeiters bestehen (vgl. Abbildung 2-9).

2.2.1.2 Anforderungsprofil

Das Anforderungsprofil geht noch einen Schritt weiter als die Stellenbeschreibung.[31] Hier werden nicht nur Aufgaben und Tätigkeiten aufgelistet, sondern es werden die zur Aufgabenerledigung erforderlichen fachlichen und persönlichen Anforderungen ermittelt und festgelegt. Das Anforderungsprofil ist also eine Auflistung aller Qualifikationen und Kompetenzen, über die der Stelleninhaber verfügen muss, um die Auf-

---

[29] Nach RKW 1996, S. 435 f.
[30] Vgl. RKW 1996, S. 420
[31] In der Praxis enthält die Stellenbeschreibung oft schon diesen Teil.

gaben und Ziele seiner Stelle erfüllen zu können. Dazu gehören die Anforderungen an die Formalqualifikation (Schulabschluss, Studium, Ausbildung, Weiterbildung), die positionsspezifischen Fachkenntnisse (Berufserfahrung, Branchenkenntnisse, Führerschein, Fremdsprachen usw.) und die persönlichen Voraussetzungen (Fachkompetenz, Methodenkompetenz, soziale Kompetenz).

Die fachlichen Anforderungen ergeben sich aus der Betrachtung der Kernaufgaben und sind meist nach Umfang, Intensität und Detaillierungsgrad gut bestimmbar. Schwieriger wird es bei der Festlegung der persönlichen Anforderungen. Die Liste möglicher persönlicher Eigenschaften und Fähigkeiten, die den Stelleninhaber erfolgreich machen sollen, ist lang und hat sich mit den Jahren geändert. Lagen vor Jahren noch Engagement, Fachkompetenz, Ausdauer, Zuverlässigkeit und Flexibilität auf den ersten fünf Plätzen, so sieht das Ranking heute wie folgt aus: Fachkompetenz, Durchsetzungsvermögen, soziale Kompetenz, Teamfähigkeit und Führungsqualität.

Das Verständnis dafür, was diese Begriffe bedeuten sollen, geht jedoch weit auseinander. Was heißt eigentlich Flexibilität und was genau versteht man unter Durchsetzungsfähigkeit? Ganz abgesehen davon, dass mit der Festlegung und dem Verständnis der ausgewählten Eigenschaft noch keineswegs der Beweis angetreten ist, dass diese oder jene Eigenschaft den Stelleninhaber tatsächlich erfolgreich werden lässt. Das Studium der einschlägigen Literatur sowie die Zuhilfenahme diverser psychometrischer Testverfahren sind häufig geeignet, verbleibende Klarheit zu beseitigen.

Einen Weg aus diesem Dilemma bietet eine Vorgehensweise, die auf das (beobachtbare) Verhalten des Stelleninhabers abstellt. Nach Jetter[32] sind zunächst die erfolgskritischen Situationen einer Stelle zu ermitteln. Es wird gefragt, welche Schlüsselsituationen bei der täglichen Arbeit auftreten, die über Erfolg oder Misserfolg eines Mitarbeiters entscheiden. Dann gilt es zu analysieren, wie sich ein Mitarbeiter in dieser Situation verhalten müsste, um erfolgreich zu sein. Dabei wird nicht auf Merkmale oder Eigenschaften der Persönlichkeit geachtet, sondern nur auf das beobachtbare Verhalten. Dieses Vorgehen ermöglicht es, auf die mehr oder weniger exakten psychologisch-wissenschaftlichen Verfahren zur Ermittlung der Eigenschaften des Stelleninhabers eher zu verzichten. Zudem sind diese Verfahren aufwendig, teuer und für einen nicht psychologisch gebildeten fachkundigen Personaler häufig schwierig anzuwenden. Ein Nachweis, dass genau jene Eigenschaften Erfolgsgarant sind, muss nicht erbracht werden[33]. Mithilfe von Interviews, Assessment-Centern oder verhaltensorientierten Testverfahren kann vergleichsweise genau vorhergesehen werden, wie sich eine Person in einer bestimmten Situation verhalten wird.

Wird ein Anforderungsprofil erstellt, müssen folgende Kriterien berücksichtigt werden:

---

[32] Vgl. Jetter 2003, S. 73 ff.

[33] Es gibt kritische Stimmen, die eine Kausalbeziehung zwischen Eigenschaftsmerkmalen einer Person und deren beruflichem Erfolg verneinen.

Abbildung 2-10: Kriterien zur Erstellung eines Anforderungsprofils

■ **Relevanz**	nur wesentliche Merkmale der Stelle berücksichtigen
■ **Vollständigkeit**	alle charakterisierenden Merkmale erfassen
■ **Überschneidungsfreiheit**	gleiche Tatbestände nicht mehrfach erheben
■ **Eindeutigkeit**	Abgrenzung und Erhebung der Merkmale überprüfbar
■ **Einfachheit**	Merkmalsausprägungen müssen leicht erhebbar sein
■ **Reliabilität**	Merkmalserhebung muss zuverlässig gelingen
■ **Validität**	Messergebnis soll die tatsächliche Ausprägung widerspiegeln
■ **Effizienz**	Merkmalsanzahl muss Kosten/Nutzen-Überlegung genügen

2.2.2 Wege der Rekrutierung

Wenn die Stelle beschrieben ist und die Anforderungen an den zukünftigen Stelleninhaber definiert wurden, kann der Rekrutierungsprozess starten. Die Wahl des richtigen Rekrutierungsweges bzw. der optimale Mix aller Rekrutierungsmaßnahmen ist das wesentliche Erfolgsmerkmal für eine zeitgerechte, ökonomische Besetzung von Stellen.

Abbildung 2-11: Zielgruppen für Rekrutierungsaktivitäten

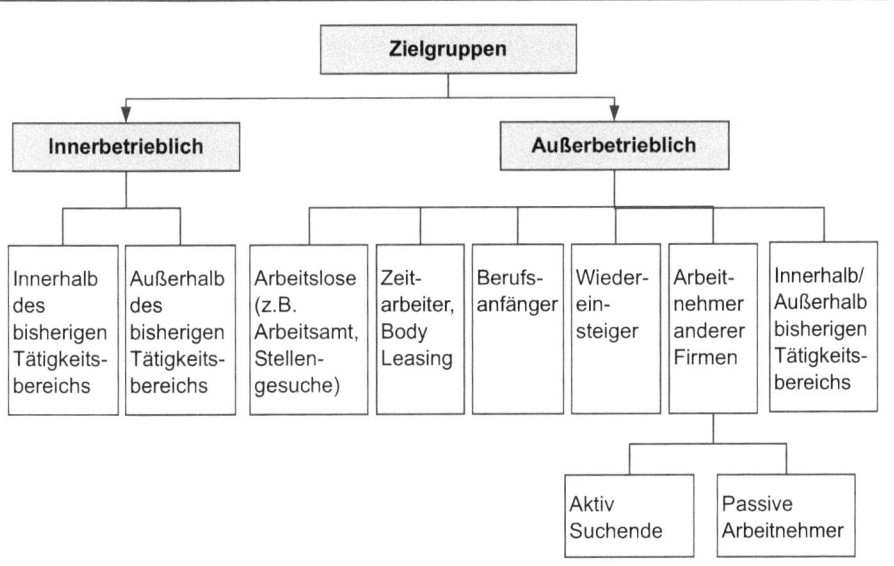

Zunächst wird gefragt, wie die Zielgruppe der potenziellen Mitarbeiter aussieht (vgl. Abbildung 2-11). Dabei wird zwischen dem inner- und außerbetrieblichen Beschaffungsmarkt unterschieden.

Die innerbetriebliche Zielgruppe sind Mitarbeiter, die bereits im Unternehmen, vielleicht auch innerhalb des Bereiches tätig sind, in dem die Vakanz angesiedelt ist. Aber auch Mitarbeiter anderer Bereiche, z. B. in einer anderen Abteilung, einem anderen Werk oder einem anderen Unternehmensteil, könnten möglicherweise in die freie Stelle versetzt werden. Die Übernahme von Auszubildenden gilt ebenfalls als interne Personalbeschaffungsmaßnahme. Für den außerbetrieblichen Beschaffungsmarkt kommen fünf Zielgruppen in Frage: Arbeitslose, Zeitarbeiter, Berufsanfänger, Wiedereinsteiger (z. B. aus Elternzeit) und in einem Beschäftigungsverhältnis stehende Arbeitnehmer. Letztere sind derzeit entweder aktiv auf der Suche nach einer anderen Arbeit oder können, falls nicht, dennoch über Beschaffungsmaßnahmen, wie z. B. Anzeigen oder Ansprache durch einen Personalberater, aktiviert werden.

Abbildung 2-12:   *Vor- und Nachteile interner und externer Personalbeschaffung*

Interne Personalbeschaffung	Externe Personalbeschaffung
Vorteile	**Vorteile**
– leichte Erhebung des Eignungsprofils – geringe Beschaffungskosten – positive Auswirkung auf Betriebsklima – Kennen des Mitarbeiters und Kenntnis seiner Leistungsfähigkeit = geringeres Risiko – Einhalten des betrieblichen Entgeltniveaus – schnellere Stellenbesetzung möglich – Anfangsstellungen für Nachwuchs werden frei – transparente Personalpolitik	– Breite der Auswahlmöglichkeiten – neue Impulse für den Betrieb – Externe bringen Kenntnisse anderer Betriebe mit und werden leichter anerkannt – Einstellung löst Personalbedarf direkt
Nachteile	**Nachteile**
– weniger Auswahlmöglichkeiten – mögliche Betriebsblindheit – keine neuen Impulse und Ideen von außen – Enttäuschung bei Kollegen, ggf. Spannungen – zu starke kollegiale Bindungen „um des lieben Friedens willen" – Beförderungsautomatik (wenig Anstrengung) – Versetzung löst Bedarf quantitativ nicht	– hohe Beschaffungskosten (Zeit!) – Fluktuationsförderung – negatives Betriebsklima – Probezeitrisiko – keine Betriebskenntnis – Blockieren von Aufstiegsmöglichkeiten – höheres Gehalt

Ob innerbetrieblich oder außerbetrieblich nach Mitarbeitern gesucht wird, ist von mehreren Umständen abhängig. Dabei gilt es, Vor- und Nachteile zu berücksichtigen (vgl. Abbildung 2-12) und bei jeder einzelnen Suche gegeneinander abzuwägen. Zudem gilt, es unternehmenspolitische oder -kulturelle Vorgaben zu beachten, die eine interne oder externe Suche vorschreiben. Möchte ein Unternehmen z. B. seine Mitarbeiter fördern und entwickeln, dann ist es in der Regel so, dass die interne der externen Besetzung vorgezogen wird. Man darf dabei jedoch nicht vergessen, dass bei jeder internen Besetzung möglicherweise eine neue Bedarfslücke entsteht und das Problem lediglich in einen anderen Bereich verlagert wird.

Gute Kenntnisse über die Arbeitsmärkte müssen ebenfalls vorhanden sein, damit eine Prognose über die Besetzungswahrscheinlichkeit getroffen werden kann Um einen Überblick über den externen Beschaffungsmarkt zu erhalten, können Informationen von Behörden (z. B. Deutsche Rentenversicherung), Kammern, (z. B. IHK), Instituten (z. B. IW) oder Personalberatern nützlich sein. Auch regionale Erfahrungsgruppen von Personalleitern und Medienberichte mit Aussagen zum Arbeitsmarkt können helfen. Für den internen Beschaffungsmarkt kann sich der Personaler mithilfe von Stellen-, Laufbahn- und Entwicklungsplänen sowie durch die Analyse von Personalakten und -statistiken die notwendigen Informationen verschaffen und mögliche Kandidaten für die Vakanz ermitteln. Hierbei sind Kompetenzprofile hilfreich.

Exkurs: Kompetenzprofil

Wurde das Anforderungsprofil erstellt, stellt sich im nächsten Schritt die Frage: Interne oder externe Besetzung? Die kann nur beantwortet werden, wenn Informationen zu Wissen, Können, zu Motivation und Erfahrungen der eigenen Mitarbeiter, idealerweise in Form eines Kompetenzprofils, vorliegen. Dieses lässt sich aus der Mitarbeiterbeurteilung und anderen Informationsquellen ableiten, wie z. B. die Analyse des Werdeganges, der Aus- und Weiterbildung, durch Assessment-Center oder psychometrische Testverfahren.

Es werden drei Bereiche beurteilt. Zum einen die Qualität und Quantität der Leistung, d. h. die Leistungsmenge und -güte der ausgeführten Arbeit, auch „Output" genannt. Zum anderen die fachlichen Fertigkeiten (Hardskills) sowie die persönlichen Fähigkeiten und das Verhalten des Mitarbeiters (Softskills). Bei den Hardskills steht das auf die Aufgabe bezogene Fachwissen und -können sowie die beruflichen Erfahrungen im Vordergrund. Dagegen wird bei den Softskills auf beobachtbare Eigenschaften, Fähigkeiten und Kompetenzen abgestellt. Dazu gehören u. a. Motivation, Verantwortungsübernahme, Durchsetzungsvermögen, Teamfähigkeit, Führungsverhalten, Methodenkenntnisse und Kundenorientierung.

Für die Beurteilung gibt es in der Praxis zahlreiche Instrumente und Verfahren. Die einfachste und wichtigste Möglichkeit ist eine Mitarbeiterbeurteilung im Gespräch mit dem Vorgesetzten. Idealerweise wird dieses mit einem teilstrukturierten Gesprächsleitfaden geführt, mit dem die Erreichung der vorher vereinbarten Ziele sowie weitere leistungs- und verhaltensbezogene Merkmale überprüft werden. Durch Kompetenzmodelle, Skill-Datenbanken, Zielvereinbarungssysteme und in der Gesprächsführung geschulte Führungskräfte können die Möglichkeiten der Mitarbeiterbeurteilung in einem Unternehmen erweitert werden. Bei der Einführung von Beurteilungsverfahren gilt es zu beachten, dass die Vorschriften in Tarifverträgen oder Betriebsvereinbarungen sowie die Regelungen für Unterrichtungs- und Beratungsrechte, für die Erstellung von Personalfragebögen, Beurteilungsgrundsätzen und Auswahlrichtlinien oder das Mitbestimmungsrecht bei personellen Einzelmaßnahmen (§§ 90, 94, 95, 99 BetrVG) greifen können.

Um Verständnisprobleme zu vermeiden, sollten die Begriffe, die zur Beschreibung der Anforderungen verwendet werden, in einem Kompetenzmodell hinterlegt und definiert werden.

In fast jeder Stellenanzeige findet sich unter den Anforderungen eine „hohe Kommunikationsfähigkeit". Um zu verstehen, was damit gemeint ist, helfen die Definition des Begriffes und die Beschreibung der Ausprägungsstufen weiter (vgl. Abbildung 2-13). In Unternehmen mit einem modernen, ausgereiften Personalmanagement sind Kompetenzmodelle, die den Führungskräften einen „Werkzeugkasten" an vordefinierten Kompetenzen bieten, weit verbreitet.

Abbildung 2-13: *Kompetenzdefinition „Kommunikationsfähigkeit"*

Definition:

– Beschaffen nötiger Informationen und deren Weitergabe an Mitarbeiter, um Entscheidungen vorzubereiten und andere mit einzubeziehen.

– Fähigkeit, klar, kurz und bündig zu kommunizieren, sich des Verständnisses zu vergewissern und eine offene, dialogorientierte Diskussionen anzuregen, damit es zu effektiven Entscheidungsprozessen und Konfliktlösungen kommt.

Anwenden	Beiträge leisten	Lenken und Führen	Entwickeln, Formen, Gestalten
Effektiv mit anderen kommunizieren, Informationen austauschen, sodass Ziele erreicht werden können	Hört aufmerksam zu und fördert das gegenseitige Verständnis; ergreift Initiative, um wichtige Informationen zu beschaffen, und leitet sie an andere weiter	Identifiziert wichtige Kontakte (intern/extern) und stellt den prompten Austausch relevanter Informationen und deren Weitergabe auf allen Ebenen sicher	Schafft auf allen Ebenen eine Kultur der offenen Kommunikation, in der Meinungen geschätzt und berücksichtigt werden; ist sich bewusst, dass Konflikte zu kreativen Lösungen führen können

Aus einem Vergleich von Anforderungsprofil (Soll-Profil) und Kompetenzprofil (Ist-Profil) können Aussagen über die Eignung des bzw. der vorhandenen Mitarbeiter abgeleitet werden. Mit unterschiedlichen Darstellungsarten lassen sich Übereinstimmungen oder Abweichungen zwischen Soll- und Ist-Profil grafisch abbilden, z. B. mit Liniengrafiken oder Portfolio-Skizzen. Diese können für einen einzelnen oder für eine Gruppe von Mitarbeitern, wie z. B. eine Abteilung, erstellt werden.

2.2.3 Instrumente interner Personalbedarfsdeckung

Als interne Personalbedarfsdeckung gilt die Besetzung von Stellen mit Mitarbeitern des eigenen Unternehmens, Arbeitszeitveränderungen, Personalentwicklungs- und Organisationsentwicklungsmaßnahmen. Bei Arbeitszeitveränderungen wird der Personalbedarf durch Mehrarbeit oder andere bzw. neue Arbeitszeitverteilungen und -formen gedeckt. Personal- und Organisationsentwicklungsmaßnahmen sind z. B. Qualifizierung von Stelleninhabern, Übernahme von Auszubildenden sowie Reorganisation und Aufgabenneuverteilung.

Soll eine Stelle von Mitarbeitern im Unternehmen besetzt werden, geschieht dies meist mithilfe einer internen Stellenausschreibung. Diese wird dann am Schwarzen Brett, auf Anschlagtafeln, im Intranet, per Postumlauf oder durch eine persönliche Ansprache unter den Mitarbeitern verbreitet. Besonders in großen Unternehmen gibt es oft interne Stellenmärkte. Damit wird den Mitarbeitern die Möglichkeit gegeben, sich mit ihren Veränderungswünschen in eine Gesuchsliste einzutragen und sich im Intranet oder Mitarbeiterportal über Vakanzen zu informieren. Unternehmen, die einen Betriebsrat haben und für die das Betriebsverfassungsgesetz gültig ist, müssen die Regelungen zur Ausschreibung von Arbeitsplätzen (§ 93 BetrVG) beachten.

2.2.4 Instrumente externer Personalbedarfsdeckung

Strebt ein Unternehmen eine externe Personalbedarfsdeckung an, muss vor der Auswahl des Beschaffungsweges abgeklärt werden, ob eine langfristige, enge Bindung der gesuchten Mitarbeiter gewünscht ist. Ist das nicht der Fall, so kann die Deckung des Personalbedarfs z. B. auch über freie Mitarbeiter, Werkverträge oder Arbeitnehmerüberlassung erfolgen. Wenn der Personalbedarf durch Festanstellung neuer Mitarbeiter gedeckt werden soll, kommen folgende Suchmöglichkeiten in Betracht:

- Stellenanzeigen

- Auswertung Stellengesuche

- Arbeitsvermittlung

- Mitarbeiterkontakte

■ Personalberater

■ Zeitarbeitsfirma

■ Bewerberkartei

2.2.4.1 Stellenanzeigen

Die Suche nach Mitarbeitern über Stellenanzeigen ist die häufigste Vorgehensweise. Stellenanzeigen werden in Printmedien oder in Internet-Stellenbörsen veröffentlicht. Unter Printmedien versteht man Tages-, Wochen- und Fachzeitungen, die regional oder überregional erscheinen. Internet-Stellenbörsen erfreuen sich immer größerer Beliebtheit, und im Zuge der Verbreitung von Internetzugängen können potenzielle Bewerber fast ebenso gut erreicht werden wie mit Printanzeigen. Der Aufbau von Stellenanzeigen folgt meist folgendem Schema (Abbildung 2-14):

Abbildung 2-14: *Aufbau von Stellenanzeigen*

---

1. Vorstellung des Unternehmens

2. Bezeichnung der vakanten Stelle

3. Beschreibung von Aufgaben, Verantwortung und Arbeitsplatz

4. Anforderungen an Ausbildung, Qualifikation, Erfahrungen und Eigenschaften der Bewerber

5. Aufforderung zur Bewerbung und Beschreibung des Bewerbungsvorgangs

---

Man unterscheidet zwischen offenen Stellenanzeigen, bei denen das suchende Unternehmen unter eigenem Logo firmiert, und verdeckten Anzeigen, bei denen das suchende Unternehmen sich nicht zu erkennen gibt. Letztere sind z. B. Chiffre-Anzeigen und Anzeigen über einen Personalberater. Verdeckte Anzeigen werden z. B. dann geschalten, wenn die Stelle noch besetzt ist und der jetzige Positionsinhaber nicht von der Personalsuche wissen soll. Diese Anzeigenform wird auch genutzt, wenn man dem Wettbewerb keinen Hinweis auf Entwicklungen im Unternehmen geben möchte. Allerdings haben Chiffre-Anzeigen kein gutes Image, da Bewerber den Mangel an Offenheit und Transparenz bei einer solchen Anzeige nicht schätzen und unlautere Gründe dahinter vermuten. Eine höhere Akzeptanz haben verdeckte Anzeigen über einen Personalberater. Der Bewerber kann sich hier sicher sein, dass Sperrvermerke beachtet werden und die Bewerbung nicht beim eigenen Arbeitgeber landet. Zudem hat er einen Ansprechpartner, bei dem er sich im Bewerbungsvorfeld schon über Details zur Stelle informieren kann.

Der Erfolg einer Stellenanzeige hängt unter anderem davon ab, ob das Interesse des Lesenden geweckt werden konnte. Die AIDA-Formel (vgl. Abbildung 2-15), zeigt die wichtigsten Punkte, die bei Text und optischer Gestaltung der Anzeige berücksichtigt werden müssen.

Abbildung 2-15: AIDA-FORMEL

A	Aufmerksamkeit des Lesers erregen
I	Interesse des Lesers festhalten
D	Drang verstärken, mehr über die Stelle zu erfahren
A	Aktion des Lesers herbeiführen

Bei der optischen Gestaltung von Stellenanzeigen ist zu berücksichtigen, dass die Anzeigengröße im Verhältnis zum Positionswert steht. Die Anzeige zur Suche eines Geschäftsführers sollte also größer ist als die zur Suche einer Sekretärin oder eines Hausmeisters. Die Anzeigengröße wird in „Spalte x Höhe" der Anzeige berechnet. Die Spaltenbreite ist je nach Zeitung unterschiedlich, meist ca. 40 mm. Folglich umfasst eine Anzeige von 120 mm Breite (= dreispaltig) und 100 mm Höhe insgesamt 300 mm (3 Spalten x 100 mm). Der von den Zeitungen ausgewiesene Millimeter-Preis bezieht sich schließlich auf einen Millimeter einer Spalte, d. h. bei einem Millimeter-Preis von 4,50 € betragen die Kosten für die Veröffentlichung dieser Anzeige 1.350,- €.

Bei der Gestaltung der Stellenanzeige ist darauf zu achten, dass die Stellenbezeichnung (Headline) als Blickfang wirkt. Das Firmenzeichen/-logo sollte gut sichtbar sein, und das Anzeigenbild/Layout darf nicht zu oft verändert werden, damit eine Wiedererkennung gegeben ist. Superlative oder allzu ausgefallene Stellenbeschreibungen sollte man vermeiden und nach dem Motto „form follows function" dem Inhalt Vorrang vor der Form zu geben. Bei den Textblöcken ist auf eine gut lesbare Schriftgröße zu achten.

Bei der Frage, ob Internet- oder Printmedien die bessere Wahl zur Veröffentlichung einer Anzeige sind, müssen die Vor- und Nachteile gewichtet werden. Das Internet bietet dem Kandidaten die Möglichkeit, sofort mit dem suchenden Unternehmen oder dem Personalberater in Kontakt zu treten, was den Bewerbungsprozess beschleunigt. Zudem ist der Aufwand für die Erstellung und Versendung einer Bewerbung per E-Mail geringer als per Post. Elektronische Bewerbungen können im Unternehmen auch schneller weitergeleitet werden. Anzeigen im Internet bleiben mehrere Wochen stehen und sind für den Suchenden auch noch nach Monaten verfügbar. In Printmedien müssen die Anzeigen dagegen immer neu veröffentlicht werden. Bei der Auswahl der Internet-Stellenbörsen helfen sogenannte Rankings, welche im Internet veröffentlicht oder bei Anzeigenagenturen erfragt werden können. Das Medium Internet bringt aber auch Nachteile mit sich. So ist die Datensicherheit zwar kein großes Problem mehr, aber auch Hacker bleiben auf dem neusten Stand. Zudem ist das neue Medium noch nicht für alle Zielgruppen geeignet – Vorstände und Arbeitnehmer in unteren Ebenen haben da etwas gemeinsam.

Bei der Auswahl des Printmediums zur Veröffentlichung der Stellenanzeige sollte man auf eine hohe Übereinstimmung zwischen der Zielgruppe, an die sich die Anzeige wendet, und dem Leserkreis der Zeitung achten. Die Zielgruppe kann unter Berücksichtigung des Anforderungsprofils der Anzeige bestimmt werden. Detaillierte Angaben zum Leserkreis lassen sich in den Media-Daten der Zeitungen finden. Zudem müssen Reichweite bzw. Streubreite, Auflagenstärke und Kosten als Auswahlkriterien herangezogen werden. Auch die Kennzahl „Auflagenstärke zu Millimeterpreis" gibt einen Anhaltspunkt bei der Auswahl.

Bei der Entscheidung für ein Medium helfen Erfahrungswerte zur Prognose des Bewerbungseingangs. Diese gewinnt man z. B. über Anzeigencontrolling. Dabei kann man die Kosten der Anzahl eingehender Bewerbungen gegenüberstellen oder betrachten, bei welchem Medium welche Qualität der Bewerbungen vorliegt. Wenn man bedenkt, dass die Kosten für eine Printmedien-Anzeige leicht mehr als 5.000,- € betragen können, ist der Aufwand für das Anzeigencontrolling durchaus gerechtfertigt.

2.2.4.2 Stellengesuche

Kandidaten, die nach einer neuen Arbeit suchen, können Stellengesuche im Internet oder in Printmedien veröffentlichen, welche kurze Informationen zu Ausbildung, Werdegang und Zielvorstellung wiedergegeben. Anfragen zur Kontaktaufnahme werden von der Zeitung oder dem Betreiber der Stellengesuchsdatenbank weitergeleitet. Damit werden für den Kandidaten Anonymität und Vertraulichkeit sichergestellt. Für den Personaler eines Unternehmens bedeutet die Sichtung von Stellengesuchen jedoch einen erhöhten zeitlichen Aufwand, der oftmals vermieden wird. Die Kosten zur Nutzung einer Stellengesuchsdatenbank sind im Vergleich zu denen einer Stellenanzeige oder einem Personalberater gering, und gerade in Zeiten knapper Arbeitsmärkte sollte die Sichtung von Stellengesuchen nicht vernachlässigt werden. In letzter Zeit gibt es immer mehr überberufliche Internet-Plattformen, die Menschen unterschiedlicher Interessen, Ausbildungen und Berufe zusammenbringen und vernetzen. Unternehmen und Personalberater nutzen bereits diese Möglichkeit zur Suche und Kontaktaufnahme mit Kandidaten.[34]

2.2.4.3 Arbeitsvermittlung und Arbeitnehmerüberlassung

Unter Arbeitsvermittlung versteht man (nach § 35 I SGB III) eine Tätigkeit, die Ausbildungs- und Arbeitsuchende mit Arbeitgebern zur Begründung von Arbeitsverhält-

---

[34] Siehe hierzu z. B. www.xing.de oder www.experteer.de

nissen zusammenführt. Die Arbeitsämter hatten bis 1994 ein sogenanntes Vermittlungsmonopol, danach wurde der Markt schrittweise geöffnet. Heute ist die private Arbeitsvermittlung[35] grundsätzlich zulässig und nicht mehr erlaubnispflichtig. Allerdings gilt es die Vorschriften des dritten Sozialgesetzbuches[36] und Datenschutzregelungen[37] zu beachten. Private Arbeitsvermittler sind Unternehmen, deren Geschäftsgegenstand es ist, Anbieter (Arbeitgeber) und Nachfrager (Arbeitnehmer) einer Stelle zusammenzubringen. Jeder Arbeitssuchende kann einen privaten Vermittler einschalten und erhält dazu von der für ihn zuständigen Agentur für Arbeit einen Vermittlungsgutschein, sofern die gesetzlich festgelegten Voraussetzungen dazu gegeben sind.[38] Der Arbeitssuchende kann jetzt einen Arbeitsvermittler beauftragen, ihm bei der Stellensuche zu helfen. Wenn er aufgrund der Bemühungen des Arbeitsvermittlers einen Arbeitsvertrag mit einem Arbeitgeber schließen kann, übergibt er den Vermittlungsgutschein an den Arbeitsvermittler. Auf dieser Grundlage erhält der einen Rechtsanspruch auf Zahlung eines Erfolgshonorars in Höhe des Vermittlungsgutscheins.

In Abgrenzung zur privaten Arbeitsvermittlung spricht man bei der Überlassung eines Arbeitnehmers an ein Unternehmen von Zeitarbeit oder genauer Arbeitnehmerüberlassung.[39] Dabei wird ein Arbeitnehmer (Leiharbeitnehmer, Zeitarbeitnehmer) von seinem Arbeitgeber (Verleiher, Zeitarbeitsunternehmen) einem Dritten (Entleiher) zur Arbeitsleistung überlassen. Der Arbeitsvertrag wird zwischen dem Arbeitnehmer und dem Zeitarbeitsunternehmen geschlossen, welches auch das Gehalt zahlt. Außerdem besteht ein Vertrag zwischen Zeitarbeits- und Entleiherunternehmen. Das Zeitarbeitsunternehmen kann gleichzeitig auch als Personalvermittler agieren, wenn der Kunde den Zeitarbeitnehmer in eine Festanstellung übernehmen will. Das Zeitarbeitsunternehmen kann dafür eine Vermittlungsgebühr verlangen, die in der Regel 20 bis 30 % vom künftigen Bruttojahresgehalt des neuen Mitarbeiters beträgt.

2.2.4.4 Personalberater

Personalberater[40] werden meist dann eingeschaltet, wenn das Unternehmen mit den eigenen Suchmaßnahmen keine geeigneten Mitarbeiter finden konnte, z. B. weil die benötigten Qualifikationen und Erfahrungen am freien Arbeitsmarkt nicht in ausreichender Menge verfügbar sind. Der Personalberater ist, meist branchen- oder funktionsspezifisch, auf die Suche nach Fach- und Führungskräften spezialisiert. Zwar kann auch er Stellenanzeigen einsetzen, doch für die Suche geeigneter Kandidaten nutzt er

---

[35] Siehe auch de.wikipedia.org/wiki/Private_Arbeitsvermittlung
[36] Siehe § 402 Abs. 1 Satz 2 Nr. 5 SGB III
[37] Siehe §§ 292, 296 bis 298 SGB III
[38] Umfassende Informationen siehe Bundesagentur für Arbeit unter www.arbeitsagentur.de
[39] Man spricht auch von Personal- oder Bodyleasing
[40] Synonym zu der umgangssprachlichen Bezeichnung Headhunter

vor allem die Direktansprache und einen eigenen Kandidatenpool. Bei der Direktansprache werden Arbeitnehmer, die derzeit in einem Arbeitsverhältnis stehen, telefonisch kontaktiert und motiviert, sich für die zu besetzende Stelle zu interessieren. Diese Art der Abwerbung ist nicht strafbewehrt, wenn dabei gewisse gesetzliche Regelungen eingehalten werden. So darf die erste telefonische Kontaktaufnahme nur dazu dienen, einen Termin für ein Telefongespräch jenseits des Arbeitsplatzes, meist in den Abendstunden, zu vereinbaren. Ist der Angesprochene nach einem weiteren Telefongespräch interessiert und hat der Personalberater die wichtigsten Anforderungen mit dem Kandidaten abgeklärt, wird die Zusendung des Lebenslaufes und danach ein erstes persönliches Gespräch (Interview) vereinbart. Das suchende Unternehmen nennt der Personalberater in den meisten Fällen erst dann, wenn es zu einem persönlichen Treffen kommt.

Nach dem Interview übergibt der Personalberater dem Auftraggeber einen Bericht mit Aussagen zur Eignung des Kandidaten und Empfehlungen zur weiteren Vorgehensweise. Wollen die Ansprechpartner im Unternehmen (Geschäftsführung, Personalmanagement oder Fachvorgesetzte) mit dem Kandidaten sprechen, übernimmt der Personalberater die Terminierung und Moderation des Gespräches. Erst bei einer Fortsetzung der Gespräche haben die Kandidaten direkten Kontakt zum Unternehmen. Als Qualitätsbeweis gilt, wenn der Berater den Prozess mindestens bis zum Vertragsschluss, aber auch noch in der Phase der Einarbeitung betreut. Damit soll eine reibungslose Integration (das „Onboarding") des neuen Mitarbeiters in das Unternehmen begleitet und gesichert werden. Die Mitarbeitersuche über den Personalberater hat eine hohe Erfolgsquote, auch in Zeiten knapper Arbeitsmärkte.

2.2.4.5   Sonstige Beschaffungswege

Mancher kreative Personaler nutzt auch andere Suchinstrumente. So sind schon Postwurfsendungen zur Verbreitung von Stellenanzeigen genutzt worden, Plakate veröffentlicht oder gar das Anforderungsprofil für einen IT-Mitarbeiter auf dem Deckel der Pizza-Verpackung gesichtet worden. Es gibt auch Unternehmen, die den eigenen Mitarbeitern „Fangprämien" zahlen, wenn sie potenzielle zukünftige Mitarbeiter vermitteln. Dem Einfallsreichtum sind dabei keine Grenzen gesetzt. Doch grundsätzlich sollte keine Maßnahme zur Personalrekrutierung ohne Erfolgkontrolle im Sinne einer Wirtschaftlichkeitsbetrachtung durchgeführt werden.

2.2.5   Personalmarketing

Tabelle 2-1:   *Exemplarische Instrumente im Personalmarketing*

■ **Arbeitsmarkt, Schulen, extern**	– Arbeitskreise – Stipendien, Praktika, Diplomarbeiten, Hochschulkontakt – Vorträge an Hochschulen/Bildungsinstituten – Sonstige Imagemaßnahmen – Tag der offenen Tür – Schaffung von Netzwerken – Messebeteiligungen
■ **Visuelle Präsenz**	– Schwarzes Brett (intern und extern) – Mitarbeiterzeitung, Internet, Intranet – Sponsoring, Förderaktionen, „Stiftungen" u. Ä. – Messepräsenz – Imageanzeigen in verschiedenen Medien
■ **Umgang mit Bewerbern**	– Bearbeitung der Bewerbungen – Bewerberfolder, Unternehmensinformationen – Vorstellungsgespräch – Umgang mit Absagen – Wiederansprache
■ **Verhalten bei Freisetzungen**	– Umgang mit Austritten – Austrittsgespräche – Outplacement, Abwicklung von Freisetzungen – Nachbetreuung
■ **Umgang mit eigenen Mitarbeitern**	– Personal- und Organisationsentwicklung – Informationsveranstaltungen – Mitarbeitergespräche/-beurteilungen etc. – Mitarbeiterbefragungen – Sozialleistungen
■ **Anwendung eines ausgereiften (personalwirtschaftlichen) Instrumentariums**	– Nachfolgeplanung, Karriereplanung – Personalentwicklung – Führungsgrundsätze – Kommunikation eines Unternehmensleitbildes – Nutzung einer Unternehmenskultur, Kulturworkshops

Werden die Maßnahmen zur Mitarbeiterbeschaffung erst dann gestartet, wenn ein konkreter Bedarf vorliegt, ist es häufig schon zu spät. Hoch qualifizierte Mitarbeiter sind rar am Arbeitsmarkt. Diese Tatsache gilt bereits heute und wird in Zukunft durch die Überalterung der westlichen Gesellschaften noch wesentlich verstärkt. Daher müssen sich suchende Unternehmen frühzeitig im Wettbewerb zu anderen positionieren und ihre Attraktivität als Arbeitgeber herausstellen, z. B. über den Aufbau eines guten Arbeitgeberimages. Zum Personalmarketing gehören alle Aktivitäten, die der Personalbeschaffung vorgelagert sind und diese unterstützen. Dazu zählen klassische Instrumente wie Hochschulkontakte und Messebeteiligung aber auch eine Vielzahl anderer Instrumente, die das Image des Unternehmens prägen (vgl. Tabelle 2-1).

Dazu gehört z. B. eine hohe Professionalität im Umgang mit internen und externen Bewerbern, die ein positives Bild des Unternehmens prägt. Auch das Verhalten bei Freisetzungen ist hier zu nennen, da die betroffenen Mitarbeiter hohen Belastungen in allen Lebensbereichen ausgesetzt sind. Eine wertschätzende und mitfühlende Begleitung dieses Prozesses kann negative Gedanken gegenüber dem Unternehmen vermindern. Die Wirkung eines Unternehmens nach außen ist auch davon abhängig, wie die Mitarbeiter über ihren Arbeitgeber sprechen. Hierbei darf der Blick keineswegs nur auf die Vergütung gerichtet werden, sondern auch auf die Betreuung der Mitarbeiter mit einem ausgereiften personalwirtschaftlichen Instrumentarium, auf den offenen und fairen Umgang mit den Beschäftigten und auf die Pflege einer attraktiven Unternehmenskultur.

2.2.6 Bewerberauswahl

Waren die Maßnahmen der internen oder externen Ausschreibung erfolgreich, gehen Bewerbungen im Unternehmen ein. Im Rahmen einer Selektion werden diejenigen Bewerbungen herausgefiltert, die bei einer vergleichenden Analyse als besonders vielversprechend erscheinen. Dies geschieht durch eine Vorauswahl oder ABC-Analyse. Hat man die A-Bewerbungen herausgefiltert, konzentriert man die weiteren Auswahlverfahren auf diesen Bewerberkreis. Auswahlverfahren sind sinnvoll unter der Prämisse, dass es einen messbaren Zusammenhang zwischen Verhalten und Eigenschaften von Kandidaten und dem künftigen Arbeitserfolg gibt. Welches Auswahlverfahren ein Unternehmen nutzt, ist von vielen Faktoren abhängig: die Wichtigkeit der zu besetzenden Position, die Größe des Unternehmens, der Stand des Personalmanagements, die Kapazitäten der Personalabteilung, das Budget, die Anzahl der Bewerber und weitere.

Daneben gilt es, auch die Validität der verschiedenen Auswahlverfahren zu berücksichtigen. Die Validität sagt aus, in welchem Maße das Verfahren das misst, was es messen soll, und wie weit das Ergebnis belastbar ist. Die wichtigsten Auswahlverfahren sind in Tabelle 2-2 aufgeführt.

Generell gilt, dass das Ergebnis besser wird, je mehr Sorgfalt und Aufmerksamkeit für die Selektion verwendet wird. Das Ergebnis in diesem Sinne ist der Vertragsschluss mit dem am Besten geeigneten aller zur Verfügung stehenden Kandidaten. Laut einer Schweizer Studie aus dem Jahr 2005 werden durchschnittlich 3,7 Personalauswahlverfahren eingesetzt.[41] Die Analyse der Bewerbungsunterlagen und Interviews wird in

---

[41] Vgl. Matthias Berchtold, Studie zum Thema häufigste Auswahlverfahren, in: HR Today, Ausgabe 12/ 2005

fast jedem Unternehmen praktiziert. Danach folgt die Einholung der Referenzen (89%)[42], Persönlichkeitstests (33%), Assessment-Center (30%), Arbeitsproben (25%) und Leistungstests (20%).

Tabelle 2-2:   *Auswahlverfahren und deren Validitätskoeffizienzwerte*

Auswahlverfahren	Validitätskoeffizient r_{xy}
Analyse der Bewerbungsunterlagen	
▪ Insgesamt	0,14 bis 0,26
▪ Zeugnisnoten zur Prognose des Ausbildungserfolgs	0,41 bis 0,46
▪ Zeugnisnoten zur Prognose des Berufserfolgs	0,11 bis 0,20
Interview / Vorstellungsgespräch	
▪ Unstrukturiert	0,05 bis 0,25
▪ Strukturiert	0,21 bis 0,45
Personalfragebogen; Biografische Fragebogen	0,23 bis 0,52
Psychologischer Eignungstest	
▪ Kognitiver Fähigkeitstest	0,27 bis 0,61
▪ Intelligenztest zur Prognose des Ausbildungserfolgs	ca. 0,5
▪ Persönlichkeitstest	0,15 bis 0,27
Praktische Fertigkeiten	
▪ Arbeitsprobe	0,25 bis 0,38
▪ Probezeit	0,40 bis 0,50
Assessment-Center	0,25 bis 0,74

---

[42] Dieser Wert liegt für Deutschland erheblich niedriger.

Abbildung 2-16: *Selektionsprozess im Überblick*

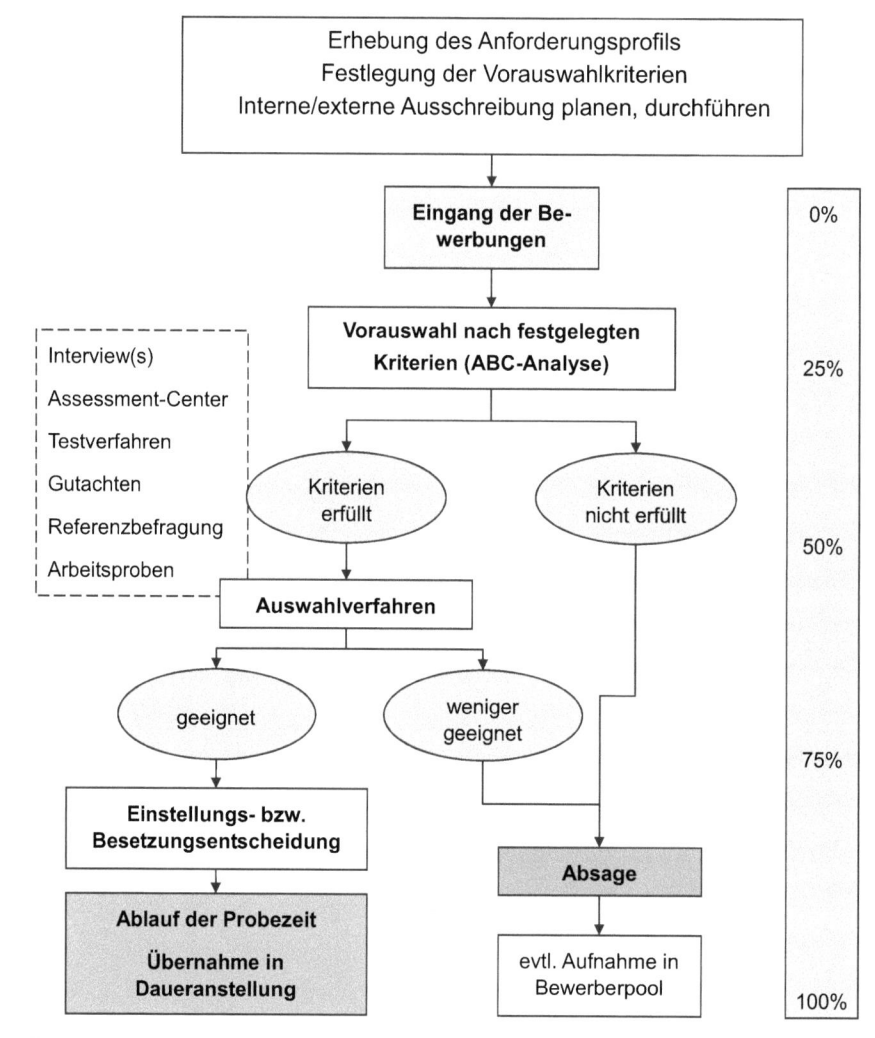

Die Verantwortung für die Durchführung der einzelnen Aufgaben im Selektionsprozess verteilt sich auf mehrere Bereiche (siehe Abbildung 2-16).

2.2.6.1   Vorauswahl

„Waschkörbe an Bewerbungen" als Rücklauf auf Anzeigen waren vor Jahren keine Seltenheit, doch das hat sich geändert. Heute gibt es eine Knappheit an Bewerbungen in nahezu allen Bereichen, und das wird auch in Zukunft so sein. Unabhängig von ihrer Anzahl sollten die eingegangenen Bewerbungen zunächst durch eine ABC-Analyse grob gesichtet werden. Das Ziel dieser Maßnahme ist es, die A-Bewerbungen herauszufiltern, also jene, die den Anforderungen in hohem Maße entsprechen. Auf diese Bewerbungen konzentrieren sich dann die folgenden Auswahlschritte. B-Bewerbungen passen nur teilweise auf die Anforderungen und werden für eine mögliche spätere Berücksichtigung zurückgelegt. C-Bewerbungen erhalten dagegen zeitnah eine Absage, da die Bewerber für die ausgeschriebene Stelle nicht in Frage kommen. Die ABC-Analyse wird meist von Personalreferenten, aber auch von Fachvorgesetzten vorgenommen. Je nach Auslastung der Personalabteilung wird auch auf externe Unterstützung durch eine Media-Agentur oder eine Personalberatung zurückgegriffen.

Abbildung 2-17: *Bestandteile der Bewerbungsunterlagen*

Unverzichtbare Bestandteile
- Bewerbungsanschreiben
- Lebenslauf
- Schulzeugnisse
- Arbeitszeugnisse

Weitere mögliche Bestandteile
- Lichtbild
- Nachweise über Fortbildungen, Seminare, Zusatzqualifikationen
- Arbeitsproben (je nach Stelle/Funktion)
- Referenzen
- Selbst- oder fremderstellte Kompetenz-/Erfahrungsprofile
- Aufstellungen über Projekte/Veröffentlichungen

Die Aussagekraft der Bewerbungsunterlagen für eine Prognose des Berufserfolges ist gering, aber ausreichend für eine ABC-Analyse. Die Bewerbungsunterlagen sollten vollständig, sauber und ordentlich sein. Schon nach dem ersten Eindruck lassen sich häufig einige Bewerbungen aussortieren. Anschließend werden die einzelnen Bestandteile der Bewerbung nach Kriterien gesichtet, die z. B. aus dem Anforderungsprofil und der Stellenbeschreibung gewonnen wurden.

Tabelle 2-3 zeigt eine Zusammenfassung der zu sichtenden Unterlagen. Das Bewerbungsschreiben[43] wird danach bewertet, ob Bewerbungsgrund, Qualifikation, Werdegang und Auffassung von der Stelle kurz und aussagekräftig dargestellt wurden. Aus

---

[43] Vgl. Bröckermann/Pepels 2002, S. 200 ff.; Jetter 2003, S. 135 ff.

diesen Angaben können Annahmen zu Zielorientierung, Offenheit und Selbstbewusstsein des Bewerbers getroffen werden. Neben diesen inhaltlichen Aspekten werden Aufbau, Stil, Wortschatz und Layout des Schreibens bewertet. Sind die Sätze kurz und informativ? Ist das Schreiben optisch und sachlich gegliedert? Gibt es Tippfehler? Wurde in der Stellenanzeige um die Angabe der Kündigungsfrist und einer Gehaltsvorstellung gebeten, dann sollte diese am Ende des Bewerbungsschreibens stehen.

Tabelle 2-3:   *Gegenstand und Kriterien der ABC-Analyse*

Gegenstand der Vorauswahl	Kriterien und Anhaltspunkte, nach denen gesichtet wird
■ **Bewerbungsschreiben**	– Inhalt (Grund der Bewerbung, Qualifikationen, Werdegang, sonstige Angaben) – Aufbau / Stil / Wortschatz / Layout / äußere Form
■ **Lebenslauf**	– Ausbildung – Beruf und Berufserfahrungen – Analyse der einzelnen beruflichen Stationen – Branchenkenntnisse – Fachkenntnisse – Stellenwechsel / Plausibilität des Werdeganges – Zeitliche Lücken, z. B. zwischen Arbeitsplatzwechseln – Informationsgehalt und Vollständigkeit des Lebenslaufes – Arbeitgeberanalyse (Mittelstand, Großunternehmen)
■ **Schul- und Ausbildungszeugnisse**	– Notenbild – Niveau der Bildungsinstitution und des Bundeslandes – in der Ausbildung erworbene Fertigkeiten
■ **Arbeitszeugnisse**	– Aufgaben und Verantwortung – Leistungs- und Verhaltensbeurteilung – Zeugniscode

Der Lebenslauf[44] wird in tabellarischer Form erstellt und enthält neben den Formalien (Angaben zur Person, Adresse, Telefonnummer, E-Mail) Angaben zu Ausbildung, beruflicher Station und besonderen Kenntnissen (z. B. Sprach- oder DV-Kenntnisse). Auch wenn die tabellarische Form eine knappe Darstellung erfordert, sollte der Lebenslauf auf den Adressaten zugeschnitten werden. Es sollten kurze Angaben zum

---

[44] Eine Checkliste zur Beurteilung des Lebenslaufes findet sich in Bröckermann/Pepels 2002, S. 207.

Arbeitgeber (Name, Geschäftsgegenstand, Mitarbeiterzahl, Umsatz), zu den Aufgaben, zum Verantwortungsrahmen und eventuell auch zum jeweiligen Wechselgrund gegeben werden, um eine Analyse der Unterlagen zu erleichtern. Der Lebenslauf wird nicht interpretiert, sondern im Rahmen eines Soll-Ist-Vergleichs dem Anforderungsprofil gegenübergestellt.[45]

Auch die Arbeitszeugnisse werden bereits bei der Vorauswahl gelesen und unter Aspekten wie Vollständigkeit, Datenstimmigkeit mit Lebenslauf, Zeugnisformulierung und Gesamteindruck[46] geprüft. Eine Selektion anhand dieser Zeugnisse gestaltet sich jedoch schwierig. Die Rechtsprechung schreibt vor, dass die Arbeitszeugnisse grundsätzlich zwei auseinandergehenden Prinzipien folgen: dem Wahrheitsprinzip und dem Wohlwollensprinzip. Gemäß dem Wahrheitsprinzip muss ein Zeugnis wahr sein, d. h. es kann günstige und ungünstige Aussagen enthalten. Diese sollten dem Interesse zukünftiger Arbeitgeber entsprechen. Nach dem Wohlwollensprinzip muss das Arbeitszeugnis auch „von verständigem Wohlwollen für den Arbeitnehmer getragen"[47] sein. Die Folge dieser Gratwanderung ist, dass zwar vieles „durch die Blume", aber außer Aufgabenbeschreibungen wenig Konkretes gesagt werden kann. Das führte zur Entwicklung einer Zeugnissprache[48], die aus Formulierungsskalen (vgl. Tabelle 2-4) bestehen kann.

Tabelle 2-4:   *Zeugniscode*

Er machte sich stets mit großem Eifer an die ihm übertragenen Aufgaben	Er war zwar sehr eifrig, aber sein Erfolg ließ zu wünschen übrig
Sie verstand es, alle Aufgaben stets mit Erfolg zu delegieren	Sie drückte sich vor der Arbeit, wo sie nur konnte
Er arbeitete mit größter Genauigkeit	Er war ein erbsenzählender, langsamer und unflexibler Pedant
Sie hat unseren Erwartungen im Wesentlichen entsprochen	Ihre Leistungen waren schlicht mangelhaft

Zudem wird auch mit indirekten Botschaften gearbeitet, wie durch das Hinzufügen von selbstverständlichen oder das Weglassen von üblicherweise zu erwartenden Aussagen. Wird z. B. bei der Dankes-/Bedauernsformel zum Abschluss des Zeugnisses kein Bedauern ausgedrückt, kann das ein Hinweis darauf sein, dass man den Mitarbeiter gerne ziehen lässt. Bei der Interpretation von Leistungs- und Verhaltensbeurteilungen in Arbeitszeugnissen sollte man allerdings behutsam sein, denn man kann nie

---

[45] Vgl. Jetter 2003, S. 135
[46] Vgl. Bröckermann/Pepels 2002, S. 214
[47] Nach einem Urteil des BAG vom 14.09.1994
[48] Weiterführend dazu Jetter 2003, S. 137

wissen, ob der herausgelesene Zeugniscode tatsächlich so gemeint war und inwieweit die schlechten Beurteilungen den Arbeitsbedingungen beim ehemaligen Arbeitgeber geschuldet waren.

Tabelle 2-5: *Aufbau eines qualifizierten Zeugnisses (nach Bröckermann 2002, S. 211)*

■ Überschrift	– Zeugnis/Arbeitszeugnis/Zwischenzeugnis
	– Ausbildungszeugnis/Praktikantenzeugnis
■ Einleitung	– Angaben zur Person, Beruf/Tätigkeitsbezeichnung
	– Beschäftigungsdauer
	– evtl. Angaben zum Unternehmen
■ Positions-/Aufgaben-/Tätigkeitsbeschreibung	– Tätigkeitsmerkmale/Kompetenzen (Befugnisse, Vollmachten)
	– Verantwortungsumfang
■ Leistungsbeurteilung	– Leistungsbereitschaft
	– Können/Fähigkeiten
	– Fachwissen/Weiterbildungsmotivation
	– Arbeitsweise/Arbeitserfolge (-menge, -tempo)
	– Besondere Arbeitserfolge
	– evtl. Führungskompetenz
	– Zusammenfassende Leistungsbeurteilung (Zufriedenheitsaussage)
■ Verhaltensbeurteilung	– gegenüber Vorgesetzten/Kollegen/Dritten, z. B. Kunden
	– persönliche/soziale Verhaltensaspekte
■ Abschluss	– Gründe für die Beendigung des Arbeitsverhältnisses
	– Dankes-/Bedauernsformel bzgl. Ausscheiden
	– Zukunftswünsche
	– Ausstellungsort, -datum und Unterschrift(en)

Schulzeugnisse geben Auskünfte über das schulische Wissen, wozu neben fachlichen Kenntnissen die kognitiven Fähigkeiten, Lernbereitschaft, Fleiß, Ausdauer und Ausdrucksfähigkeit gehören. Allerdings ist es kaum möglich, von Schulnoten auf den zukünftigen beruflichen Erfolg zu schließen. Umso mehr gilt das, je weiter die Schulzeit zurückliegt. Die Benotung der einzelnen Fächer kann aber Indikator für Begabungstendenzen sein, z. B. Neigung zu naturwissenschaftlich-technischen, sprachlichen oder künstlerischen Fächern. Auch das Anspruchsniveau der Schule oder des

Bundeslandes können zur Interpretation herangezogen werde, liefern jedoch nicht mehr als vage Aussagen. Dies gilt auch für die Zeugnisse der akademischen Ausbildung. Ausbildungszeugnisse der praktischen Ausbildung nach dem dualen System (praktische Ausbildung im Betrieb und Berufsschule) haben in Bezug auf erworbene Fertigkeiten und Kenntnisse eine höhere Aussagekraft.

2.2.6.2 Das Interview

Mit den in der Vorauswahl identifizierten A-Kandidaten wird ein persönliches Vorstellungsgespräch, das sogenannte Interview, geführt. Dabei kann ein persönlicher Eindruck vom Kandidaten gewonnen und die Übereinstimmung mit dem Anforderungsprofil geprüft werden. Das erste Gespräch kann alleine von einem Vertreter des Unternehmens geführt werden. Verläuft es positiv, ist es ratsam, weitere Interviews mit mehreren Interviewern durchzuführen. Es sollten nicht mehr als 3 Personen an einem Gespräch teilnehmen, da bei den Bewerbern sonst der Eindruck entstehen könnte, sie ständen vor einer Prüfungskommission. Die Teilnahme von mehreren Gesprächspartnern ist jedoch von Vorteil, da so eine gemeinsame Reflexion der individuellen Eindrücke vom Bewerber nach dem Gespräch (4- oder 6-Augenprinzip) sowie die Minimierung von Fehleinschätzungen möglich ist.

In der Praxis hat sich das multimodale Interview bewährt.[49] Es besteht aus mehreren Abschnitten, in denen sich die strukturierte und freie Gesprächsführung abwechseln. Je nach Position sollte der Zeitbedarf für das Interview mit 1 bis 2 Stunden angesetzt werden. Als Vorbereitung auf das Gespräch sollte ein Interviewleitfaden erstellt werden, der Leitfragen zu den einzelnen Themenkomplexen enthält und das Gerüst des Interviews darstellt. Idealerweise beinhaltet der Interviewablauf die in Abbildung 2-18 aufgeführten Phasen.

Die Fragetechnik im Interview ist von entscheidender Bedeutung für das Ergebnis des Gespräches. Die Fragen müssen auf die beruflichen Anforderungen zielen, doch es sollte für den Bewerber nicht immer erkennbar sein, welche Anforderungen oder Bewertungskriterien dahinter sind. Dies ist wichtig, weil sich Bewerber gern vorteilhafter darstellen, als sie sind, oder sich selbst nicht einschätzen können. – Generell gilt:

- ■ Wer fragt, führt das Gespräch!

- ■ Gutes Zuhören kann Ihnen manche Frage ersparen!

- ■ Bei redegewandten Bewerbern ist Zuhören die aufschlussreichste Fragetechnik!

- ■ Je kürzer eine Frage, umso verständlicher ist sie!

- ■ Die Aufteilung des Gespräches sollte sich in einem Sprechzeitverhältnis 80 % (Bewerber) und 20 % (Interviewer) gestalten.

---

[49] Vgl. Schuler 2002, S. 188 ff.

Abbildung 2-18: Interview-Gesprächsphasen

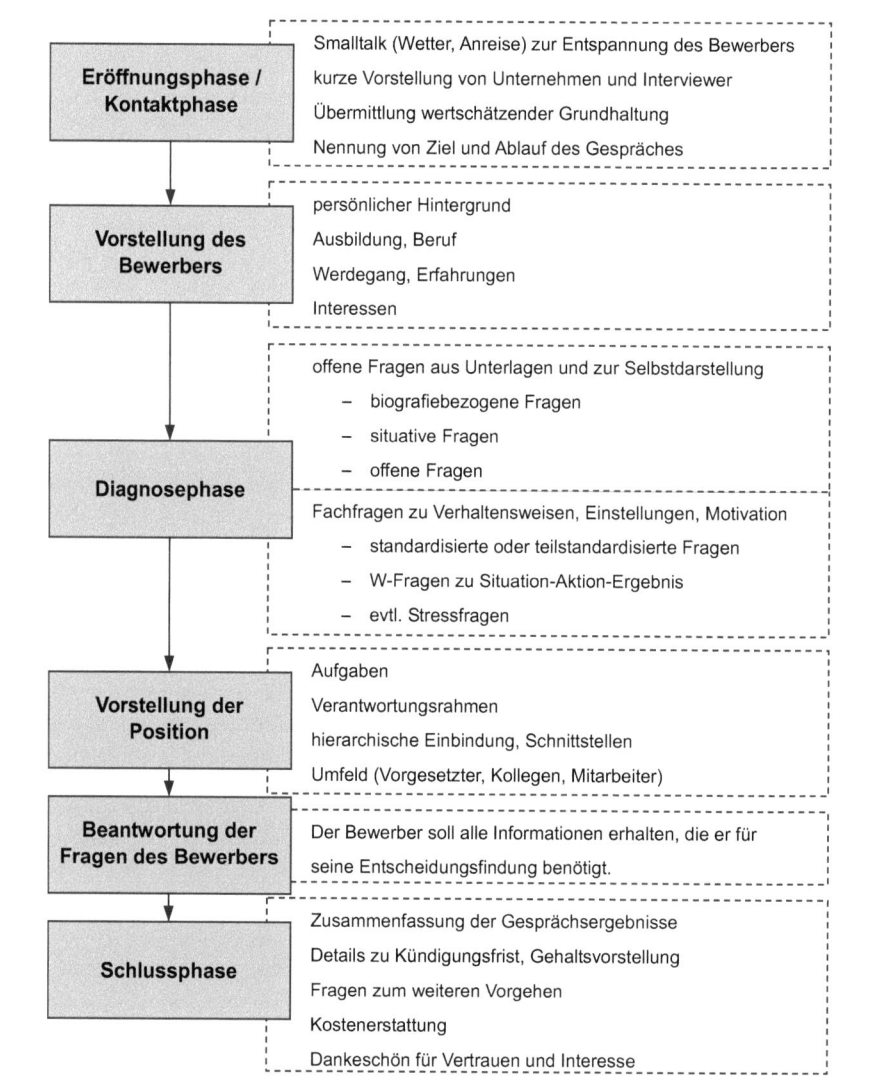

Als Fragetechnik hat sich die Nachhaktechnik bewährt, denn durch geschicktes Nachhaken kann der Interviewer erfahren, ob der Bewerber tatsächlich die Wahrheit sagt. Ein Beispiel: Was lesen Sie zurzeit? Welches Buch? Was beschreibt der Dichter in dem Buch?

Diese Technik sollte nicht zu oft angewendet werden (Verhörcharakter), kann aber bei gelegentlichen Stichproben sehr aufschlussreich sein. Soll der Bewerber nicht merken, welche Informationen der Interviewer haben will, werden offene Fragen gestellt. Diese sogenannten W-Fragen beginnen mit einem Fragepronomen (wer, wann, was usw.). Die Fragen sind neutral und geben dem Bewerber keine Antwortrichtung vor. Er erhält wenig Orientierung darüber, was für ihn günstig ist oder erwünscht. Möchte man dagegen beim Bewerber eine bestätigende oder widerstrebende Reaktion auslösen, setzt man provokative Fragen ein (vgl. Abbildung 2-19). Zudem kann eine Auseinandersetzung zwischen Bewerber und Interviewer herbeigeführt werden, wobei die gesamte Reaktion des Bewerbers, auch nonverbal, beobachtet werden kann.

Abbildung 2-19: *Provokative Fragen*

- ■ Vermutung äußern: *„Ich habe die Vermutung, dass Sie …"*
- ■ Suggestivfragen: *„Sie können doch mit Menschen umgehen?"*
- ■ Infragestellen: *„Ich verstehe nicht, dass …"*
- ■ Gegenmeinung äußern: *„Ich glaube dagegen …"*

Um herauszufinden, ob der Bewerber in der Vergangenheit erfolgreich gehandelt hat, kann eine Situationsdiagnose[50] eingesetzt werden. Dabei wird nach der Situation, der Aktion und dem Ergebnis gefragt. Da die Situationsschilderungen jedoch häufig unvollständig sind, muss der Interviewer nachfassen: Wer war beteiligt? Wer hat was getan und unter welchen Bedingungen? Bei der Schilderung der Aktion interessiert auch das Verhalten des Bewerbers: Was haben Sie dazu beigetragen? Schließlich wird auch nach dem Ergebnis gefragt: Was kam dabei heraus und welchen Anteil hatten Sie daran? Nur wenn diese drei Bereiche geprüft wurden, wird das Verhalten des Bewerbers im Kontext von Situation, Geschehnissen und Sachverhalten beurteilbar.

Die Qualität von Interviews kann durch verschiedene Maßnahmen gesteigert werden.[51] Indem man bereits im Vorfeld Bewertungskriterien festlegt, mehrere Personen die Bewertung eines Gespräches vornehmen oder weitere Selektionsverfahren angewendet werden, kann die Treffgenauigkeit erhöht werden. Ist der Interviewer gut geschult, vermindert das die Anzahl von Frage- und Beurteilungsfehlern. Es sollte grundsätzlich jedes Interview zu Ende geführt werden, auch wenn man den Bewerber nicht einstellen will. Der Interviewer muss wissen, dass das Bewerbungsverfahren für den Kandidaten mit Anspannung verbunden ist, und schafft idealerweise eine von Wertschätzung getragene, offene und freundliche Gesprächsatmosphäre. Am Ende des Gespräches ist es wichtig, zusammenzufassen und auf die positiven Aspekte zu ver-

---

[50] Vgl. Jetter 2003, S. 165
[51] Vgl. Weinert 1998, S. 294 f.

weisen. Dann wird auch der Bewerber, der eine Absage erhält, das Unternehmen in guter Erinnerung behalten.

2.2.6.3 Assessment-Center

Ein Assessment-Center ist eine Kombination verschiedener eignungsdiagnostischer Verfahren, „bei dem von mehreren geschulten Beobachtern die Verhaltensleistungen mehrerer Teilnehmer in Bezug auf vorher definierte Anforderungen in simulierten Praxissituationen beobachtet und beurteilt werden".[52] Dafür stehen eine Vielzahl von Methoden zur Verfügung, z. B.:

■ Individuell auszuführende Arbeitsproben und Aufgabensimulationen

■ Gruppendiskussionen mit oder ohne Rollenvorgabe

■ Gruppenaufgaben mit Wettbewerbs- und/oder Kooperationscharakter

■ Vorträge, Präsentationen, Selbstpräsentationen

■ Rollenspiele (z. B. Verkaufsgespräch)

■ Einzel- und/oder Gruppeninterviews

■ Fähigkeits- und Leistungstests

■ Persönlichkeits- und Interessentests

Bei der Auswahl der Methoden ist zu beachten, dass jede Methode einen eigenen Einsatzbereich hat und nicht zur Erhebung aller Anforderungsmerkmale taugt (vgl. Tabelle 2-11). Jede Methode birgt spezielle Fehlerquellen, was aber durch eine breite Auswahl ausgeglichen werden kann. Aus diesem Grund sollte man auch mehrere Beobachter einsetzen, damit individuelle Fehler ausgeglichen werden.

Die Übungen des Assessment-Centers werden immer positionsspezifisch erstellt, d. h., sie orientieren sich am Anforderungsprofil und an den Rahmenbedingungen der Vakanz. Durch die Beobachtung des Verhaltens der Teilnehmer werden Rückschlüsse auf Eigenschaften, Leistungsbereitschaft und -fähigkeit, Führungs-, Entscheidungs- und Methodenkompetenz sowie auf soziale Kompetenzen gezogen. Diese werden zur Prognose von zukünftigem Verhalten in der neuen Position und zur Erfolgsvorhersage genutzt.

---

[52] Nach W. Jeserich, zitiert in Bröckermann/Pepels 2002, S. 246

Tabelle 2-6:   *Eignung der Methoden zur Überprüfung von Anforderungsmerkmalen*

	Einzelinterview	Postkorb	Gruppendiskussion ohne Rollen	Gruppendiskussion mit Rollen	Intelligenztest	Vortrag	Interviewsimulation	Fallstudie	Entscheidungs-übungen	Planspiel	Kooperations-übungen
Planung/Organisation		X						X		X	
Kommunikationsfähigkeit	X		X	X		X	X		X		X
Überzeugungskraft	X		X	X		X	X		X		
Kooperation			X	X						X	X
sprachlicher Ausdruck	X		X	X		X	X	X			
Kreativität						X			X		
Durchsetzungsvermögen			X	X			X		X	X	
Aktivität/Motivation	X	X	X		X	X			X	x	
Entscheidungsfähigkeit		X							X	X	
Intelligenz					X	X		X			
Delegationsfähigkeit		X							X		
Belastbarkeit	X	X		X	X		X			X	
Führungsverhalten			X			X	X			X	
Flexibilität	X		X	X		X	X			X	
Einfühlungsvermögen			X	X		X	X			X	X

Die Qualität eines Assessment-Centers wird u. a. davon bestimmt, wie gut die Beobachter im Vorfeld trainiert werden und ob sie in der Lage sind, Beobachtung und Bewertung zu trennen. Um die Vergleichbarkeit der Bewertungen sicherzustellen, ist es wichtig, dass den Beobachtern standardisierte Beurteilungsbögen an die Hand gegeben werden. Dem Moderator obliegt es, Teilnehmern und Beobachtern den Ablauf nahezubringen. Schafft er es, eine angenehme, freundliche Stimmung zu erzeugen, wirkt sich das unmittelbar auf die Qualität der Ergebnisse aus. Ein möglicher Ablauf eines Assessment-Centers ist in Abbildung 2-20 dargestellt.

2.2.6.4 Testverfahren

Psychologische Testverfahren sind wissenschaftliche Bewertungsmethoden, mit denen Fähigkeiten und Qualifikationen von Bewerbern identifiziert werden sollen. Sie sind objektiv, da subjektive Eindrücke des Interviewers ausgeschlossen und auch weitere Beurteilungsfehler vermindert werden.

Abbildung 2-20: *Ablauf eines Assessment-Centers (nach Conrad/Ridder 1999, S. 171)*

Vorbereitung	Festlegen der Ziele und der Zielgruppe
	Auswahl der Beobachter
	Definition des Anforderungsprofils
	Zusammenstellen der Übungen mit Bezug auf Anforderungen
	Informieren der Teilnehmer und organisatorische Vorbereitung
Durchführung	Training der Beobachter
	Empfang der Teilnehmer
	Vorstellung Ziel und Ablauf des Programms durch Moderator
	Bearbeiten der Übungen und Unterlagen durch die Teilnehmer
	Beobachten der Leistungen durch Beobachter
	Auswertung der Beobachtungen
Abschluss und Feedback	Abstimmen der Auswertungen
	Anfertigen der Gutachten
	Endabstimmung der Endauswahl
	Informieren der Teilnehmer über die Ergebnisse
	Evaluation des Assessment-Center

Bei der Personalauswahl haben sich einige Tests durchgesetzt, die nicht nur von Psychologen, sondern auch von dazu ausgebildeten Fachkräften/Personalreferenten durchgeführt werden können. Der Berufsverband deutscher Psychologen hat zudem Empfehlungen für psychologische Testverfahren herausgegeben[53], die dem Nicht-Psychologen den Umgang damit erleichtern.

Bei Intelligenztests wird davon ausgegangen, dass intelligente Bewerber schneller, sicherer und/oder erfolgreicher arbeiten können. Aber was ist Intelligenz? Mangels einheitlicher Definition könnte man sagen, dass Intelligenz eben das ist, was der jeweilige Test misst.[54] Die Kandidaten müssen für diesen Test eine Reihe von Aufgaben (z. B. rechnerische Aufgaben, Ergänzung von Sätzen oder Bildern usw.) unter Zeitdruck lösen. Wird z. B. bei rechnerisch-schlussfolgernden Denkaufgaben eine hohe Punktzahl erzielt, lässt sich folgern, dass der Kandidat gut für analytische und konzeptionelle Aufgaben befähigt ist.

---

[53] Vgl. www.bdp-verband.org/archiv/downloads.html
[54] Vgl. Schorr 1991, S. 143

Auch Persönlichkeitstests können berufsrelevante Eigenschaften messen. Dem Einsatz dieser Tests liegt die Annahme zugrunde, dass sich die Eigenschaften einer Person nur schwer verändern lassen. Eine günstige Ausprägung in Testaufgaben mit berufsrelevantem Hintergrund erhöht die Wahrscheinlichkeit, dass sich der Proband auch langfristig in der angestrebten Position bewähren wird.

Aber was ist Persönlichkeit? Persönlichkeit ist die Summe der beobachtbaren Verhaltensweisen eines Menschen, die von zugrunde liegenden Persönlichkeitseigenschaften gesteuert werden. Diese Dispositionen können genetisch vorgegeben (biogen) oder in der Kindheit und Jugend dauerhaft und zeitstabil angelegt sein (soziogen). Auf der Grundlage der Messung und Analyse dieser Dispositionen können Prognosen zu zukünftigem Verhalten (und damit auch beruflichem Erfolg) getroffen werden.

Persönlichkeitstests arbeiten mit Aussagen, die von den Kandidaten als mehr oder weniger auf sie zutreffend angekreuzt werden, z. B.: „Ich gehe gerne auf andere Menschen zu" und eine abgestufte Antwortmöglichkeit von „trifft vollständig zu" bis zu „trifft gar nicht zu". Ein Nachteil dieser Tests ist, dass nicht ausgeschlossen werden kann, dass der Kandidat den Test manipuliert. Er glaubt zu wissen, was eine gute Antwort ist, und wählt diese aus dem Bedürfnis heraus, im Test gut abzuschneiden. Dieser Beschönigungstendenz kann jedoch durch eine gute Testkonstruktion entgegengewirkt werden. Zudem kann die Beschönigungstendenz ermittelt werden in Form von „Lügen-Scores" oder durch die Erfassung eines Konfidenz-Index, welcher angibt, in welchem Maße den Antworten des Probanden vertraut werden kann. In der Praxis haben sich diverse moderne Online-Tests[55] zu verschiedenen Persönlichkeitsbereichen bewährt, z. B.

- ◼ Persönlichkeitstest: Messung und Beurteilung von erfolgsrelevanten Persönlichkeitseigenschaften

- ◼ Führungstest: Untersuchung von führungsrelevanten Persönlichkeitsdispositionen

- ◼ Online-Assessment-Center: Feststellung der beruflichen Eignung von Schul- oder Hochschulabgängern sowie derzeit Berufstätigen oder Führungskräften für bestimmte Positionen in verschiedene Branchen

Alle modernen Testverfahren[56] erfüllen die an sie gestellten Anforderungen an die Objektivität (Fehlerfreiheit), Reliabilität (Messgenauigkeit), Validität (Gültigkeit) und Standardisierung (Vergleichbarkeit mit Stichprobe), vgl. Tabelle 2-12. Durchführung und Auswertung der meisten modernen Tests sind einfach zu handhaben. So werden z. B. die Ergebnisse der VQI-Tests in ausführlichen Online-Gutachten einschließlich grafischer Veranschaulichung in Echtzeit präsentiert. Es wird sich jedoch kein Personaler nur auf das Ergebnis von Tests verlassen, sondern diese immer in Kombination mit Interviews, Assessment-Center oder anderen Übungen einsetzen. Insgesamt ist in

---

[55] Konzeption und Vertrieb der genannten Tests durch das VON QUAST INSTITUT (VQI), www.vonquast-institut.de

[56] Vgl. Weinert 1998, S. 300 ff.

Deutschland der Einsatz von psychologischen Testverfahren weniger verbreitet als in anderen europäischen Ländern und den USA.[57]

Tabelle 2-7: *Objektivität, Reliabilität und Validität von Auswahlverfahren (nach Scholz 1994, S. 80 ff.)*

Objektivität

■ Subjektive Einflüsse wie Sympathie oder Abneigung werden ausgeschaltet
■ Wertneutralität besteht
■ Unabhängig davon, wer das Verfahren anwendet, kommt das gleiche Ergebnis zustande

---

Reliabilität

■ Gibt den Grad der Genauigkeit und Konsistenz an, mit der die Ausprägung eines Merkmals erfasst wird
■ Zuverlässigkeit des Verfahrens
■ Wiederholte Messungen führen zum gleichen Ergebnis
■ Korrelationskoeffizient mindestens 0,5

Validität

■ Zusammenhang zwischen Kriterium (Zielgröße) und Prädikator, der dieses Kriterium vorhersagen kann
■ Güte des Auswahlverfahrens, mit der das künftige Arbeitsverhalten vorhergesagt werden kann
■ Reliabilität und Validität hängen zusammen, akzeptabler Validitätskoeffizient ist 0,3

2.2.7 Einstellung / Einarbeitung

Wurden die Rekrutierungsmaßnahmen durch Vertragsschluss beendet, dann ist die Position besetzt. Noch ist es aber zu früh, um von einem Besetzungserfolg zu sprechen. Dazu muss sich der neue Mitarbeiter erst erfolgreich in die Position, den Kollegenkreis und das Unternehmen einfinden („Onboarding") und die Probezeit bestehen. Die fachliche Einarbeitung, welche z. B. Vorstellung, Arbeitsunterweisung und die Übergabe von Arbeitsmitteln umfasst, obliegt den Fachabteilungen. Die Personalabteilung sollte diesen Prozess begleiten, um sicherzustellen, dass die Einarbeitung erfolgreich verläuft. Sie kennt die Einarbeitungfehler, kann diese frühzeitig erkennen und mit ausgewählten Strategien gegensteuern (vgl. Abbildung 2-21). Zusätzlich muss eine Kontrolle der fachlichen Einarbeitung erfolgen und durch die Bereitstellung gewisser Hilfsmittel (vgl. Abbildung 2-22), unterstützt werden. Nur so können Fachbereich und Personalabteilung vor Ende der Probezeit eine qualifizierte Beurteilung des neuen

---

[57] Vgl. Schorr 1991, S. 140

Mitarbeiters abgeben und entscheiden, ob die Übernahme in ein Dauerarbeitsverhältnis ratsam ist.

Abbildung 2-21: *Extremstrategien:*

- **Schonstrategie:** Der Mitarbeiter wird durch einfache Aufgaben und großzügige Zeitvorgaben wenig beansprucht. Er erhält kaum Feedback
  Nachteil: Er erhält kaum die Chance, sich zu bewähren und Selbstbewusstsein zu entwickeln
- **Wirf-ins-kalte-Wasser-Strategie:** Dem Mitarbeiter werden unverzüglich schwierige Aufgaben mit hoher Verantwortung übertragen. Er erhält kaum Unterstützung.
  Nachteil: Misserfolgserlebnisse, die Motivation und Selbstbewusstsein negativ beeinflussen, können auftreten
- **Entwurzelungsstrategie:** Der Mitarbeiter erhält kaum lösbare, schwierige Aufgaben. Er wird emotional und leistungsbezogen voll beansprucht.
  Nachteil: Die Entwurzelungsstrategie als Steigerung der Wirf-ins-kalte-Wasser-Strategie kann Hilflosigkeit und Verunsicherung hervorrufen

---

Abbildung 2-22: *Hilfsmittel zur Einarbeitung neuer Mitarbeiter*

- Einführungsveranstaltungen
- Einführungsbroschüren
- Einführungs-, Orientierungs- und Feedbackgespräche
- Patenschaften, Mentoring-Systeme
- Coaching

Ein Pate oder Mentor kann bei der Einführung neuer Mitarbeiter eine wertvolle Rolle spielen. Idealerweise sind es erfahrene Mitarbeiter des Unternehmens, die entweder im gleichen oder einem anderen Bereich tätig sind und nicht in Konkurrenz zu dem neuen Mitarbeiter stehen. „Elder Statesmen", erfahrene Mitarbeiter ohne Karriereambitionen, eignen sich besonders gut (zu den Aufgaben des Paten vgl. Abbildung 2-23).

Aus Sicht des Mitarbeiters ist die Einarbeitung dann gelungen, wenn er genau weiß, was von ihm erwartet wird, und sich am Ende der Probezeit in der Lage fühlt, seine Aufgaben zu erfüllen. Aus Sicht des Unternehmens ist der Eingliederungsprozess erfolgreich, wenn der Mitarbeiter sich mit seinen Kenntnissen und Fähigkeiten hoch motiviert in die Arbeit einbringt und die gewünschte Leistung erbringt. Darüber hinaus ist es wünschenswert, dass er eine hohe Loyalität gegenüber dem Unternehmen entwickelt, sich in die Normen, Werte und Kultur des Unternehmens einfindet und sich entsprechend verhält.

Abbildung 2-23: *Aufgaben des Paten (nach Becker 2002, S. 295)*

- Bekanntmachen mit Arbeitsumgebung bzw. mit neuem Arbeitsumfeld
- Bei Kontaktaufnahme mit anderen Mitarbeitern und organisatorischen Einheiten unterstützen
- Einweisen in seine Aufgaben, Sinn und Zweck seiner Tätigkeit erläutern und Einordnung der Tätigkeit in das Unternehmensgeschehen verdeutlichen
- Durch fachliche Anleitung für die Aufgaben qualifizieren
- Bei der Einschätzung seiner Leistung mitwirken
- Bei der Umsetzung guter Ideen unterstützen
- Menschlich betreuen, fachlich und persönlich beraten
- Die Führungskraft über den Stand der Einarbeitung informieren

---

2.2.8 Beteiligung des Betriebsrats an Einstellungen

In Unternehmen mit Betriebsrat regelt das Betriebsverfassungsgesetz die Mitbestimmung bei personellen Einzelmaßnahmen in § 99 BetrVG. Gemäß Absatz (1) hat ein Unternehmen mit in der Regel mehr als zwanzig wahlberechtigten Arbeitnehmern den Betriebsrat vor jeder Einstellung, Eingruppierung, Umgruppierung und Versetzung zu unterrichten. Außerdem muss er die erforderlichen Bewerbungsunterlagen vorlegen und Auskunft über die Person der Beteiligten geben. Dabei muss er die Auswirkungen der geplanten Maßnahme darlegen und die Zustimmung des Betriebsrats zu der Maßnahme einholen. Bei Einstellungen und Versetzungen hat der Arbeitgeber insbesondere den in Aussicht genommenen Arbeitsplatz und die vorgesehene Eingruppierung mitzuteilen. Abbildung 2-24 zeigt das Prüfschema zur Beteiligung des Betriebsrats bei Einstellung eines Bewerbers.

2.2.9 Erfolgskontrolle

Wie definiert sich der Erfolg des Rekrutierungsprozesses? – Zum einen durch die Übernahme in das Dauerarbeitsverhältnis, aber auch dadurch, dass der Mitarbeiter nach Ablauf von einem oder mehreren Jahren die Leistungserwartungen erfüllt und einen hohen Wertschöpfungsbeitrag zum Unternehmenserfolg erzielt. Das Qualitätscontrolling der Personalrekrutierung prüft den Erfolg. Die Kosten für eine Fehlbesetzung, d. h., wenn der Kandidat die Probezeit nicht besteht, belaufen sich auf ein bis zwei Jahresgehälter. Aus diesem Grund sollte man den Prozess der Personalrekrutierung nicht nur hinsichtlich des Erfolges, sondern auch auf Zeit und Kosten hin analysieren.

Abbildung 2-24: *Prüfschema zur Beteiligung des Betriebsrats bei Einstellung eines Bewerbers (in Betrieben mit >20 wahlberechtigten Mitarbeitern)*

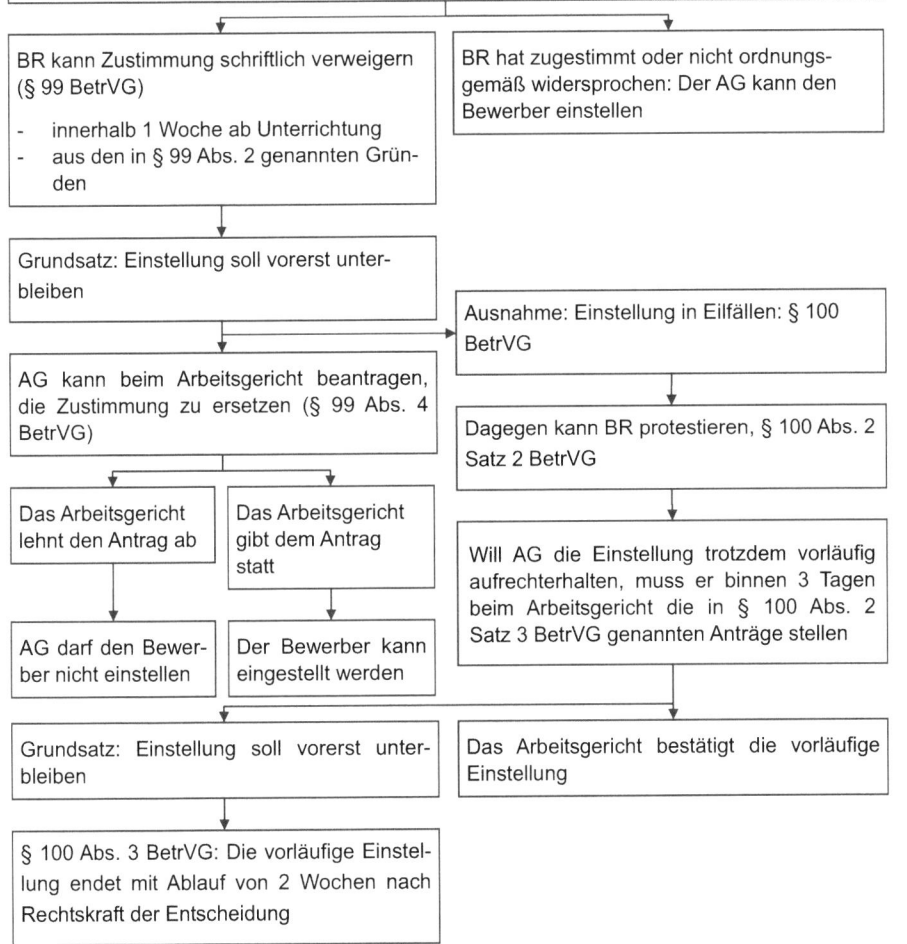

Der Arbeitgeber (AG) muss den Betriebsrat (BR) von der geplanten Einstellung unterrichten und seine Zustimmung einholen (§ 99 Abs. 1 BetrVG). Hierbei hat der AG

a) Bewerbungsunterlagen aller Bewerber vorzulegen und über alle Auskunft zu geben
b) über die Auswirkung der Einstellung zu informieren
c) den in Aussicht genommen Arbeitsplatz und vorgesehene Eingruppierung mitzuteilen

Unterlässt der AG Unterrichtung, dann ist Vertrag unwirksam; der BR kann die tatsächliche Beschäftigung verhindern (§ 101 BetrVG)

BR kann Zustimmung schriftlich verweigern (§ 99 BetrVG)

- innerhalb 1 Woche ab Unterrichtung
- aus den in § 99 Abs. 2 genannten Gründen

BR hat zugestimmt oder nicht ordnungsgemäß widersprochen: Der AG kann den Bewerber einstellen

---

Grundsatz: Einstellung soll vorerst unterbleiben

Ausnahme: Einstellung in Eilfällen: § 100 BetrVG

AG kann beim Arbeitsgericht beantragen, die Zustimmung zu ersetzen (§ 99 Abs. 4 BetrVG)

Dagegen kann BR protestieren, § 100 Abs. 2 Satz 2 BetrVG

Das Arbeitsgericht lehnt den Antrag ab

Das Arbeitsgericht gibt dem Antrag statt

Will AG die Einstellung trotzdem vorläufig aufrechterhalten, muss er binnen 3 Tagen beim Arbeitsgericht die in § 100 Abs. 2 Satz 3 BetrVG genannten Anträge stellen

---

AG darf den Bewerber nicht einstellen

Der Bewerber kann eingestellt werden

Grundsatz: Einstellung soll vorerst unterbleiben

Das Arbeitsgericht bestätigt die vorläufige Einstellung

---

§ 100 Abs. 3 BetrVG: Die vorläufige Einstellung endet mit Ablauf von 2 Wochen nach Rechtskraft der Entscheidung

Ein professionelles Prozesscontrolling trägt dazu bei, den Prozess transparent und steuerbar zu machen. Die Zeit, also die Dauer des Rekrutierungsprozesses, ist ein wesentlicher Faktor auf einem knappen Arbeitsmarkt, denn qualifizierte Kandidaten werden heute und auch in Zukunft, bedingt durch die demografische Entwicklung, von Arbeitgebern umworben. Benötigt die Personalabteilung dann viel Zeit vom Eingang der Bewerbung bis zur Besetzungsentscheidung, haben sich die Kandidaten vielleicht schon für eine andere Stelle entschieden. Zu den Kosten des Rekrutierungsprozesses gehören u. a. Aufwendungen der Personalabteilung für die Durchführung der Suche (z. B. Anzeigenveröffentlichung) und die Fahrtkosten der Bewerber.

Das Prozesscontrolling der Personalrekrutierung arbeitet mit Kennzahlen und Indikatoren[58], die an den einzelnen Teilprozessen ansetzen und dort sowohl quantitative als auch qualitative Sachverhalte betrachten. Hierzu ein Beispiel aus der Praxis: Der Personalleiter bemerkt, dass Vakanzen im Unternehmen zu lange offen bleiben und die Führungskräfte sich beschweren, zu wenige Mitarbeiter zu haben, um die Arbeit erledigen zu können. Der Personalcontroller wird gebeten, diesen Sachverhalt unter die Lupe zu nehmen. Er betrachtet den Prozessablauf der Rekrutierung und stellt fest, dass sich zum einen sehr wenige Bewerber auf Anzeigen melden und zum anderen Kandidaten eine Einladung zu einem Bewerbergespräch häufig ablehnen. Diese Informationen liefern Anhaltspunkte für eine detaillierte Betrachtung. Zum Problem der zu geringen Anzahl von Kandidaten setzt er z. B. die Kennzahl „Bewerber pro Ausschreibungsmedium", die von dem die Suche betreuenden Personalreferenten per Aufschreiben oder ggf. systemgestützt[59] erhoben wird. Hinsichtlich der Ablehnung von Einladungen zum Gespräch vermutet er ein Zeitproblem und setzt z. B. die Kennzahlen „Zeit vom Eingang bis zur ersten Reaktion auf die Bewerbung" und „Zeitdauer vom Eingang der Bewerbung bis zur Absage/Einladung von Bewerbern" (vgl. Tabelle 2-8).

Der Personalcontroller erhält zu den von ihm gewünschten Kennzahlen folgende Information: Es sei je eine Anzeige in der Tagespresse und eine in einer Internet-Jobbörse geschaltet worden. Die Qualität der Bewerbungen sei annähernd gleich, die Rückläufe und Kosten stellten sich wie folgt dar:

- 20 Bewerbungen / Internetanzeige 1.000,- € = 50,- € / Bewerbung

- 15 Bewerbungen / Tageszeitung 4.000,- € = 266,66 € / Bewerbung

Die durchschnittliche Dauer vom Eingang der Bewerbung bis zum Eingangsbestätigungsbrief liegt bei zwei Tagen. Die durchschnittliche Dauer vom Eingang bis zur Einladung eines Bewerbers liegt bei sechs Wochen. Das erklärt sich daraus, dass die Bewerbungen an die Fachabteilungen geleitet werden. Die jeweiligen Führungskräfte

---

[58] Dazu ausführlich Knorr 2004, S. 60 ff. und Anhang 1, S. 119 ff.

[59] In größeren Unternehmen ist der Einsatz von webbasierten „E-Recruitment Tools", wie z. B. SAP R/3 HR Rekrutierung, weit verbreitet. Häufig können Daten für verschiedene Kennzahlen daraus entnommen werden.

entscheiden, wer zum Interview eingeladen werden soll. Bis die Entscheidung dann bei den Personalreferenten ankommt, vergehen durchschnittlich sechs Wochen.

Der Personalcontroller empfiehlt dem Personalleiter zwei Ziele: Reduzierung der Zeitdauer vom Eingang bis Einladung von Bewerbern auf 10 Tage. Das kann z. B. dadurch erreicht werden, dass die Personalreferenten sich schneller mit den Führungskräften austauschen und nachfragen. Zudem sollten bei zukünftigen Personalsuchen die Aktivitäten im Internet verstärkt und die Tageszeitungen erst dann belegt werden, wenn nach zwei Wochen noch zu wenige qualifizierte Bewerbungen eingegangen sind. Das führt zwar nicht unmittelbar zu einer Erhöhung der Anzahl von Bewerbungen, ist aber effizienter im Hinblick auf die Kosten.

Tabelle 2-8:   *Exemplarische Kennzahlen zum Rekrutierungscontrolling*

Kennzahlen / Indikatoren	Anwendung, Zweck und Ziel der Kennzahl
■ Ø Anzahl von Bewerbern pro Ausschreibungsmedium (Printanzeigen, Internetanzeigen, Arbeitsamtanfragen usw.)	Damit kann analysiert werden, welcher Rekrutierungsweg mehr Resonanz bringt und welcher weniger. Idealerweise wird die Kennzahl ergänzt um eine Kostenbetrachtung. Die Relation von Anzahl Bewerbungen zu Kosten erlaubt einen Wirtschaftlichkeitsvergleich zwischen den einzelnen Wegen und schafft eine solide Grundlage zur Auswahl des besten Weges. Zielgröße: nicht vorgegeben Zeitpunkt der Erhebung: Pro Ausschreibung
■ Ø Zeitdauer vom Eingang der Bewerbung bis zur ersten Reaktion auf die Bewerbung (Eingangsbestätigungsbrief)	Wenn Kandidaten eine Bewerbung versenden, meist per Email, erwarten sie eine Resonanz darauf. Lässt sich das Unternehmen damit Zeit, erhält der Bewerber einen schlechten Eindruck. Zielgröße: < 2 Tage Zeitpunkt der Erhebung: laufend
■ Ø Zeitdauer vom Eingang der Bewerbung bis zur Entscheidung Einladung/Absage	Suchende Bewerber senden ihre Bewerbung meist an mehrere Unternehmen. Wenn ein Unternehmen zügig vorgeht, kann es den Bewerber schon eingestellt haben, bevor andere die Einladung zu einem Gespräch senden. Zielgröße: < 10 Tage Zeitpunkt der Erhebung: laufend

2.3 Personalbetreuung

Leitfragen:

- Wie sieht die tägliche Arbeit des Personalbetreuers aus?

- Welche typischen Problemfälle muss ein Personalbetreuer bearbeiten?

- Was ist ein Betriebsrat und welche Rechte hat er?

Die Positionen in Personalabteilungen werden bezeichnet als Personalsachbearbeiter, Personalreferent, Gehaltsabrechner oder auch Personalbetreuer (wobei die Tätigkeit eines Betreuers in vielen Unternehmen mit der des Personalreferenten gleichzusetzen ist). Im Wort „Personalbetreuer" schwingt als Konnotation der Begriff des „Mitarbeiterhelfers" mit. Es suggeriert also, dass der Mitarbeiter jemanden braucht, der ihn oder sie betreut. Aber was verbirgt sich hinter Betreuung?

Ein Großteil der Betreuung ist operatives Tagesgeschäft, nur sehr wenige Tätigkeiten sind strategischer Natur.[60] Im Folgenden wird der Versuch gemacht, zunächst den administrativen Teil der Betreuung darzustellen und dann auf das restliche Aufgabengebiet „Betreuung" kurz einzugehen. Es ist schwierig, den Betreuungsteil eindeutig darzustellen, weil jedes Unternehmen die Schnittstelle zu den anderen Bereichen wie Gehaltsabrechnung oder Personalentwicklung ein wenig anders definiert. Im konkreten Fall des einzelnen Unternehmens muss daher der Aufgabenbereich „Betreuung" immer neu definiert werden.

2.3.1 Administrative Betreuung

Der Betreuer muss für viele Mitarbeiter Bescheinigungen für Arbeitsämter, Krankenkassen und andere Einrichtungen ausstellen. Dabei gehört eine Adressenänderung, wenn ein Mitarbeiter umzieht, ebenso zur Administration wie das Eingeben eines Urlaubsantrags in ein EDV-System oder der Nachtrag von Überstunden. Auch das Erstellen von Arbeitszeugnissen oder von Arbeitsverträgen sind administrative Tätigkeiten. Die nachfolgende Auflistung, die keinen Anspruch auf Vollständigkeit erhebt, soll einen Eindruck davon geben, welche Tätigkeiten ein Betreuer „von der Wiege bis zur Bahre" des Arbeitslebens eines Mitarbeiters typischerweise zu seinen Aufgaben rechnet:

---

[60] Viele der Themen, die ein Betreuer zu bearbeiten hat, werden im Kapitel „Anreizsysteme" behandelt. Daher bleibt für das Kapitel „Betreuung" nur ein kleines, aber wichtiges Aufgabenfeld zur Darstellung an dieser Stelle übrig.

- Anzeigenerstellung für Bewerbersuche

- Bewerbermanagement in Form von Erstsichtung der Bewerbungen, Erstellen der Eingangsbestätigungen, Rücksendung von unbrauchbaren Bewerbungen

- Erstellen eines Arbeitsvertrags

- Anlegen und Führen der Personalakte

- Führen der Zeitkonten

- Urlaubseintrag

- Überprüfung des Anspruchs und Verbuchung von Erholungs- und Bildungsurlaub

- Umgruppierungen

- Versetzungen und Abordnungen

- Veranlassen von Reguntersuchungen, z. B. Überprüfung der Sehfähigkeit des Mitarbeiters

- Beratung bei Mutterschutz/Elternzeit/Teilzeitbeschäftigung; Veranlassen der Elternzeit

- Verbuchen von Beurlaubungen

- Erstellen von Zwischenzeugnissen

- Dienstjubiläenüberprüfungen, -berechnungen und Zahlungsveranlassung

- Berechnen und Veranlassen von betrieblicher oder tariflicher zusätzlicher Altersversorgung

- Beratung bei Altersteilzeit/Pensionierungen und Erstellen der Anträge für die Rentenkasse

- Zeitkontenverwaltung, vor allem bei Jahres- oder Lebensarbeitszeitmodellen

- Erstellen von Zeugnissen

- Schließen der Akte

Da bei hohen Arbeitskosten zunehmend diskutiert wird, ob solche administrativen Vorgänge überhaupt notwendig sind, da sie als nicht wertschöpfend erlebt werden, sucht man nach einem Weg, diese Vorgänge zu streichen oder effizienter abzuwickeln. Da sich viele dieser Vorgänge nicht streichen lassen, hat in den letzten Jahren eine Automatisierung der Prozesse eingesetzt. Diese Automatisierung ging einher mit einer Verlagerung der Tätigkeiten auf den Mitarbeiter – und damit weg von der Personalabteilung.

Abbildung 2-25: *Zeugniserstellung vor und nach Automatisierung und Verlagerung auf den Vorgesetzten*

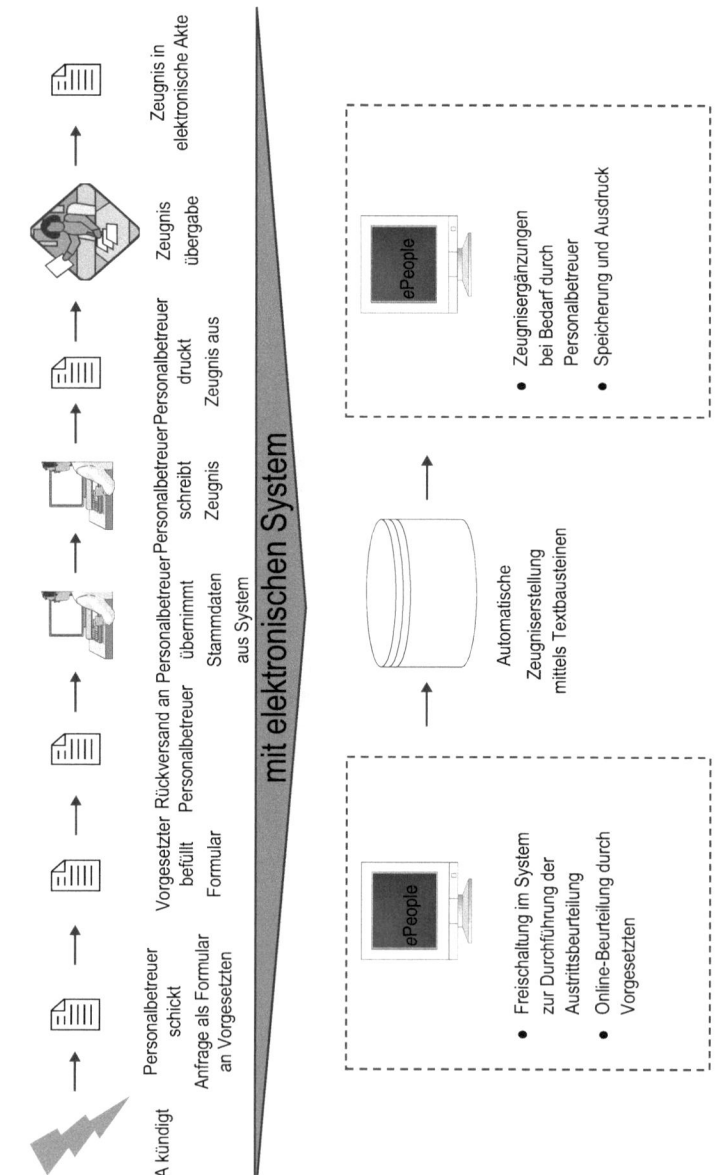

Mit der Verlagerung konnten in vielen Fällen ganze Arbeitsschritte eingespart werden, was auch zu einer Erhöhung der Geschwindigkeit geführt hat und zu einer Verringerung der Fehlerquote in den Prozessen. Diese Verlagerung auf den Mitarbeiter ist bekannt unter dem Begriff „Employee Self Service (ESS)" und „Management Self Service (MSS)". Wie eine solche Automatisierung des Prozesses das Arbeitsleben vereinfacht, zeigt Abbildung 2-25.

Zum Tagesgeschäft eines Betreuers gehört auch das Beantworten von Fragen eines Mitarbeiters zu allen Themen, die den Mitarbeiter beschäftigen. Hierbei kann es sich in der Praxis um die Beantwortung von Fragen zur Position 13 auf der Gehaltsabrechnung ebenso handeln wie um die Fragen, ob einem Mitarbeiter eine Sozialleistung zusteht oder wie die persönliche Entwicklung weiter verlaufen soll, oder um den Ruf nach Hilfestellung bei Problemen mit den Vorgesetzten. Aus Sicht des einzelnen Mitarbeiters sind dies alles berechtigte Anliegen. Aber auch hier hat sich in den letzten Jahren langsam eine Veränderung durchgesetzt. Frei nach Keith Hammonds formuliert, sind Personalbetreuer keine Sozialarbeiter, sondern sollen wirtschaftlich sinnvolle Themen behandeln und im Sinne des Unternehmens wertschöpfende Tätigkeiten ausführen. Aufgrund dieser Sichtweise werden auch bei der Beantwortung von Fragen des Mitarbeiters an seinen Personalbetreuer veränderte Konzepte eingesetzt, die wiederum auch nur möglich wurden aufgrund der veränderten EDV-Landschaft.

Abbildung 2-26:   *Stufenmodell zur Beantwortung von Fragen des Mitarbeiters (nach Mercer 2003)*

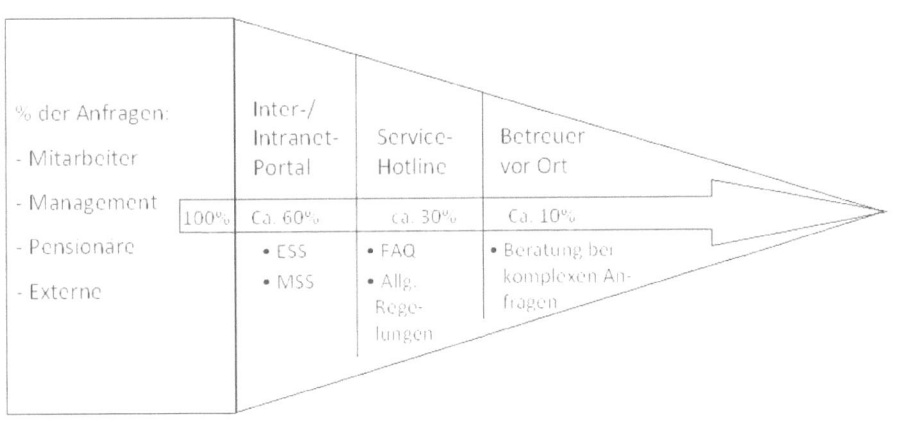

Diese Konzepte beinhalten ein „Stufenmodell", wie es in Abbildung 2-26 dargestellt ist. In der ersten Stufe sollen/müssen die Mitarbeiter ihre Fragen an das Intranet oder Internet „stellen". Sie können mithilfe einer Suchmaschine ihre Suchbegriffe eingeben und z.B. Betriebsvereinbarungen einsehen oder sogar in einem Automobilkonzern selbst am PC ihren neuen Dienstwagen konfigurieren. In der zweiten Stufe, wenn die Mitarbeiter in der ersten erfolglos waren, können sie sich per Telefon, Fax oder Mail (in den meisten Fällen nicht persönlich durch „Vorbeikommen") an hierfür eingerichtete und geschulte Einheiten – genannt Shared Service Center (siehe Kapitel „Organisation") wenden. Sollten auch diese Einheiten die Fragen eines Mitarbeiters nicht beantworten können, kann er sich an den Betreuer wenden und mit ihm ein persönliches Gespräch vereinbaren.

2.3.2 Betreuung von komplexen Themen

2.3.2.1 Regelungen des Allgemeinen Gleichbehandlungsgesetzes[61]

Am 18. August 2006 ist nach langen politischen Auseinandersetzungen und in Umsetzung verschiedener europäischer Richtlinien das Allgemeine Gleichbehandlungsgesetz (AGG) in Kraft getreten (BGBl. I, 1897).

Es beinhaltet neben Regelungen zum Diskriminierungsschutz im allgemeinen Zivilrechtsverkehr insbesondere das Verbot von Benachteiligungen wegen der Merkmale Rasse, ethnische Herkunft, Religion und Weltanschauung, Behinderung, Alter, sexuelle Identität und Geschlecht in Beschäftigungsverhältnissen (§ 7 Abs. 1 iVm. § 1 AGG). Das Gesetz baut auf zwei Vorgängerregelungen auf, die Benachteiligungen speziell in Beschäftigungsverhältnissen betrafen und teils noch betreffen: (i) Das Verbot der geschlechtsbezogenen Benachteiligung war zuvor in § 611a BGB a.F. geregelt und ist nunmehr im AGG aufgegangen, und (ii) das Benachteiligungsverbot wegen einer Schwerbehinderung ist in § 81 Abs. 2 SGB IX geregelt und tritt neben das Benachteiligungsverbot wegen einer Behinderung. Einen Schutz gegen Benachteiligung wegen anderer Gründe als derjenigen, die in § 1 AGG genannt sind, regelt das Gesetz nicht. Allerdings bestimmt § 2 Abs. 3 AGG, dass die Geltung sonstiger Benachteiligungsverbote oder Gebote der Gleichbehandlung durch das Gesetz nicht berührt wird.

Intention des Gesetzgebers ist ausweislich der Gesetzesbegründung eine Modernisierung der Arbeitswelt sowie die Herbeiführung einer Kultur der Antidiskriminierung und einer Bewusstseinsänderung in der Gesellschaft. Zugleich sollen die Betroffenen besonders ermutigt werden, sich gegen Diskriminierungen zur Wehr zu setzen, weshalb Unterstützungen und Erleichterungen für ein entsprechendes Vorgehen vorgesehen sind. Der Gesetzgeber nimmt es hierfür in Kauf, in den das deutsche Privatrecht kennzeichnenden Grundsatz der „Privatautonomie" begrenzend einzugreifen.

---

[61] Von Holger Dahl, Fachanwalt für Arbeitsrecht und Director Public and Legal Affairs bei der Amadeus FIRe AG

Verbotene Handlungen

Neben der unmittelbaren und mittelbaren Benachteiligung verbietet das Gesetz auch (sexuelle) Belästigungen (§ 3 AGG) von Beschäftigten (§ 6 AGG) von der Begründung bis zur Beendigung von Arbeitsverhältnissen (§ 2 AGG). Mittelbare und unmittelbare Benachteiligungen können ausnahmsweise wegen eines der in den §§ 5, 8–10 AGG normierten Rechtfertigungsgründe zulässig sein. Für die Praxis größte Bedeutung hat § 8 AGG. Danach ist eine (un)mittelbare Benachteiligung zulässig, wenn diese wegen einer wesentlichen und entscheidenden beruflichen Anforderung erfolgt, sofern der Zweck rechtmäßig und die Anforderung angemessen ist. Im Bereich der Vorgängerregelung zur geschlechtsbezogenen Benachteiligung hat die Rechtsprechung eine solch zulässige Benachteiligung z. B. in der Ablehnung eines Mannes bei der Besetzung einer Stelle als Verkäuferin für Damenbadebekleidung (LAG Köln v. 19. 7. 1996 in NZA-RR 1997, S. 84) gesehen.

Speziell: Alter

Neben dem bereits seit Jahren bestehenden Verbot der geschlechtsbezogenen Benachteiligung sind die weitestreichenden Auswirkungen von dem für die Arbeitswelt neuen Benachteiligungsverbot wegen des Alters zu erwarten. Arbeitgeber müssen ihre Arbeitsbedingungen kritisch hinterfragen, ob etwaige Benachteiligungen wegen des Alters vorliegen (u. a. auch Mindestaltersbedingungen, die jüngere Beschäftigte benachteiligen) können. Dies gilt nicht nur für individuelle, sondern auch für kollektive Arbeitsbedingungen, insbesondere auf der Basis von Betriebsvereinbarungen und Tarifverträgen. So werden in der Literatur zu Recht Zweifel erhoben, ob z. B. tariflich geregelte, vom Lebensalter abhängige Urlaubsregelungen oder vom Lebensalter abhängige Vergütungsgruppen noch zulässig sind. Ferner werden von der Literatur auch eine Vielzahl von gesetzlichen Regelungen kritisch hinterfragt. So sind z. B. bei der Berechnung von gesetzlichen Kündigungsfristen nach § 622 Abs. 2 Satz 2 BGB Beschäftigungszeiten vor Vollendung des 25. Lebensjahres nicht zu berücksichtigen. Ob diese Regelung unter dem Benachteiligungsschutz noch Bestand haben kann, wird ebenso bezweifelt wie die in § 1 Abs. 3 Satz 1 KSchG geregelte Berücksichtigung des Lebensalters bei der Sozialauswahl im Falle einer betriebsbedingten Kündigung. Der Gesetzgeber führt zwar in dem speziellen Rechtfertigungsgrund wegen des Alters gleich eine ganze Reihe von (gesetzlich geregelten) Arbeitsbedingungen auf, bei denen aus seiner Sicht eine unterschiedliche Behandlung gerechtfertigt ist (§ 10 Satz 3 AGG). Letztlich bringt dies aber keine größere Rechtssicherheit, da nach der Rechtsprechung des EuGH auch gesetzliche Regelungen unanwendbar sind, wenn sie gegen das europarechtliche verankerte Verbot der Altersbenachteiligung verstoßen (EuGH v. 22.11.2005 in NJW 2006, S. 6). Damit muss sich jede Arbeitsbedingung letztlich an den Europäischen Richtlinien messen lassen, die dem AGG zugrunde liegen.

Pflichten des Arbeitgebers und Rechte des Beschäftigten

Den Arbeitgeber treffen nach § 11 und § 12 AGG eine ganze Reihe von präventiven und repressiven Pflichten zur Vermeidung und Unterbindung von Benachteiligungen. Dazu zählt die in § 12 Abs. 2 AGG Sollvorschrift, in geeigneter Art und Weise, insbesondere im Rahmen der beruflichen Aus- und Fortbildung, auf die Unzulässigkeit von Benachteiligungen hinzuweisen. Ferner ist der Arbeitgeber nach § 12 Abs. 3 AGG verpflichtet, mit arbeitsrechtlichen Sanktionen zu reagieren, wenn Beschäftigte gegen das Benachteiligungsverbot verstoßen, und nach § 12 Abs. 4 AGG verpflichtet, Maßnahmen zum Schutz der Beschäftigten zu ergreifen, wenn diese durch Dritte (z. B. Kunden) benachteiligt werden.

§ 13 räumt den Beschäftigten ein Beschwerderecht ein. Dazu hat der Arbeitgeber eine zuständige Beschwerdestelle zu schaffen.

Sollte es zu einer ungerechtfertigten Benachteiligung oder Belästigung kommen, steht dem Betroffenen insbesondere die Möglichkeit des Schadensersatzes (§ 15 Abs. 1 AGG) und der Entschädigung (§ 15 Abs. 2 AGG) zu. Beim Schadensersatz hat der Arbeitgeber dem Beschäftigten einen etwaigen kausal auf der Verletzung des Benachteiligungsverbotes beruhenden wirtschaftlichen Schaden zu ersetzen. Nach § 15 Abs. 2 AGG kann der Betroffene daneben auch wegen eines Schadens, der nicht Vermögensschaden ist, eine angemessene Entschädigung verlangen. Dadurch wird also ein immaterieller Entschädigungsanspruch geregelt, der zugleich Präventiv- und Strafcharakter hat. Mit diesem Entschädigungsanspruch ist nämlich auch bezweckt, den Arbeitgeber, der das Benachteiligungsverbot verletzt, zu bestrafen und vor (weiteren) Verletzungen abzuschrecken. Der immaterielle Schadensersatz bei Einstellungen ist dabei auf drei Monatsgehälter begrenzt, wenn die Einstellung auch bei benachteiligungsfreier Auswahl unterblieben wäre.

2.3.2.2 Rückkehrgespräche

Zur Betreuung gehört aber auch eine Vielzahl von komplexen Themen, die meist in Gesprächen zwischen dem Betreuer und dem Mitarbeiter oder immer häufiger zwischen dem Betreuer und der Führungskraft geführt werden.

Zum Beispiel ist es in vielen Unternehmen die Aufgabe des Betreuers, wenn nicht im Vier-Augen-Gespräch, so zumindest als Unterstützer der Führungskraft Rückkehrgespräche zu führen mit Mitarbeitern, die häufig krank sind.

Neben Rückkehrgesprächen sind auch Abmahnungen und im Vorfeld häufig Gespräche mit dem jeweiligen Vorgesetzten Aufgabe des Betreuers. Zum Tagesgeschäft gehören in einigen Unternehmen auch Einstellungen und Freistellungen. Versetzungen und Umgruppierungen sowie die Beratung zur Weiterbildung und Personalentwicklung sind ebenfalls Teil der Aufgabe des Betreuers.

Abbildung 2-27: Formular für ein Rückkehrgespräch

Krankengesprächsbeleg (bitte an die Personalabteilung weiterleiten)

Krankengespräch am .... Durch ....

Mit Frau/ Herrn .... Pers.-Nr .... Kostst.: ....

Als BR-Mitglied nahm teil: Frau/ Herrn ....

Das letzte Krankengespräch wurde geführt am .... Durch ....

Als Ergebnis des Gesprächs ist festzuhalten: (Zutreffendes ankreuzen!)		
Der Mitarbeiter will über Ursachen der Arbeitsunfähigkeit Auskunft geben	Ja	Nein
Die Ursachen sind seiner Meinung nach betrieblich	Ja	Nein
Die Ursachen sind persönlich bedingt	Ja	Nein
Die Ursachen sind sowohl persönlich als auch betrieblich bedingt	Ja	Nein
Der MA ist zum Gespräch mit dem Betriebsarzt gegangen	Ja	Nein
Der MA wurde darüber informiert, wie sich seine Fehlzeiten auf den Betriebsablauf auswirken	Ja	Nein
Der MA ist aufgrund bestimmter Umstände überzeugt, dass sich seine Fehlzeiten in Zukunft verringern	Ja	Nein
Ein Folgegespräch mit der Personalabteilung wird empfohlen	Ja	Nein

2.3.2.3 Betriebliches Eingliederungsmanagement (BEM)

Klassische Rückkehrgespräche nach Krankheit werden mehr und mehr in ein betriebliches Eingliederungsmanagement (BEM) eingebunden. Grundlage hierfür ist das Sozialgesetzbuch IX („Rehabilitation und Teilhabe behinderter Menschen"). In § 84 Abs. 2 SGB IX ist geregelt, dass für Beschäftigte, die innerhalb eines Jahres länger als sechs Wochen ununterbrochen oder wiederholt arbeitsunfähig erkranken, eine Maßnahme im Rahmen eines BEM durchgeführt werden muss. Mit einer solchen Maßnahme werden vor allem drei Ziele verfolgt: Die möglichst rasche Überwindung der Arbeitsunfähigkeit, das Vorbeugen einer erneuten Arbeitsunfähigkeit und der dauerhafte Erhalt des Arbeitsplatzes.

Da eine solche Aufgabenstellung kaum von einem Personalbetreuer alleine zu bewältigen ist, werden im Rahmen eines BEM weitere Akteure hinzugezogen. Dazu zählen beispielsweise ein Vertreter des Betriebsrats, der Betriebsarzt und (bei schwerbehinderten Betroffenen) die Schwerbehindertenvertretung. Zusätzlich ist es in der Regel möglich, auch externe Fachkräfte (z.B. Vertreter der Krankenkassen, der Agentur für Arbeit oder der Integrationsämter) zu einem BEM-Verfahren hinzuzuziehen.

Generell ist ein BEM freiwillig. Ohne die explizite Zustimmung des Betroffenen werden BEM-Maßnahmen weder gestartet noch fortgeführt. Gleiches gilt für die Beteiligung der Betroffenen: Auch sie ist in allen Phasen eines BEM obligatorisch. Eine besondere Bedeutung gewinnt dabei der Datenschutz. Da alle Informationen über Krankheiten besonders vertraulich zu handhaben sind, gehen in der Praxis viele Firmen dazu über, das Führen von BEM-Akten dem Betriebsarzt zu überlassen. Dieser unterliegt ohnehin der ärztlichen Schweigepflicht.

Ein BEM kann häufig in mehrere Phasen unterteilt werden:

■ Erhebungs- und Kontaktphase: Hier wird zunächst festgestellt, welche Beschäftigten in den zurückliegenden zwölf Monaten mehr als sechs Wochen arbeitsunfähig erkrankt waren. Auf Basis dieser Auswertung werden die Betroffenen, bspw. vom Personalbetreuer, angesprochen.

■ Erstgespräch: Mit den Betroffenen wird, sofern sie mit einem BEM einverstanden sind, ein Erstgespräch geführt. In diesem Gespräch geht es darum, die Ziele und Inhalte eines BEM zu erläutern, die weiteren Akteure zu bestimmen und das Einverständnis für eine Fortsetzung des BEM einzuholen.

■ Fallbesprechung: Gemeinsam mit den Betroffenen und den anderen Akteuren wird die konkrete Situation analysiert und gleichzeitig erörtert, welche Maßnahmen helfen können, die Arbeitsunfähigkeit möglichst rasch zu überwinden und den Arbeitsplatz zu erhalten.

■ Maßnahmenphase: In dieser Phase werden die konkreten Maßnahmen durchgeführt. Beispiele hierfür können eine Reduzierung der Arbeitsbelastung, eine Umorganisation oder Umgestaltung des Arbeitsplatzes oder auch eine stufenweise Wiedereingliederung (z.B. in der ersten Woche 4 Stunden täglich, in der zweiten Woche 6 Stunden und dann wieder in Vollzeit).

■ Evaluationsphase: In dieser Phase wird geprüft, inwiefern die im Rahmen des BEM gesteckten Ziele erreicht werden konnten. Ist dies nicht geschehen, so kommt es zu einer erneuten Fallbesprechung. Sind die Ziele erreicht, wird das BEM abgeschlossen.

2.3.2.4 Mobbing

Auch wenn Probleme mit dem Vorgesetzten oder den Kollegen auftreten, wie ungerechte Beurteilung oder Mobbing, ist der Betreuer häufig der erste Ansprechpartner. Mobbing ist ein Thema, das in den letzten Jahren immer stärker ins Interesse der Literatur und der Praxis gerückt ist. Mobbing beinhaltet unkollegiales Verhalten, Intrigen und Schikanen (Psychoterror), denen Mitarbeiter an ihrem Arbeitsplatz durch ihre „Kollegen" oder Vorgesetzten ausgesetzt sind.

Mobbing kann viele Formen annehmen:

■ Angriffe auf die Möglichkeit, sich zu bewähren: z.B. ständige Kritik oder Herabwürdigung der Arbeitsleistung

■ Ständige Unterbrechungen der eigenen Ausführungen

■ Angriffe auf die sozialen Beziehungen: z. B. Nichtbeachtung, Ausgrenzung

■ Angriffe auf das soziale Ansehen: z. B. Klatsch, Gerüchte, Beleidigungen

■ Angriffe auf die Qualität der Arbeit: z. B. Informationszurückhaltung, Übertragung von nicht zu bewältigenden oder sinnlosen Arbeiten

■ Angriffe auf die Gesundheit: z. B. Gewaltandrohung, sexuelle Belästigung

Ursachen, warum gemobbt wird, gibt es viele. Sowohl Langeweile als auch Druck, Neid oder Besitzstandswahrung können Gründe für Mobbing sein. Häufig versäumen es Vorgesetzte, sich um dieses Problem in den Anfängen zu kümmern. Die Probleme summieren sich, und beim Mobbingopfer kommt es zu Leistungsminderung, Frustration, Kündigung und psychosomatischen und psychischen Gesundheitsproblemen. Meist strahlen die Probleme im Beruf auch auf das soziale Umfeld, z. B. die Familie aus.

Der Personalbetreuer ist hier der Ansprechpartner für die Mitarbeiter, wenn der Vorgesetzte nicht angesprochen werden will oder aber der Personalbetreuer fungiert als Unterstützer der Führungskraft, wenn diese beim Personalbetreuer um Hilfe bittet. Die Personalabteilung und hier der Personalbetreuer sollte sich mit Instrumenten gegen Mobbing zur Unterstützung der Führungskräfte ausrüsten, wie Ermahnungen, Abmahnungen, Versetzungen, aber auch Checklisten, die dem Mitarbeiter oder der Führungskraft helfen, Mobbing überhaupt zu erkennen. Außerdem gibt es rechtliche Regelungen, die Mobbing entgegenwirken bzw. verhindern sollen. So steht im § 75 Abs. 2 Betriebsverfassungsgesetz (BetrVG): Arbeitgeber und Betriebsrat haben die freie Entfaltung der Persönlichkeit zu schützen. Der Arbeitnehmer hat eventuell zivilrechtliche Ansprüche: § 1004 BGB (Anspruch auf Unterlassung), § 823 BGB (Schadenersatz). Und Mobbing kann den Tatbestand der Körperverletzung (§ 223 StGB), der Beleidigung, üblen Nachrede, Verleumdung (185 ff. StGB) oder Nötigung (§ 240 StGB) erfüllen.

2.3.3 Kontakt zum Betriebsrat

Wenn nicht der Personalleiter den Kontakt zum Betriebsrat hält bzw. Betriebsvereinbarungen aushandelt, gehört diese Tätigkeit zum Aufgabenfeld des Betreuers. Auf jeden Fall muss der Betreuer auch dafür sorgen, dass die existierenden Betriebsvereinbarungen in der Personalarbeit korrekt angewendet werden.

Dieser Kontakt zum Betriebsrat bzw. die Arbeit mit dem Betriebsrat ist nötig, da es einen Grundkonflikt zwischen Belegschaft und Geschäftsleitung gibt. So wollen z. B. die Mitarbeiter eine höhere Entlohnung und kürzere Arbeitszeit, während die Geschäftsleitung die Arbeitskosten senken will. Die Interessenkonflikte zwischen Arbeitgeber und Arbeitnehmer werden entweder überbetrieblich oder innerbetrieblich durch die sogenannte Mitbestimmung gelöst. Wenn überbetrieblich Konflikte auftreten, werden diese in Tarifverhandlungen zwischen Arbeitgeberseite, vertreten durch den Arbeitgeberverband, und Arbeitnehmerseite, vertreten durch die Gewerkschaften, behandelt. Bei innerbetrieblichen Konflikten muss sich der Arbeitgeber mit dem Betriebsrat auseinandersetzen, der die Arbeitnehmer im Unternehmen repräsentiert (siehe Abbildung 2-28).

Abbildung 2-28: *Vertrauensvolle Zusammenarbeit der Parteien*

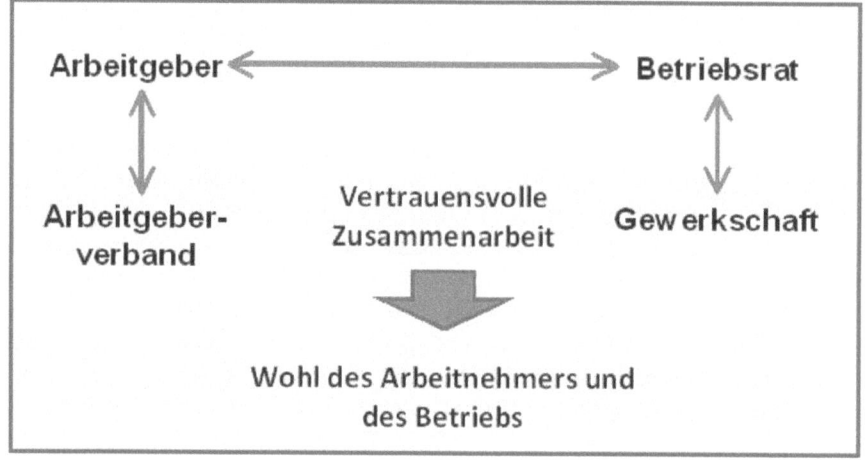

Außerdem handeln Personalbetreuer (falls nicht der Personalleiter diese Rolle übernimmt) und Betriebsrat die Betriebsvereinbarungen, die im Betrieb gelten sollen, aus (unter der Voraussetzung, dass der Tarifvertrag eine Öffnungsklausel enthält).

2.3.3.1 Die Institution „Betriebsrat" bzw. „Personalrat"

Der Betriebsrat ist das Organ zu Vertretung der Arbeitnehmer, das der Gesetzgeber zur Wahrung der Mitwirkung und Mitbestimmung im Betrieb als Gegengewicht zum Arbeitgeber vorgesehen hat.[62] Der Betriebsrat existiert in Betrieben des privaten Rechts. Die Tätigkeit und die Rechte und Verpflichtungen des Betriebsrats regelt das Betriebsverfassungsgesetz (BetrVG) von 1972. Weitere Rechte des Betriebsrats ergeben

---

[62] Die Mitbestimmung im Betrieb durch den Betriebsrat ist etwas anderes als die Unternehmensmitbestimmung im Aufsichtsrat durch Arbeitnehmervertreter.

sich aus dem Kündigungsschutzgesetz und dem Arbeitsgerichtsgesetz. Die Einzelheiten der Betriebsratswahl werden durch eine Wahlordnung geregelt.

Im Bereich des öffentlichen Dienstes gelten anstelle des BetrVG die Personalvertretungsgesetze des Bundes und der Länder. Statt Betriebsräten werden Personalräte gewählt. Die Personalvertretung bzw. der Personalrat ist Repräsentant der Beschäftigten (Tarifbeschäftigte und Beamte) einer Dienststelle der öffentlichen Verwaltung, sowie sonstiger Körperschaften und Anstalten des öffentlichen Rechts, z. B. der Sparkassen oder Ersatzkassen.

2.3.3.2 Organe der betrieblichen Mitbestimmung

Das wichtigste Organ der betrieblichen Mitbestimmung ist der Betriebsrat. Seine Zusammensetzung und Befugnisse sind im Betriebsverfassungsgesetz geregelt. Die Größe des Betriebsrats hängt davon ab, wie viele Mitarbeiter das Unternehmen hat. Betriebsratsmitglieder werden von den Mitarbeitern in geheimer und unmittelbarer Wahl gewählt. Arbeitnehmer in Kleinbetrieben (unter 20 Beschäftigte) können einen Betriebsrat wählen, tun dies aber häufig nicht. In Unternehmen mit mehr als 300 Mitarbeitern ist ein Betriebsrat in deutschen Unternehmen selbstverständlich. Ab einer Größe von 200 Mitarbeitern schreibt das BetrVG vor, dass Betriebsratsmitglieder von ihrer bisherigen Arbeitstätigkeit freigestellt werden. Auch die Größe der Personalvertretung hängt von der Größe der Dienststelle ab. In sehr großen Dienststellen müssen – wie in der freien Wirtschaft auch – Personalräte vom Dienst freigestellt werden, sodass sie sich ganz ihrer Aufgabe als Personalrat widmen können. Für die Tätigkeit als Personalrat erhält der Arbeitnehmer – wie beim Betriebsrat auch – im Normalfall keine Extravergütung, da die Tätigkeit während der normalen Arbeitszeit ausgeübt wird. Sowohl Betriebs- als auch Personalräten darf aus ihrer Tätigkeit kein beruflicher Nachteil erwachsen. Sie genießen einen verstärkten Kündigungsschutz. Beiden Mitarbeitervertretergruppen stehen Geschäftsstellen zur Verfügung, und sie haben das Recht, Aushänge und Bekanntmachungen im Intranet etc. zu machen, um die Mitarbeiter im Unternehmen zu informieren.

Neben dem Betriebsrat existieren weitere Organe der betrieblichen Mitbestimmung:

- Jugendvertreter: Sie sind für Arbeitnehmer unter 18 Jahren zuständig.

- Sprecherausschuss: Er ist für leitende Angestellte zuständig und existiert bei mehr als 10 leitenden Angestellten (§ 1 Abs. 1 Sprecherausschussgesetz, SprAuG).

- Wirtschaftsausschuss: Er ist vorgeschrieben bei mehr als 100 ständig Beschäftigten und setzt sich aus mindestens 3, maximal 7 Arbeitnehmern des Betriebes zusammen. Der Wirtschaftsausschuss verfügt über weit reichende Informations- und Beratungsrechte in wirtschaftlichen und finanziellen Angelegenheiten des Unternehmens. Der Wirtschaftsausschuss entlastet den Betriebsrat in seinen Mitwirkungsrechten.

■ Einigungsstelle: Sie wird geregelt in § 76 BetrVG und kann bei unterschiedlichen Meinungen zwischen Arbeitgeber und Betriebsrat freiwillig gebildet werden (manchmal ist sie gesetzlich vorgeschrieben). Ihre Funktion ist der Interessenausgleich bei der Schlichtung von Streitigkeiten. Sie wird besetzt mit einer gleichen Anzahl von Beisitzern, die von Arbeitgeber- und -nehmerseite bestimmt werden. Beide Seiten müssen sich auf die Person des unparteiischen Vorsitzenden einigen. Wenn keine Einigung zustande kommt, bestellt ein Arbeitsgericht den Vorsitzenden. Statt einer Einigungsstelle auf betrieblicher Ebene kann eine tarifliche Schlichtungsstelle treten, wenn dies im Tarifvertrag so vorgesehen ist.

2.3.3.3 Rechte des Betriebsrats und des Personalrats

Je nach Thema hat der Betriebsrat unterschiedlich starke Rechte. Es gibt z. B. Angelegenheiten, bei denen der Arbeitgeber den Betriebsrat nur informieren muss, bei anderen Fragestellungen hat der Betriebsrat wirkliche Mitbestimmungsrechte. Wie die Rechte verteilt sind, zeigt die nachstehende Abbildung.

Abbildung 2-29: Stärke der Rechte des Betriebsrats

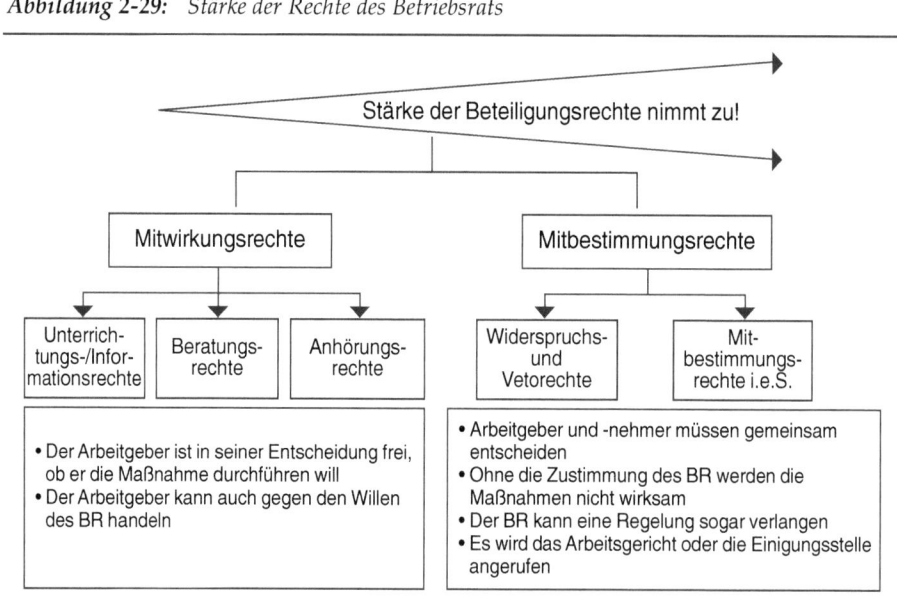

Analog zu den Mitbestimmungsrechten des Betriebsrats haben Personalräte bei personellen Einzelmaßnahmen wie Einstellung, Verbeamtung, Kündigung, Entlassung, Beförderung oder Versetzung Mitbestimmungsrechte. Bei organisatorischen Maßnahmen sind es meist nur Mitwirkungs- und Anhörungsrechte. Das Bundespersonalvertretungsgesetz (BPersVG) und die einzelnen Personalvertretungsgesetze der Länder sind zum Teil in dieser Frage sehr unterschiedlich ausgestaltet.

Die wesentlichen Paragrafen des Betriebsverfassungsrechts, die einschlägig sind für die tägliche Betriebsratsarbeit, sind den jeweiligen Themengebieten zugeordnet, die in Abbildung 2-30 aufgeführt sind.

Abbildung 2-30: *Rechte des Betriebsrats nach Inhalten*

Inhalte	Arten der Rechte
Soziale Angelegenheiten	BR hat Zustimmungs- oder Vetorecht, z.B. bei Fragen der Betriebsordnung, Lage von Arbeitszeit und -pausen, Entgeltmodalitäten, Urlaubsplan, Verwaltung Sozialeinrichtungen und Werkswohnungen, Formen der Arbeitsbewertung, Akkord- und Prämiensätze, Unfallschutz, Vorschlagswesen (§§87-89 BetrVG)
Arbeitsplatz-bezogene Angelegenheiten	Mitbestimmungsrecht, wenn die MA durch Änderungen der Arbeitsplätze, des Arbeitsablaufs oder der Arbeitsplatzumgebung, die den gesicherten arbeitswissenschaftlichen Erkenntnisse über die Arbeitsgestaltung widersprechen, in besonderer Weise belastet werden. Der BR kann angemessene Maßnahmen zur Abwendung, Milderung oder Ausgleich der Belastung verlangen (§90 BetrVG)
Personelle Angelegenheiten	BR hat Zustimmungs- oder Vetorecht, z.B. bei einem Personalfragebogen bzw. den Beurteilungsgrundsätzen, bei den Richtlinien für die Auswahl, Versetzung und Umgruppierung, Bestellung von Ausbildern und bei ordentlichen Kündigungen. Ein erzwingbares Initiativrecht hat BR bei Stellenausschreibungen und Auswahl von Ausbildungsteilnehmern (§§ 92-105 BetrVG)
Wirtschaftliche Angelegenheiten	BR hat Informationsrechte über wirtschaftliche Angelegenheiten. In Unternehmen mit mehr als 100 ständig Beschäftigten ist ein Wirtschaftsausschuss zu bilden (§§106ff BetrVG). Dieser hat die Aufgabe, wirtschaftliche Angelegenheiten mit dem Unternehmer zu beraten und den BR zu unterrichten (§§ 106-113 BetrVG)

2.4 Personalentwicklung

Leitfragen:

- Was versteht man unter Personalentwicklung und wo im Unternehmen kann sie ansetzen?

- Wie kann der Bedarf an Personalentwicklungsmaßnahmen ermittelt werden?

- Welche Instrumente gibt es im Bereich der Personalentwicklung?

- Wie kann der Erfolg von Personalentwicklung gemessen werden?

Personalentwicklung ist in Deutschland ein wichtiger Wirtschaftsfaktor. So ermittelte beispielsweise das Institut der deutschen Wirtschaft in einer Weiterbildungserhebung, dass Unternehmen in 2004 etwa 27 Milliarden Euro in Form von Qualifizierungsmaßnahmen in ihre Beschäftigten investierten.[63] Kein Wunder, dass Tausende von Fortbildungsinstituten, Trainern oder Herstellern von Weiterbildungs-Software versuchen, ihr Know-how in diesem lukrativen Markt anzubieten. Dabei ist das Themenspektrum äußerst vielfältig: Angeboten werden so etwa Kurse zum Erlernen von Textverarbeitungssystemen, zum Beherrschen des Steuerrechts, zur Prozessverbesserung im Unternehmen oder zum Umgang mit schwierigen Mitarbeitern. Doch warum gibt so etwas wie Personalentwicklung überhaupt?

Personalentwicklung ist eng mit dem Thema „Wandel" verknüpft. Reichte es vor ein paar Jahrzehnten noch aus, ein gewisses Know-how für ein gesamtes Arbeitsleben zu nutzen, so genügt dies heute oft nicht mehr. Ein Dombaumeister im Mittelalter, der nach einer Gesellenausbildung von seiner Wanderschaft (der Walz) zurückkehrte, konnte in der Regel sein ganzes Leben von dieser Lehrzeit zehren. Vielfach war es sogar möglich, dass auch nachfolgende Generationen von seinen Kenntnissen profitieren konnten.

Dies hat sich heute grundlegend geändert. Zum Beispiel im Bereich der Telekommunikation: Wurden noch vor wenigen Jahrzehnten Telefonverbindungen elektromechanisch über Relais geschaltet, sind heutige Telefonvermittlungsanlagen komplexe computergesteuerte Systeme, die neben dem eigentlichen Telefonverkehr auch gleich die Übermittlung anderer Daten, etwa aus dem Internet, ermöglichen. Die Aufgaben eines Technikers für Telekommunikationsanlagen haben sich ebenso rasch geändert wie die Technik selbst.

---

[63] Vgl. Anlage zur Pressemitteilung 7/2006 des Instituts der deutschen Wirtschaft Köln (die Zahl beinhaltet neben den Teilnahmegebühren für Seminare auch Honorare, Reisekosten, Lernmaterialien und Kosten der aufgewendeten Arbeitszeit)

Aber nicht nur existierende Aufgaben verändern sich. Wandel führt dazu, dass völlig neue Aufgabenfelder entstehen. So dachte vor wenigen Jahrzehnten niemand an Beschäftigte, die sich mit Dingen wie Nanotechnologie auseinandersetzen. Ebenso neu sind Berufsgruppen wie Stromhändler, Online-Redakteure oder Mechatroniker im Automobilbau.

2.4.1 Definition von Personalentwicklung

Offensichtlich reicht ein einmal erworbenes Know-how-Bündel heute kaum noch aus, um damit ein Arbeitsleben komplett bestreiten zu können. Die Aufgaben in der Arbeitswelt sind heute einem stärkeren Wandel unterzogen, als dies in der Vergangenheit der Fall war. Personalentwicklung greift diese Tatsache auf und versucht, den Wandel beherrschbar zu machen. Dabei umfasst Personalentwicklung alle Maßnahmenbündel und Aktivitäten, die dazu dienen, die strategischen und operativen Anforderungen des Unternehmens und die Fähigkeiten, Fertigkeiten, Motivationen und tatsächlichen Verhaltensweisen der Mitarbeiterinnen und Mitarbeiter in möglichst große Übereinstimmung zu bringen – und zwar mittel- bis langfristig.

Abbildung 2-31: *Prozess der Personalentwicklung*

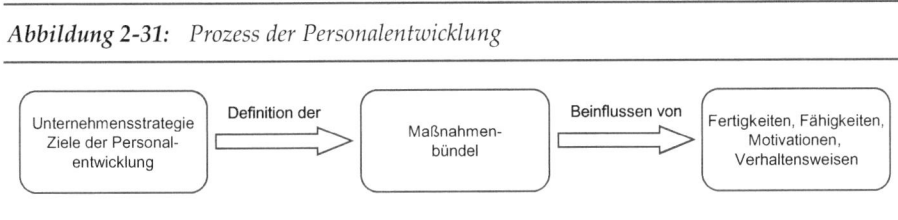

Analysiert man diese Definition, so fällt zunächst auf, dass der Ausgangspunkt der Personalentwicklung in den strategischen und operativen Anforderungen eines Unternehmens liegt. Dabei geht es beispielsweise um die Frage, welche Märkte neu erschlossen oder welche neuen Produkte in Zukunft angeboten werden sollen. Veränderungen in der eigenen Positionierung am Markt, aber auch Veränderungen im Markt selbst führen zu neuen Anforderungen eines Unternehmens. Diese Anforderungen können durch den Einsatz von Technik, die Veränderung von Prozessen oder eben durch ein anderes Verhalten von Beschäftigten erfüllt werden.

Im Fokus der Personalentwicklung stehen Maßnahmenbündel. Zwar wird in der Praxis Personalentwicklung oft mit Training gleichgesetzt. Allerdings stellen viele Unternehmen bereits nach kurzer Zeit fest, dass einzelne Trainingsmaßnahmen nicht zu den gewünschten langfristigen Effekten führen. Ebenso wenig wie eine einzelne Schwalbe einen Sommer macht, kann ein isoliertes Training es schaffen, strategische Ziele im Bereich Personalentwicklung zu erreichen. Personalentwicklung basiert demgegenüber auf einem Mix an Maßnahmen. Dabei geht es zum Beispiel darum, systematisch Know-how zu vermitteln, gezielt Prozesse zu optimieren, sie durch Technik bestmöglich zu unterstützen und zielgerichtet einen notwendigen Kulturwandel im Unternehmen voranzutreiben.

Begrifflich liegt die Personalentwicklung zwischen betrieblicher Bildung auf der einen und der Organisationsentwicklung auf der anderen Seite. Während Personalentwicklung und betriebliche Bildung stärker am Individuum (also z. B. einem Mitarbeiter) ansetzen, steht bei der Organisationsentwicklung eher das Unternehmen als Ganzes im Vordergrund. In der Praxis, insbesondere wenn die durchgeführten Maßnahmenbündel sowohl die Individuen als auch das Unternehmen betreffen, vermischen sich diese Begriffe.

Abbildung 2-32: *Betriebliche Bildung, Personal- und Organisationsentwicklung*

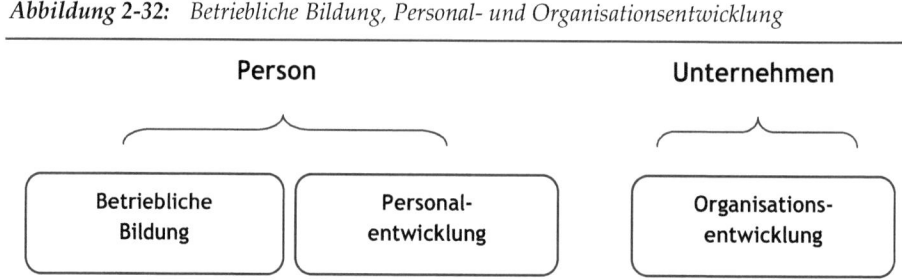

Ebenso breit wie das Portfolio an Maßnahmen sind die Ansatzpunkte bei den Beschäftigten selbst: Hier steht nicht nur der reine Lernerfolg bzw. der persönliche Know-how-Gewinn im Vordergrund. Vielmehr geht es darum, sowohl Fähigkeiten als auch Fertigkeiten, Motivationen und tatsächliche Verhaltensweisen zu beeinflussen. Dabei stehen Fähigkeiten für solche Eigenschaften von Mitarbeitern, die nicht erworben werden können. Ein Beispiel hierfür ist die Fähigkeit, zu zeichnen. Zwar kann man eine Zeichentechnik, etwa durch einen Lehrgang, erlernen (hier spricht man dann von einer Fertigkeit). Das grundlegende Talent kann jedoch in der Regel nicht antrainiert werden. Dennoch kann die Personalentwicklung auch bei Fähigkeiten ansetzen, etwa durch eine geeignete Personalauswahl oder im Rahmen einer Nachfolgeplanung.

Auch auf der Ebene der Motivation kann Personalentwicklung punkten. Hier geht es darum, inwiefern ein Mitarbeiter prinzipiell bereit ist, ein bestimmtes Verhalten zu zeigen. Durch Maßnahmen wie eine Mitarbeiterbefragung im Rahmen eines zielgerichteten Kulturwandels oder eine transparente Kommunikation im Bereich der Führung ist es möglich, die Motivation von Mitarbeitern effektiv zu beeinflussen. Nicht zuletzt stehen tatsächliche Verhaltensweisen im Mittelpunkt von Maßnahmen zur Personalentwicklung. So kann es beispielsweise für strategische Einkäufer entscheidend sein, dass sie bestimmte Verhandlungstechniken beim Kontakt mit Lieferanten nutzen, um gute Konditionen für das Unternehmen zu erzielen.

Personalentwicklung zielt mittel- bis langfristig auf eine möglichst große Übereinstimmung von Anforderungen des Unternehmens auf der einen und den Möglichkeiten der Mitarbeiter auf der anderen Seite ab. Kein Wunder, sind doch die richtigen Menschen mit den passenden Eigenschaften entscheidend für einen dauerhaften Unternehmenserfolg. Sicher können auch kurzfristige Maßnahmen helfen, Defizite im „Hier und Jetzt" zu beseitigen. So kann etwa ein Excel-Grundkurs für einen Controller helfen, dass er Tabellen und Grafiken schneller erstellen kann als bisher. Solche Aktivitäten sind in der Regel aber nicht dazu angelegt, langfristige Ziele zu verfolgen.

2.4.2   Interventionsebenen der Personalentwicklung

Die Maßnahmenbündel im Rahmen der Personalentwicklung können auf unterschiedlichen Ebenen ansetzen. Dabei kann unterschieden werden zwischen einer Intervention auf der Ebene der beteiligten Personen, der Ebene der Ausstattung, der Prozessebene und zuletzt der kulturellen Ebene.

Abbildung 2-33: *Interventionsebenen der Personalentwicklung*

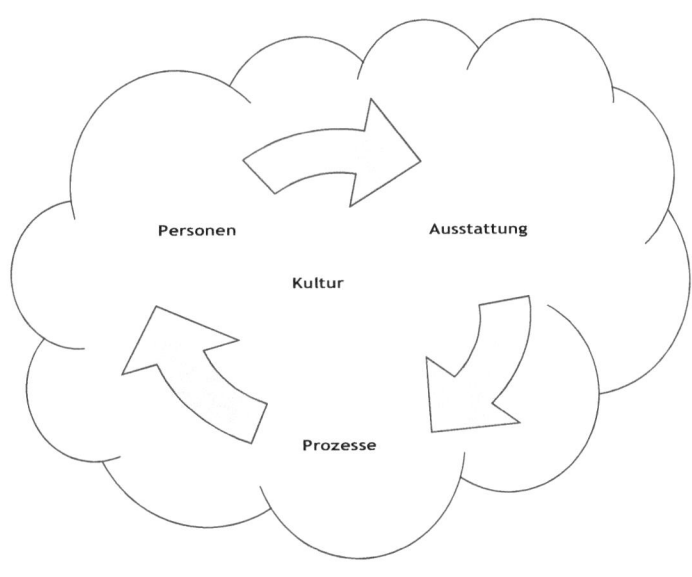

Auf der Ebene der beteiligten Personen geht es, wie bereits erwähnt, darum, deren Fähigkeiten, Fertigkeiten, Motivationen und tatsächliche Verhaltensweisen in möglichst große Übereinstimmung mit den Anforderungen des Unternehmens zu bringen. Typischerweise setzen Maßnahmen auf dieser Ebene an, weswegen man in diesem Zusammenhang auch von Personalentwicklung im engeren Sinne sprechen kann. Ansatzpunkt für Personalentwicklungsmaßnahmen ist aber nicht notwendigerweise eine einzelne Person. Vielmehr kann es auch sinnvoll sein, auf Teamebene (z. B. Teamentwicklung) oder auf der Ebene des gesamten Unternehmens (z. B. Mitarbeiterbefragung) zu agieren.

Letztlich können Mitarbeiter nur dann ein bestimmtes Verhalten zeigen, wenn sie ihr persönliches Wissen und Können mit der passenden Motivation (dem individuellen Wollen) und einer kulturellen Legitimation (soziales Sollen oder Müssen) kombinieren und die äußeren Umstände ein solches Verhalten zulassen (situative Ermöglichung).

Abbildung 2-34:   *Bedingungen des Verhaltens (nach von Rosenstiel 2002, S. 34)*

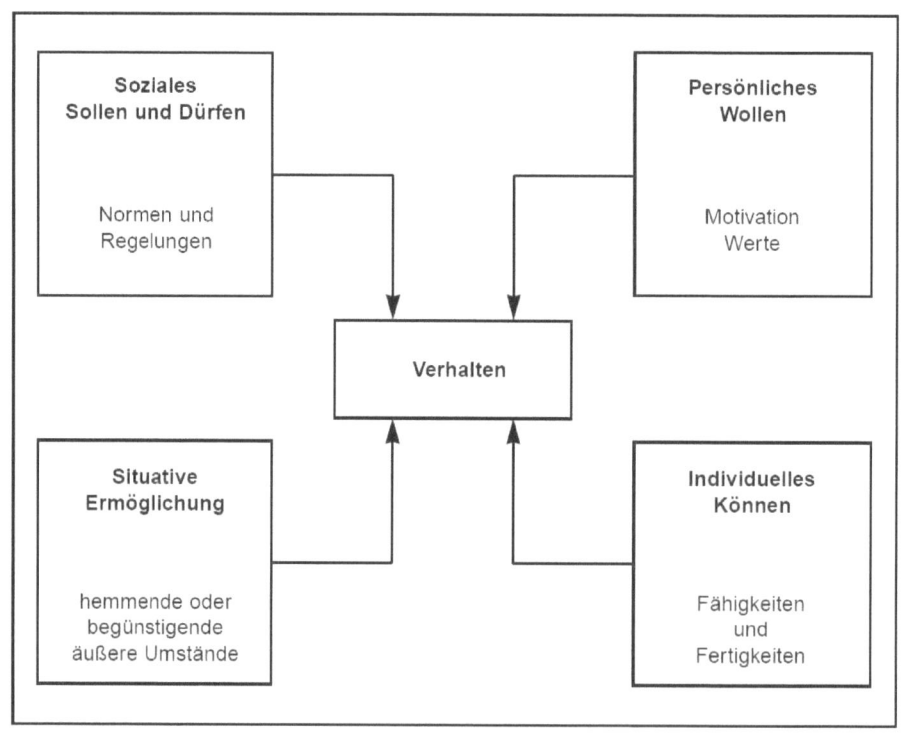

Die nächste Ebene fokussiert die (technische) Ausstattung. Wenn ein Thema wie Personalentwicklung ganzheitlich verstanden wird, müssen auch Aspekte auf dieser Ebene berücksichtigt werden. Ein Beispiel: Wenn Call-Center-Agenten durch eine Vielzahl von Telefonaten überfordert werden, könnte ein Training mit dem Titel „Wie führe ich kürzere Gespräche" helfen. Gleichzeitig kann es aber auch sinnvoll sein, die vorhandenen Telefonate über eine technische Lösung gleichmäßiger auf alle Agenten zu verteilen, um so die Last für den Einzelnen zu reduzieren. Ähnliches gilt für angehende Projektmanager. Neben einem mehrstufigen Seminar über Projektmanagement und dem Absolvieren eines virtuellen Testprojekts kann es auch hilfreich sein, geeignete Software zum Planen von Projekten bereitzustellen.

Das Optimieren von Prozessen stellt eine weitere Interventionsebene dar. Mitunter können Mitarbeiter nicht die volle Leistung zeigen, weil umständliche und ineffiziente Prozesse eine solche gar nicht möglich erscheinen lassen. Hier können beispielsweise von einem Moderator geleitete Workshops helfen, Prozessverbesserungen zu identifizieren, um so den Mitarbeitern die Gelegenheit zu geben, ihre maximale Leistungsfähigkeit abrufen zu können.

Auch kulturelle Aspekte können verantwortlich dafür sein, dass Mitarbeiter bestimmte Verhaltensweisen nicht zeigen. So ist es in einem Unternehmen mit einer Null-Fehler-Kultur, in der jedes Risiko vermieden wird, kaum zu erwarten, dass Mitarbeiter besonders eigenverantwortlich und geradlinig handeln werden. Möchte man diese Verhaltensweisen in Zukunft stärker hervorheben, ist zuvor ein kultureller Wandel nötig.

Die Ebene der beteiligten Personen kann direkt helfen, Fähigkeiten, Fertigkeiten, Motivationen und Verhaltensweisen in Übereinstimmung mit den Anforderungen des Unternehmens zu bringen. Ausstattung, Prozesse und kulturelle Aspekte müssen aus ganzheitlicher Sicht ebenfalls betrachtet werden, um mittelbar den gleichen Effekt zu bewirken.

2.4.3 Maßnahmen der Personalentwicklung

Wenn man sich in Unternehmen mit dem Thema Personalentwicklung beschäftigt, treten zwei Problemfelder zwangsläufig in den Vordergrund: Zum einen geht es um die Frage, welchen Bedarf an Personalentwicklung es aktuell gibt bzw. zukünftig geben wird. Zum anderen geht es darum, mit welchen konkreten Maßnahmen oder Maßnahmenbündeln der ermittelte Bedarf effektiv und kostenoptimal (effizient) gedeckt werden kann.

2.4.3.1 Ermitteln des Personalentwicklungsbedarfs

Entscheidend für eine erfolgreiche Personalentwicklung ist eine präzise Bedarfsermittlung. Nur wenn klar ist, welche Ziele mit Personalentwicklungsmaßnahmen erreicht werden sollen, können die entsprechenden Maßnahmen auch greifen.

Ausgangspunkt für eine solche Bedarfsermittlung sind, wie eingangs beschrieben, die strategischen und operativen Anforderungen des Unternehmens. Eine Bedarfsermittlung kann also auf zwei Ebenen ansetzen: durch eine Strategieanalyse oder eine Analyse der operativen Aufgaben bzw. Anforderungen.

Abbildung 2-35: *Ansatzpunkte für die Personalentwicklung*

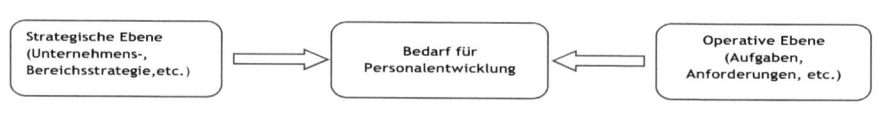

In der Strategie eines Unternehmens ist in der Regel dokumentiert, auf welchen Märkten welche Produkte in Zukunft angeboten werden sollen. Zur Strategieanalyse empfiehlt sich eine mehrstufige Vorgehensweise.[64] So kann in einem ersten Schritt die Strategie präzisiert werden. Dabei können beispielsweise folgende Fragen helfen:

- In welchen Ländern bzw. auf welchen Teilmärkten will das Unternehmen in Zukunft aktiv sein?

- Welche Produkte (z. B. eigene oder zugekaufte) sollen angeboten werden?

- Welche Alleinstellungsmerkmale hat das Unternehmen bzw. haben die Produkte?

- Welche Marktposition (z. B. Marktführer) wird angestrebt? Anhand welcher Indikatoren wird dies sichtbar?

- Welche Vertriebskanäle sollen genutzt werden?

- Wie wird der Kontakt zum Kunden gehalten? Wie intensiv ist dieser Kontakt?

- Welche Art von Service soll auf welchem Niveau angeboten werden?

In einem nächsten Schritt geht es dann darum, die zur Umsetzung der Strategie erforderlichen Fähigkeiten bzw. Verhaltensweisen zu ermitteln und diese mit den vorhandenen abzugleichen. Die Lücke, welche durch den Abgleich sichtbar wird, kann nun

---

[64] Vgl. z.B. Stiefel 2002, S. 33 ff.

näher untersucht werden. Dabei geht es insbesondere um die Frage, ob man die identifizierten Schwächen zwangsläufig bearbeiten muss oder ob man nicht mit den beobachteten Defiziten leben kann.[65] Besteht Handlungsbedarf, so muss im Folgenden analysiert werden, welche dieser Bedarfe im Rahmen der Personalentwicklung gedeckt werden können.

Ein Beispiel soll dies verdeutlichen: Ein Unternehmen möchte als Innovationsführer am Markt agieren und sich mit neuen, frischen Produkten gegenüber seinen Wettbewerbern profilieren. Die Präzisierung der Strategie ergab, dass der Anteil an Neuprodukten in den letzten 5 Jahren als Indikator für eine Innovationsführerschaft dienen soll. Bisher kann die Firma nur auf eine kleine Entwicklungsabteilung zurückgreifen, die bisher zudem nur in unregelmäßigen Abständen Innovationen präsentieren konnte. Ein Abgleich mit den zur Strategie-Umsetzung erforderlichen Fähigkeiten bzw. Verhaltensweisen macht deutlich, dass zusätzliche Ingenieure für die Entwicklungsabteilung benötigt werden. Die Personalentwicklung wird damit beauftragt, entsprechende Anforderungsprofile und Auswahlverfahren zu entwickeln. Gleichzeitig sollen die derzeitigen Entwickler in ihrer Arbeit unterstützt werden. In Workshops werden neue Entwicklungsmethoden erarbeitet und eingeführt. Zusätzlich wird von der Personalentwicklung ein Schulungskonzept für den Vertrieb erarbeitet. Ziel ist es, den Außendienst so zu sensibilisieren, dass er potenzielle Bedürfnisse im Markt erkennen und an die Entwicklungsabteilung weiterleiten kann.

Die zweite Ebene der Bedarfsermittlung konzentriert sich auf die Analyse der operativen Aufgaben bzw. Anforderungen. Anders als bei der Betrachtung von strategischen Aspekten steht das Hier und Jetzt im Vordergrund. Eine solche Analyse kann aus unterschiedlichen Blickwinkeln heraus im Unternehmen stattfinden. So kann etwa das Unternehmen als Ganzes, eine Arbeitsgruppe oder ein Individuum untersucht werden. Hierbei kommen unterschiedliche Analyse-Instrumente zum Einsatz.

Ein solches Instrument mit dem Blickwinkel auf das gesamte Unternehmen kann eine Mitarbeiterbefragung sein.[66] Dabei werden die Beschäftigten eines Unternehmens (oder eine Stichprobe) systematisch nach ihrer Meinung bzw. Einstellung zu unterschiedlichen Themen befragt. Im Anschluss werden die Befragungsergebnisse verdichtet und an die Beschäftigten zurückgemeldet. Ziel ist es, sowohl Stärken transparent zu machen als auch mögliche Handlungsfelder bzw. Schwächen zu identifizieren. Des Weiteren geht es darum, gemeinsam Maßnahmen zu planen und durchzuführen, um die Stärken noch effektiver zu nutzen oder Schwächen abzubauen. Aus einer Mitarbeiterbefragung können oftmals konkrete Personalentwicklungsmaßnahmen abgeleitet werden. Dies ist beispielsweise dann der Fall, wenn im Rahmen einer solchen Befragung deutlich wird, dass hohe Unzufriedenheit mit den existierenden EDV-Systemen besteht und viele Fehler bei der Benutzung durch eine Schulung vermieden werden könnten.

---

[65] Vgl. Stiefel 2002, S. 32
[66] Vgl. Borg 2000, S. 20 ff.

Auch auf Teamebene können Aufgaben und Anforderungen, etwa mit dem Ziel, die Qualität der Arbeit zu verbessern, analysiert werden. Basis hierfür können z. B. Vorgesetztenbefragungen oder Workshops mit den betroffenen Mitarbeitern sein. Ein Instrument, das in diesem Zusammenhang zum Einsatz kommen kann, ist die sogenannte Kraftfeldanalyse. Dazu müssen zunächst die Aufgaben und Ziele des Teams transparent gemacht werden, um dann zu prüfen, welche Einflussfaktoren (teamintern bzw. teamextern) das Erreichen der Ziele hemmen bzw. begünstigen. Im Anschluss daran wird geprüft, inwiefern Maßnahmen der Personalentwicklung helfen können, die begünstigenden Faktoren zu stärken und die hemmenden Faktoren abzubauen.

Abbildung 2-36: *Fragebogen zur Ermittlung hemmender/unterstützender Einflussfaktoren*

- Sie möchten die Qualität der Arbeit in Ihrem Team in den kommenden 12 Monaten verbessern. Welche Ziele können Sie hierfür formulieren?
- Wenn Sie an das Team selbst denken: Welche Einflussfaktoren hemmen Sie bei dem Erreichen der beschriebenen Ziele? Welche Faktoren helfen Ihnen, die gesteckten Ziele zu erreichen?
- Welche teamexternen Einflussfaktoren hemmen das Team beim Erreichen der Ziele? Welche unterstützen das Team bei der Zielerreichung?
- Welche hemmenden Einflussfaktoren (teamintern wie -extern) können aus Ihrer Sicht durch Personalentwicklungsmaßnahmen abgeschwächt werden? Welche unterstützenden Faktoren können durch solche Maßnahmen verstärkt werden?
- Was sollte aus Ihrer Sicht auf jeden Fall erledigt werden? Worauf kann man aus Ihrer Sicht auch verzichten?

Auch wenn man den Blickwinkel auf einen einzelnen Beschäftigten verschiebt, kann eine Bedarfsermittlung für Personalentwicklungsmaßnahmen stattfinden. Ein Abgleich zwischen den Aufgaben und Anforderungen auf der einen und vorhandenen Fähigkeiten und Verhaltensweisen auf der anderen Seite kann beispielsweise über die Analyse erfolgskritischer Ereignisse geschehen.[67] Im Rahmen dieser Vorgehensweise werden, z. B. über eine Beobachtung von Beschäftigten oder eine Befragung von Führungskräften, Situationen identifiziert, die besonders stark zum Erfolg (also zur Zielerreichung) oder Misserfolg (Zielverfehlung) beigetragen haben. Bewusst wird hier darauf verzichtet, typische Aspekte einer Tätigkeit zu identifizieren. Vielmehr geht es alleine um „kritische" Verhaltensweisen, die besonders zum Erfolg/Misserfolg beigetragen haben.[68]

Eine andere Form der Bedarfsermittlung stellt das Anfertigen einer Qualifikationsmatrix dar. Dabei werden Know-how-Felder systematisch dargestellt und deren aktuelle Ausprägung mit der gewünschten bzw. notwendigen Ausprägung verglichen. Die

---

[67] Vgl. Flanagan 1954, S. 327 ff.
[68] Vgl. von Rosenstiel 2007, S. 73

resultierende Abweichung gibt Hinweise auf mögliche Bedarfe im Bereich Personalentwicklung.

Um die Ausprägungen darzustellen, greift man in der Praxis auf unterschiedliche Skalen zurück. Denkbar ist beispielsweise folgende Gliederung: 0 (kein Bedarf), 1 (Einsteigerniveau), 2 (geübter Anwender), 3 (fortgeschrittener Anwender), 4 (Experte), 5 (Multiplikator).

Eine große Herausforderung stellt das Aufstellen des sogenannten Qualifikationsbaums mit den einzelnen Know-how-Feldern dar. Dieser unterscheidet sich stark, je nachdem für welches Unternehmen er angefertigt wird. Der Baum kann beispielsweise mit abteilungsspezifischen (z. B. Personalbereich, Controlling, Vertrieb) oder prozessspezifischen Know-how-Feldern (z. B. Entwicklungsprozess, Bereitstellungsprozess, Vertriebsprozess) strukturiert werden.

Problematisch bei dem Verwenden einer Qualifikationsmatrix ist eine mögliche Bedarfsinflation. Die Frage, welche der ermittelten Bedarfe (insbesondere aus strategischer Sicht) zwingend notwendig sind bzw. den größten Nutzen stiften, wird oft bei einer solchen Vorgehensweise nicht konsequent genug gestellt.

Abbildung 2-37: *Beispiel für eine Qualifikationsmatrix*

Position: Personalcontroller (m/w)

Anforderungen		Soll	Ist	Diff.	Prio	Maßnahmen	3-Jahresplan
Name: Ralf Beispiel Organisationseinheit: Personal Datum: 15.04.2008					A/B/C		kommende 12 Monate mit Monatsangabe sonst Jahresangabe
IT-Management		3,00	0,70	-2,30			
Windows Betriebssysteme		3	3	0	-	keine	-
MS-Word		3	2	-1	B	Aufbaukurs MS-Word	1/2009
MS-Excel		5	3	-2	A	Kurs "VBA mit Excel"	7/2008
MS-Powerpoint		3	5	2	-	keine	-
MS-Outlook		3	1	-2	A	MS-Outlook für Einsteiger	5/2008
MS-Project		1	0	-1	C	MS-Project Überblick	2010

2.4.3.2 Instrumente der Personalentwicklung

Sind die Bedarfe beschrieben, stehen einem Personalentwickler eine Vielzahl an Instrumenten zur Verfügung, um diese zu decken. Solche Instrumente werden häufig nach ihrer Nähe zum Arbeitsplatz unterschieden:[69]

■ Into-the-job-Instrumente, die zur Vorbereitung auf neue Aufgaben bzw. einen neuen Arbeitsplatz eingesetzt werden. Hierzu zählen beispielsweise Einarbei-

---

[69] Vgl. z.B. Bartscher/Huber, 2007 S. 101

tungsprogramme, Nachwuchsförderungsprogramme oder Paten-/Mentorenprogramme.

■ On-the-job – Instrumente, die direkt am Arbeitsplatz bzw. im Arbeitsumfeld eingesetzt werden. Beispiele sind etwa Coaching/Supervision, E-Learning, Workshops oder Selbstlernen am Arbeitsplatz.

■ Off-the-job – Instrumente, die außerhalb des Unternehmens eingesetzt werden. Dabei handelt es sich etwa um Trainings- oder Teamentwicklungsmaßnahmen.

■ Near-the-job – Instrumente, die in zeitlicher und räumlicher Nähe zum Arbeitsplatz, also in der Regel im Unternehmen, eingesetzt werden. Hier können beispielsweise Projektarbeit oder Planspiele/Fallstudien genannt werden.

Die Zuordnung der Instrumente kann nicht absolut trennscharf erfolgen. So sind beispielsweise auch Trainingsmaßnahmen „on-the-job" denkbar, etwa wenn modulare Fachseminare im Großraumbüro durchgeführt werden. Die einzelnen Instrumente weisen spezifische Vor- und Nachteile auf und können ihre volle Wirkung meist nur in bestimmten Situationen entfalten. Daher ist es hilfreich, beispielhaft einige Instrumente etwas eingehender zu betrachten.

Einarbeitungsprogramme

Die Personalauswahl wird von vielen Unternehmen mit hohem Aufwand betrieben. In detaillierte Anforderungsprofile, aufwendig gestaltete Personalanzeigen und anspruchsvolle Auswahlverfahren wird gerne investiert. Die Einarbeitung neuer Mitarbeiter, gleichgültig, ob es sich um einen Wechsel im Unternehmen selbst handelt oder ob ein Externer eingestellt wurde, führt demgegenüber ein Schattendasein. Und das, obwohl die Einarbeitung von entscheidender Bedeutung dafür ist, ob und wie schnell ein neuer Mitarbeiter seine volle Leistung am neuen Arbeitsplatz zeigen kann.

Neue Mitarbeiter betreten, insbesondere wenn sie das Unternehmen gewechselt haben, kulturelles Neuland. Sie wissen in der Regel nicht, welche sozialen Strukturen existieren, und können kaum ermessen, welche Aspekte der Arbeit (z. B. Fehlerfreiheit, Schnelligkeit, Freundlichkeit etc.) besonders stark gewichtet werden. Hinzu kommen Zweifel an der eigenen Leistungsfähigkeit, da alte Routinen oft nicht mehr funktionieren und viele Informationen, die für die vorhandenen Mitarbeiter selbstverständlich sind, erst mühsam beschafft werden müssen. Diese Effekte werden noch verstärkt, wenn im Rahmen der Personalauswahl unrealistische Erwartungen über den neuen Arbeitsplatz oder die Firma erzeugt wurden.

Gerade den Vorgesetzten kommt in dieser Situation eine Schlüsselrolle zu. Die Zeit, die sie in die Einarbeitung neuer Mitarbeiter investieren, ist in der überwiegenden Zahl der Fälle sehr gut angelegt. Sie sollten, gerade zu Beginn der Zusammenarbeit, dem neuen Mitarbeiter regelmäßig Feedback geben und bei ihm so für ein Gefühl der Sicherheit und Vertrautheit sorgen. Gleichzeitig ist es wichtig, den Mitarbeiter frühzeitig an anspruchsvolle Aufgaben heranzuführen. So kommt es schnell zu ersten Erfolgen, die dem Neuen helfen, seine Unsicherheit zu reduzieren.

Personalentwickler können in diesem Themenfeld z.B. durch Hilfe bei der Konzeption von Einarbeitungsprogrammen, Beratung von Führungskräften während der Einarbeitungszeit und Unterstützung bei der Integration des neuen Kollegen in das bestehende Team einen konkreten Mehrwert stiften.

Paten-/Mentorenprogramme

Ebenfalls in der Einarbeitungsphase, aber auch bei internen Förderprogrammen werden Paten- und Mentorenprogramme eingesetzt. Bei Patenprogrammen werden in der Regel Kollegen auf der gleichen Ebene wie der Neuling gebeten, sich besonders für eine effektive Einarbeitung zu engagieren. Mentoren sind demgegenüber auf einer hierarchisch höheren Ebene als der zu integrierende Mitarbeiter angesiedelt. Seine Aufgabe ist es, unabhängig vom Tagesgeschäft, Feedback zu geben und als neutraler Ansprechpartner zur Verfügung zu stehen. Zudem kann er bei Spannungen zwischen der Führungskraft und dem neuen Mitarbeiter als Vermittler dienen.

Paten- und Mentorenprogramme sind nicht unumstritten. Soziale Nähe lässt sich nun einmal nicht verordnen. Regelmäßig ist daher die Sympathie der Beteiligten entscheidend für den Erfolg solcher Programme. Daher raten immer mehr Personalentwickler von solchen Aktivitäten ab. In der Praxis scheint es sinnvoller, das bereits existierende Team als Ganzes in die Einarbeitung einzubeziehen. So hat der neue Kollege viele Gelegenheiten, verschiedene Teammitglieder kennenzulernen und von deren unterschiedlichen Erfahrungen und Wissensbereichen zu profitieren.

Aufgabe der Personalentwicklung kann es sein, den organisatorischen und inhaltlichen Rahmen für solche Paten-/Mentorenprogramme zu entwickeln und bereitzustellen.

Nachwuchs-/Förderprogramme

Zu den Instrumenten der Personalentwicklung zählen auch Nachwuchs- bzw. Förderprogramme. Mithilfe solcher Programme sollen Mitarbeiter mit Potenzial für höherwertige Aufgaben (z.B. Führungsaufgaben und anspruchsvolle Spezialistenaufgaben) identifiziert und systematisch auf die neuen Tätigkeiten vorbereitet werden.

Zur Auswahl potenzieller Teilnehmer werden oftmals Assessment-Center-Verfahren genutzt. In unterschiedlichen Übungen (z.B. Rollenspiele, Fallstudien, psychologische Tests oder Gruppenübungen) müssen die Anwärter unter Beweis stellen, dass das gesuchte Potenzial vorhanden ist. Problematisch ist in diesem Zusammenhang oft die Tatsache, dass es keine „Auffanglösung" für Mitarbeiter gibt, die den Anforderungen im Assessment-Center nicht entsprochen haben.

Die Personalentwicklung endet bei den Förderprogrammen jedoch nicht bei der Auswahl. Sie kann, insbesondere bei Maßnahmen zur Kompetenzerweiterung für die identifizierten Potenzialkandidaten, erneut zum Tragen kommen. Diese Kompetenzerweiterung (z.B. Aufbau strategischer Kompetenzen, Umgang mit Widerständen, Fähigkeit zur Selbstreflexion) ist bei einem Förderprogramm nicht auf den aktuellen Aufgabenbereich zugeschnitten. Vielmehr geht es darum, das Kompetenzniveau der Kandidaten insgesamt zu steigern. Hieraus kann wiederum ein Legitimationsproblem resultieren: Da nicht unbedingt schnelle Erfolge am Arbeitsplatz sichtbar werden, droht immer wieder die Frage, welchen Nutzen solche Programme eigentlich stiften.

E-Learning

Personalentwicklung kann auch am Arbeitsplatz selbst („on-the-job") ansetzen. Eine immer stärkere Rolle spielen dabei computergestützte Instrumente der Wissensvermittlung. Dabei wird oft zwischen Lernprogrammen auf einem PC (Computer Based Training, CBT) und internetgestützten Varianten (Web Based Training, WBT) unterschieden. Von Vorteil ist zweifelsohne, dass das neu aufgebaute Wissen sofort am Arbeitsplatz umgesetzt werden kann. Auch können, wenn die Teilnehmerzahlen entsprechend hoch sind, Zeit- und Kostenvorteile realisiert werden (z.B. wenn in einer Bank ein Großteil der Beschäftigten ein WBT zum Thema Geldwäsche absolviert).

Es gibt allerdings auch gravierende Nachteile: So wird die Wissensvermittlung oft als relativ starr erlebt (spontane Rückfragen, wie etwa bei einem Training, sind kaum möglich). Gerade bei sehr unterschiedlichen Vorkenntnissen ist dies von Nachteil. Hinzu kommen hohe Entwicklungskosten und ein langer zeitlicher Vorlauf bei Eigenproduktionen.

Um die beschriebenen Nachteile zu kompensieren, gehen viele Anbieter heute dazu über, Hybrid-Trainings anzubieten. Diese kombinieren eine traditionelle Trainingsmaßnahme mit E-Learning-Elementen.

Coaching

Ebenfalls zu den „On-the-job"-Instrumenten kann das Coaching gezählt werden. Ein Coach berät dabei einen sogenannten Coachee in dessen beruflichem Kontext. Dabei geht es insbesondere darum, „die Problemlösungs- und Lernfähigkeit der Mitarbeiter und Mitarbeiterinnen zu verbessern, gleichzeitig die individuelle Veränderungsfähigkeit zu erhöhen und schließlich das Spannungsfeld zwischen den persönlichen Bedürfnissen, den wahrzunehmenden Aufgaben (Rolle) und den übergeordneten Unternehmenszielen auszuhalten und auszubalancieren".[70]

---

[70] Backhausen/Thommen 2006, S. 22

Teamentwicklung

Zu den Instrumenten, die „off-the-job" durchgeführt werden, können Teamentwicklungsmaßnahmen gezählt werden. Wird eine Arbeitsgruppe neu zusammengestellt oder ein Teil der Mitglieder ausgetauscht, kommt es in der Regel zu gruppendynamischen Prozessen. Dabei können vier Phasen unterschieden werden:[71]

1. Orientierungsphase
   Die Teammitglieder kommen in dieser Phase erstmals zusammen und lernen sich kennen. Es herrscht Unsicherheit darüber, wer die anderen Teammitglieder sind, welche Ziele sie verfolgen und welche Erwartungshaltungen existieren. Diese Phase ist oft von einer gewissen Zurückhaltung und einem Sich-vorsichtig-Abtasten geprägt. Die Teammitglieder suchen ihren „Platz" in der neuen Gruppe.

2. Frustrations-/Klärungsphase
   Die Gruppenmitglieder beginnen damit, offener miteinander umzugehen. Dabei wird schnell deutlich, dass individuelle Erwartungen mitunter nicht erfüllt werden können. Zudem führen (mitunter konfliktreich ausgetragene) Aushandlungsprozesse über Ziele, Strukturen, Spielregeln und Aufgaben zu frustrierenden Erlebnissen.

3. Beschluss-/Normierungsphase
   Die Gruppe gewinnt in dieser Phase an Identität. Es tritt eine gewisse Vertrautheit ein. Die Konflikte nehmen ab; die Gruppe kommt ins Gleichgewicht. Zudem ist diese Phase durch Vereinbarungen über die Spielregeln und die gemeinsame Vorgehensweise gekennzeichnet.

4. Produktionsphase
   In dieser Phase wird Andersartigkeit als Vorteil erlebt. Die Gruppe profitiert vom unterschiedlichen Know-how der einzelnen Teammitglieder und kann jetzt effektiv Arbeitsergebnisse produzieren. Hinzu kommt ein gewisser Stolz, der Gruppe anzugehören.

Aufgabe der Personalentwicklung kann es beispielsweise sein, die Gruppe bei diesen Prozessen zu begleiten und die einzelnen Phasen (z.B. in einem Workshop) zu moderieren.

---

[71] Vgl. Blanchard et al. 1992, S. 31 ff.

Abbildung 2-38: *Phasen der Teamentwicklung (in Anlehnung an Blanchard et al. 1992, S. 64)*

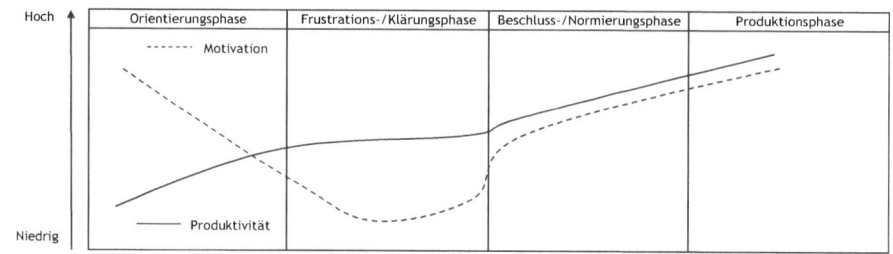

Trainings

Trainings zählen zweifelsohne zu den am häufigsten eingesetzten Instrumenten im Rahmen der Personalentwicklung. Dabei werden sie hauptsächlich „off-the-job" angewandt. Schwerpunkt von Trainingsmaßnahmen ist die Wissensvermittlung oder das Einüben bestimmter Verhaltensweisen. Dabei werden üblicherweise Fachtrainings, Führungskräftetrainings und EDV-Trainings unterschieden.

Trainingsmaßnahmen können auf unterschiedliche Weise organisiert werden. Die Bandbreite reicht dabei von internen Trainingsmaßnahmen mit festangestellten Trainern bis hin zu vollständig externen Angeboten. Gleiches gilt für mögliche Inhalte. Die Themen sind ebenso facettenreich wie ein Unternehmen selbst, wie ein Blick in das Seminarprogramm eines der großen Seminaranbieter bestätigt.[72]

Doch Trainings sind nicht unumstritten. Oftmals gelingt es nicht oder nur zum Teil, die Trainingsinhalte in die Praxis umzusetzen. Auch werden Handlungsfelder, die jenseits der Wissensvermittlung liegen (z.B. Konflikte in der eigenen Abteilung) regelmäßig außen vor gelassen.

Die Trainingsforschung hat inzwischen eine Mehrzahl von Faktoren identifiziert, die helfen können, Trainingsmaßnahmen erfolgreicher zu gestalten.[73] So sollten Mitarbeiter, etwa im Rahmen eines Vorgesprächs, möglichst präzise über Ziele und Inhalte der Maßnahme informiert werden. Die Teilnahme selbst sollte freiwillig sein. Bei der Umsetzung des Gelernten spielt die Unterstützung durch die Führungskraft eine ebenso große Rolle wie ein transfersicherndes Klima (z.B. in der eigenen Abteilung). Aber auch die Motivation des Teilnehmers selbst ist entscheidend für die spätere Umsetzung in der Praxis.

---

[72] Vgl. z.B. www.integrata.de oder www.managementcircle.de
[73] Vgl. z.B. Staufenbiel 1999, S. 518

Abbildung 2-39: Gesprächsleitfaden „Vorgespräch Seminarbesuch"

Vor Beginn eines Seminars ist es sinnvoll, dass eine Führungskraft ein Vorgespräch mit dem Mitarbeiter, der ein Seminar besuchen soll, führt. Dabei können beispielsweise folgende Fragestellungen diskutiert werden:

- ■ Welche Herausforderungen oder Aufgaben waren primär ausschlaggebend für die Seminaranmeldung?

- ■ Welche Ziele sollen mit dem Seminar erreicht werden? Was soll in Zukunft anders sein?

- ■ Welche Hilfestellungen oder Informationen sollen konkret vermittelt werden?

- ■ Welche Fragen sollen im Seminar beantwortet werden?

- ■ Was sollte auf jeden Fall im Seminar passieren/thematisiert werden? Was auf keinen Fall?

- ■ Woran ist zu erkennen, ob das Seminar tatsächlich etwas gebracht hat?

- ■ Welche Dinge sollten sich in der Praxis verändern?

Einen besonderen Schwerpunkt im Bereich der Personalentwicklung stellen Führungskräftetrainings dar. Dabei kann Führung im Unternehmenskontext als unmittelbare, bewusste und zielbezogene Verhaltensbeeinflussung gegenüber Mitarbeiterinnen und Mitarbeitern durch die Führungskräfte verstanden werden.[74] Der Führungserfolg hängt von drei Aspekten ab: der Persönlichkeit des Führenden, seinem Führungsverhalten und der Situation, in welcher geführt wird.[75]

Die Persönlichkeit des Führenden wird meist bei der Auswahl von Führungskräften in den Mittelpunkt gerückt. Dies verwundert nicht: Zum einen sind Persönlichkeitseigenschaften in der Regel kaum oder nur sehr langfristig veränderbar. Zum anderen ist es äußerst fraglich, ob unternehmensbezogene Ziele einen Grund für solche Veränderungen darstellen können. Vorhandene Eigenschaften, etwa globale Intelligenz oder Sozialkompetenz, werden häufig im Rahmen von Assessment-Centern ermittelt.

Die meisten Führungskräftetrainings setzen beim Führungsverhalten an. Eine Tätigkeit als Führungskraft ist insbesondere durch intensive Kommunikationsarbeit gekennzeichnet. Dies betrifft sowohl die direkte Kommunikation durch Gespräche, aber auch die indirekte Kommunikation, etwa in Form von schriftlichen Anweisungen. Trainingsschwerpunkte sind insbesondere verschiedene Gesprächstechniken. Hierbei

---

[74] In Anlehnung an von Rosenstiel 1999, S. 412
[75] Vgl. von Rosenstiel 2002, S. 24

werden beispielsweise Kritikgespräche, Motivationsgespräche, Zielvereinbarungsgespräche oder Entwicklungsgespräche erläutert und im Rollenspiel erprobt.

Abbildung 2-40: *Einflussfaktoren von Führungserfolg (nach von Rosenstiel 2002, S. 24)*

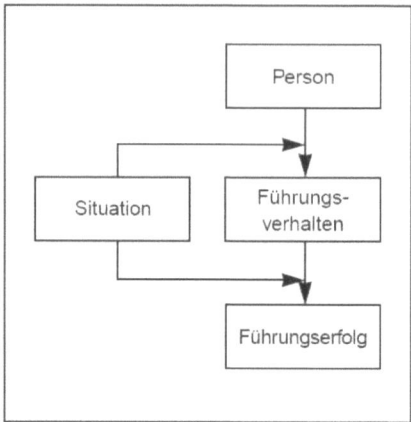

Entscheidend für den Führungserfolg ist zudem die Situation, in welcher das konkrete Führungsverhalten gezeigt wird. Dieser Aspekt wird in Trainings oftmals durch das Einüben bestimmter Analysetechniken (z.B. Kraftfeldanalyse) oder die Diskussion, wie bzw. bis zu welchem Maß Situationen zielgerichtet beeinflusst werden können, thematisiert.

Projektarbeit

Instrumente, die „near-the-job" eingesetzt werden, finden oft im Unternehmen selbst statt. Sie thematisieren jedoch Inhalte, die nur einen geringen oder gar keinen Bezug zur aktuellen Tätigkeit haben. Hierzu zählt beispielsweise die Projektarbeit. Mitarbeiter werden dabei gefördert, indem sie – neben ihrer eigentlichen Stelle – zusätzliche Funktionen in Projekten übernehmen und so helfen, konkrete Problemstellungen zu lösen.

Auf diese Weise ist es möglich, Mitarbeiter an neue Themen bzw. neue Arbeitsweisen heranzuführen und sie so weiterzuentwickeln.

Fallstudien/Planspiele

Im Gegensatz zur Projektarbeit geht es bei der Bearbeitung von Fallstudien oder bei der Teilnahme an Planspielen um fiktive Probleme und deren Bewältigung. Die Teilnehmer werden mit einer simulierten, komplexen Situation konfrontiert und sollen (gefahrlos) lernen, welche Auswirkungen bestimmte Entscheidungen bzw. Vorgehensweisen haben.

Es gibt noch eine Vielzahl weiterer Instrumente im Bereich der Personalentwicklung. In der Regel ist es sinnvoll, solche Instrumente nicht isoliert durchzuführen, sondern die Instrumente effektiv zu kombinieren (z.B. Hybrid-Trainings, die E-Learning-Elemente mit klassischem Training verbinden). So können die Stärken einzelner Instrumente ausgebaut und deren Schwächen kompensiert werden. Entscheidend für eine erfolgreiche Personalentwicklung ist die durchgehende Planung, Steuerung und Kontrolle (also das Controlling) von Maßnahmen der Personalentwicklung.

2.4.4 Controlling der Personalentwicklung

Das Controlling von Personalentwicklungsaktivitäten steckt in vielen Fällen noch in den Kinderschuhen. Mehr noch: Oft fehlt bei den Maßnahmen von Personalentwicklungsabteilungen vollständig der Nachweis, dass die Investitionen in diesen Bereich einen positiven Beitrag zum Unternehmenserfolg gebracht haben bzw. wie stark dieser Beitrag letztlich war. Ohne eine solche Einschätzung ist allerdings eine zielgerichtete Gestaltung von PE-Maßnahmen in der Regel nicht möglich: Man weiß schlicht nicht, ob eine Maßnahme „funktioniert" hat, oder eben nicht. Doch warum tun sich Verantwortliche in Personalentwicklungsabteilungen oft so schwer, die Erfolge ihres Handelns einzuschätzen und zu beschreiben?

Dies ist umso unverständlicher, da das theoretische Fundament nicht neu ist. Bereits in den 60er-Jahren des vergangenen Jahrhunderts entwickelte Donald L. Kirkpatrick ein Modell, das sich heute zu einer Art Standard beim Controlling von PE-Maßnahmen entwickelt hat.[76] In Anlehnung an dieses Modell können sechs Ebenen zur Überprüfung solcher Maßnahmen unterschieden werden:

1. Ressourcenebene
    Welche Ressourcen wurden für die PE-Maßnahmen investiert?

2. Reaktionsebene
    Wie zufrieden sind die Beteiligten mit den durchgeführten Maßnahmen?

3. Lernebene
    Welche Lernerfolge können die Teilnehmer an den Maßnahmen aufweisen?

---

[76] Kirkpatrick unterscheidet ursprünglich nur die Ebenen Reaction, Learning, Behavior und Results (vgl. Kirkpatrick 1967, S. 87 ff.)

4. Transferebene
   Inwiefern konnte das Erlernte in der Praxis angewandt werden?

5. Leistungsebene
   Inwiefern wird das Elernte angewandt? Wie wirkt sich die Anwendung in der Praxis auf das Verhalten der Kunden aus?

6. Ergebnisebene
   Welchen Einfluss haben die durchgeführten Maßnahmen auf das wirtschaftliche Ergebnis des Unternehmens?

Ein Beispiel soll helfen, die beschriebenen Ebenen zu verdeutlichen: Eine mittelständische Buchhandlung mit einigen Filialen möchte den durchschnittlichen Kundenumsatz durch die Einführung von Cross-Selling steigern. In Zukunft soll es stärker gelingen, Kunden nicht nur für Bücher, sondern auch für Hörbücher, exklusive Buchzeichen, Lesebrillen oder hochwertige Schreibwaren zu begeistern. Um dieses Ziel zu erreichen, werden mehrstufige Verkaufstrainings organisiert und ein ergänzendes Coaching am Arbeitsplatz angeboten (Ressourcenebene). Das Training begeistert die Buchhändler (Reaktionsebene). Sie wissen nun, wie es ihnen gelingen kann, mithilfe von Cross-Selling zusätzliche Produkte bei den Kunden zu platzieren (Lernebene). Tatsächlich werden die erlernten Techniken in der Praxis umgehend eingesetzt (Transferebene). Die Cross-Selling-Quote steigt in der Folge deutlich an (Leistungsebene), was letztlich dazu führt, dass nicht nur der Umsatz pro Kunde, sondern auch der Gesamtumsatz steigt. Da die zusätzlich verkauften Produkte eine höhere Marge als Bücher einbringen, steigt auch der Gewinn der Buchhandlung deutlich an (Ergebnisebene).

Eine besondere Herausforderung für das Controlling von PE-Maßnahmen stellt die Tatsache dar, dass nicht alle Ebenen gleich gut messbar sind. Während die eingesetzten Ressourcen und die Zufriedenheit der Teilnehmer noch relativ leicht ermittelt werden können, ist der tatsächliche Einfluss von Maßnahmen auf den Unternehmenserfolg oft nur schwer zu bestimmen.

Jedoch sind es gerade die Ebenen Transfer, Leistung und Ergebnis, die für Unternehmen von großer Bedeutung sind. Erst die Effekte auf diesen Ebenen geben Aufschluss darüber, ob eine PE-Maßnahme für das Unternehmen erfolgreich war oder eben nicht. Dies wird noch einmal dann deutlich, wenn man die einzelnen Ebenen näher betrachtet.

Abbildung 2-41: *Messbarkeit und Bedeutung der Controlling-Ebenen*

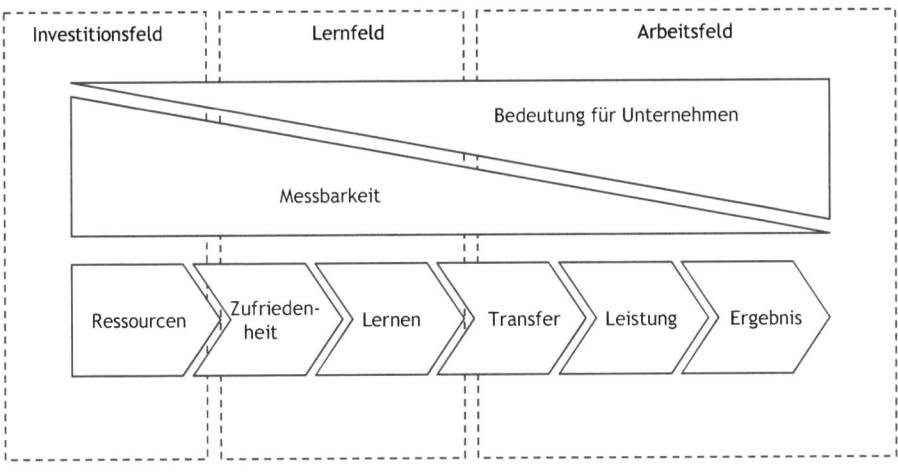

2.4.4.1 Ressourcenebene

Die Ressourcenebene gibt Aufschluss darüber, welche Mittel ein Unternehmen für Maßnahmen im Bereich der Personalentwicklung investiert hat. Die Ressourcen können aus unterschiedlichen Perspektiven heraus analysiert werden:[77]

1. Personen (Anzahl der Teilnehmer, Altersstruktur, hierarchische Stellung, Trainingstage pro Teilnehmer etc.)

2. Organisation (Teilnehmer je Organisationsbereich, Teilnehmertage je Organisationsbereich etc.)

3. Kosten (Anteil PE-Kosten an den gesamten Personalkosten, Gesamtkosten für Maßnahmen, Kosten je Maßnahme, Kosten je Teilnehmer etc.)

4. Maßnahmenstruktur (Anzahl Maßnahmen je Themenbereich [z.B. Führung, EDV], Anzahl Maßnahmen je Methode [z.B. Training, Coaching], Verteilung intern bzw. extern durchgeführter Maßnahmen etc.)

In der Regel dient die Betrachtung der Ressourcenebene dazu, die durchgeführten PE-Aktivitäten gegenüber den Verantwortlichen transparent zu machen.

---

[77] Vgl. z.B. Weidemann/Paschen 2002, S. 163

2.4.4.2 Reaktionsebene

In der Praxis wird Erfolgskontrolle bei Personalentwicklungsmaßnahmen oftmals mit der Reaktion auf die Maßnahme bzw. Teilnehmerzufriedenheit gleichgesetzt. Dafür gibt es zunächst gute Gründe: Eine hohe Zufriedenheit mit einer Maßnahme ist, so vermuten viele Verantwortliche, für einen späteren Transfer des Gelernten in die Praxis sicher von Vorteil. Zudem spielen, wenn systematisch alle Teilnehmer befragt werden, einzelne (möglicherweise extreme) Meinungen keine zu große Rolle bei der Gesamtbewertung.

Die Teilnehmerzufriedenheit kann auf unterschiedliche Art und Weise und zu verschiedenen Zeitpunkten ermittelt werden. So ist es üblich, bereits während einer Maßnahme kurze Zwischenbefragungen durchzuführen. Dies geschieht während eines Trainings etwa durch ein sogenanntes „Blitzlicht" (jeder Teilnehmer nennt seine aktuelle Zufriedenheit und erläutert kurz, welche Dinge geändert werden sollten). Allerdings werden die Ergebnisse solcher Befragungen in der Regel nur zur Maßnahmensteuerung genutzt und kaum systematisch erfasst oder bewertet.

Abbildung 2-42: *Beispielfragen für einen Feedbackbogen*

- ■ Inwiefern sind Sie mit der Veranstaltung insgesamt zufrieden?
- ■ Inwiefern sind Sie über das Ziel der Veranstaltung informiert worden?
- ■ Inwiefern sind Sie über die Inhalte der Veranstaltung informiert worden?
- ■ Inwiefern sind Sie mit den vermittelten Inhalten der Veranstaltung zufrieden?
- ■ Inwiefern war die Zeitdauer der verschiedenen Inhalte angemessen?
- ■ Inwiefern konnten Sie eigene Fragen einbringen?
- ■ Welche Inhalte sollten aus Ihrer Sicht kürzer behandelt werden?
- ■ Welche Inhalte sollen ausführlicher behandelt werden? Welche fehlten ganz?
- ■ Inwiefern war die Veranstaltung abwechslungsreich?
- ■ Inwiefern passten die eingesetzten Methoden (Vortrag, Gruppenarbeit, etc.) in der jeweiligen Lernsituation?
- ■ Inwiefern sind Sie mit dem eingesetzten Methoden insgesamt zufrieden?
- ■ Inwiefern sind Sie mit den Teilnehmerunterlagen zufrieden?
- ■ Inwiefern werden Sie die Veranstaltung weiter empfehlen?
- ■ Inwiefern war die Referentin / der Referent gut vorbereitet?
- ■ Inwiefern konnte die Referentin / der Referent Fragen kompetent beantworten?
- ■ Wie zufrieden sind Sie mit der Fachkompetenz der Referentin / des Referenten?
- ■ Wie zufrieden sind Sie mit dem Präsentationsstil der Referentin / des Referenten?
- ■ Was könnte man an der Veranstaltung verbessern?
- ■ Was hat Ihnen besonders gut gefallen?

Verbreiteter ist das Nutzen von Fragebögen (Beispielfragen siehe Abbildung). Solche Bögen werden meist unmittelbar nach Seminarende verteilt und nach der Bearbeitung sofort wieder eingesammelt. Nachteilig ist in diesem Zusammenhang, dass am Ende einer Maßnahme oftmals eine Art Aufbruchstimmung herrscht und daher positive Bewertungen überwiegen. Daher sind einige Unternehmen dazu übergegangen, solche Fragebögen erst nach 2 bis 3 Wochen an die Teilnehmer zu versenden. Diese können dann differenzierter auf die durchgeführten Maßnahmen blicken und erste praktische Erfahrungen mit dem Gelernten in die Bewertung einfließen lassen.

Nicht zuletzt kann die Zufriedenheit mit einer Maßnahme auch über Interviews oder Gespräche ermittelt werden. Dabei gibt es zum einen die Möglichkeit, den direkten Vorgesetzten in den Prozess der Personalentwicklung einzubinden. Der Vorteil dieser Vorgehensweise liegt darin, dass bereits im Vorfeld einer Maßnahme Gespräche stattfinden können. So besteht die Möglichkeit, dass sich Mitarbeiter und Vorgesetzter über mögliche Ziele einer Maßnahme austauschen. Nach einer Maßnahme kann dann diskutiert werden, inwiefern diese Ziele erreicht wurden. Auf der anderen Seite können Personalentwickler diese Aufgabe übernehmen. Sie haben sicher mehr Erfahrung bei der Maßnahmenevaluation als Vorgesetzte und können das Feedback direkt nutzen, um Verbesserungen einzuleiten.

Auch wenn eine hohe Zufriedenheit der Teilnehmer sicher wünschenswert ist: Die Zufriedenheit mit einer PE-Maßnahme sollte nicht isoliert interpretiert werden. Gerade Maßnahmen, die mit einem hohen Veränderungsdruck einhergehen, lösen oft nur geringe oder gar keine positiven Reaktionen aus. Im Gegenteil: Wenn beispielsweise im Rahmen eines Telefontrainings neue Verhaltensweisen eingeübt werden, ist dies zunächst mühsam und wird mitunter als recht unangenehm erlebt. Kein Wunder, da bisherige Verhaltensmuster geändert werden und neue Routinen erst mit einigem Aufwand trainiert werden müssen. Würde die Zufriedenheit in einem solchen Fall isoliert betrachtet werden, müsste man konsequenterweise die Maßnahme umkonzipieren oder erst gar nicht durchführen. Eine zeitlich befristete Unzufriedenheit kann demnach durchaus normal für einen Veränderungsprozess sein und stellt dann keinen Grund für sofortige Veränderungen an den durchgeführten Maßnahmen dar.

2.4.4.3 Lernebene

Bei der Lernebene geht es darum, zu prüfen, inwiefern eine Maßnahme zu einem Zuwachs an Wissen geführt hat, oder kürzer, um die Frage: Was hat der Teilnehmer gelernt? Ähnlich wie bei der Ermittlung der Zufriedenheit ist es auch hier möglich, bereits während einer Maßnahme einen ersten Eindruck davon zu bekommen, wie groß der Lernerfolg ist. Dies geschieht z.B. durch spielerische Wettbewerbe während der Maßnahme. Aber auch hier ist anzumerken, dass solche Einschätzungen kaum standardisiert erhoben oder dokumentiert werden.

Demgegenüber kann der Lernerfolg von Maßnahmen oft durch die Verwendung von Testverfahren ermittelt werden. Dabei steht, oft am Ende einer Maßnahme, eine schriftliche oder mündliche Prüfung auf dem Programm. So kann, etwa bei einer Produktschulung im Außendienst, schnell geprüft werden, ob die notwendigen Inhalte vermittelt werden konnten. Um den Anreiz für die Teilnehmer zu steigern und die Akzeptanz von Tests zu erhöhen, bieten viele Seminaranbieter inzwischen Abschlusszertifikate an. In einem solchen Fall profitieren Unternehmen und Mitarbeiter gleichzeitig: Der Lernerfolg wird ebenso nachgewiesen wie der persönliche Marktwert steigt. Prinzipiell können solche Prüfungen auch als Selbsttests konzipiert werden.

Eine andere Möglichkeit, um den Lernerfolg einschätzen zu können, sind Fallstudien. Am Ende einer Maßnahme oder auch zu einem späteren Zeitpunkt kann einem Teilnehmer oder einer Teilnehmergruppe ein praxisnaher Fall zur Bearbeitung vorgelegt werden. Durch Beobachten des Bearbeitungsprozesses und Analyse der Ergebnisse bekommt man schnell einen Eindruck, inwiefern es zu einem Zuwachs an Know-how gekommen ist.

2.4.4.4   Transferebene

Der Erfolg einer PE-Maßnahme wird in der Praxis oft mit dem Begriff „Transfer" verbunden. Kein Wunder, geht es bei den Maßnahmen doch in der Regel darum, erworbenes theoretisches Wissen konkret in der Praxis umzusetzen.

Gerade am Transfer von Gelerntem in die Praxis mangelt es jedoch oft. Hierfür können eine Vielzahl von Gründen ausschlaggebend sein:[78]

- ■ Mangelhafte Maßnahmengestaltung (z.B. wenn die vermittelten Inhalte am Bedarf vorbeigehen oder nicht helfen, die gesteckten Ziele zu erreichen)

- ■ Fehlende Motivation zur Umsetzung (das Wissen ist zwar da, die Bereitschaft zur Umsetzung fehlt jedoch)

- ■ Mangelnder Lernerfolg (das notwendige Umsetzungswissen konnte nicht aufgebaut werden)

- ■ Fehlende Umsetzungsmöglichkeit (z.B. wird nach einer EDV-Schulung das geschulte Programm erst viel später auf dem Rechner des Teilnehmers installiert)

- ■ Innovationsfeindliches Klima (z.B. Anfeindungen durch Kollegen, fehlende Unterstützung durch den Vorgesetzten)

- ■ Zu geringe Umsetzungspriorität im Alltag (z.B. zu wenig Zeit, um Neues auszuprobieren oder das Gelernte einzuüben)

---

[78] Vgl. Landsberg/Weiß 1995, S. 305

Betrachtet man die genannten Gründe für einen fehlenden oder zumindest nicht optimalen Transfer, so wird rasch deutlich, dass der Vorgesetzte eine besondere Bedeutung für den Transfererfolg hat. Er kann in der Regel die notwendigen Freiräume organisieren, dafür sorgen, dass ein geeignetes Transferumfeld geschaffen wird und ein innovationsfreundliches Klima begünstigen. Daher ist es oft sehr sinnvoll, Vorgesetzte bei anstehenden Maßnahmen im Rahmen der Personalentwicklung frühzeitig am Prozess zu beteiligen.

Zusätzlich kann es helfen, den Transfer konkret zu planen. So wäre es etwa denkbar, im Anschluss an eine Maßnahme eine Praxisphase zu organisieren, in dem das Gelernte umgesetzt werden kann. Auch das Führen eines Transfertagebuchs, verbindliche Zielvereinbarungen mit Mitarbeiter und Vorgesetztem oder sogenannte „Verträge mit sich selbst" (siehe Abbildung) können sinnvolle Ergänzungen sein.

Letztlich kann ein hoher Transferaufwand oft ein Hinweis darauf sein, dass die zugrunde iegende Maßnahme nicht optimal geplant und durchgeführt wurde. Wenn Bedarfe präzise ermittelt und Maßnahmen zielgerichtet gestaltet wurden, entfällt der Bedarf an transfersichernden Aktionen möglicherweise ganz.

Abbildung 2-43: „*Vertrag mit sich selbst*"

Eine Methode, um den Transfer im Seminarbereich zu steigern, sind schriftlich fixierte Selbstverpflichtungen von Teilnehmern. Diese „Verträge mit sich selbst" sind nicht für Dritte bestimmt. Sie dienen dazu, die persönlichen Ziele strukturiert zu formulieren und diesen durch die Schriftform eine höhere Verbindlichkeit zu verleihen. Im „Vertrag mit sich selbst" können beispielsweise folgende Elemente aufgeführt werden:

- Um welches Thema geht es?
- Was ist mir im Zusammenhang mit diesem Thema klar geworden?
- Welche Dinge nehme ich mir deshalb für die Zukunft vor?
- Bis wann möchte ich diese Vorhaben realisiert haben?
- Woran stelle ich fest, ob ich mein Ziel erreicht habe?
- Wie belohne ich mich, wenn ich meine Ziele erreicht habe?
- Wen informiere ich auf jeden Fall (egal, ob ich das Ziel erreicht habe, oder nicht)?

2.4.4.5 Leistungsebene

Auf der Transferebene wird überprüft, ob eine Maßnahme zu einer Verhaltensänderung geführt hat. Bei der Leistungsebene geht es nun darum, in welchem Maß dies der Fall ist bzw. welche konkreten Auswirkungen die Verhaltensänderung hat. Im Zentrum steht dabei beispielsweise das Kundenverhalten: Inwiefern konnte die Kundenzufriedenheit durch das Beschwerdemanagement-Training gesteigert werden? Inwiefern hat das Verkaufstraining zu einem Plus bei den Neuverträgen geführt?

Ergebnisse auf der Leistungsebene können oft mithilfe von Kennzahlen ausgedrückt werden. So kann etwa die Zahl der Hotline-Anrufe nach einem EDV-Training zurückgehen, die Zahl der Verkaufsabschlüsse nach einem Verkaufstraining steigen oder die Zahl der Fehler an einem Pkw-Produktionsfließband als Folge eines Qualitätsworkshops sinken.

In diesem Zusammenhang sind allerdings zwei Aspekte problematisch: Zum einen stellen isolierte Personalentwicklungsmaßnahmen eher die Ausnahme dar. Viele andere Faktoren (z.B. neue Produkte oder die konjunkturelle Entwicklung) können maßgeblichen Einfluss auf die Leistungsebene haben. Zum anderen ist der Messzeitpunkt entscheidend: Hat noch kein Transfer stattgefunden, so sind auch auf der Leistungsebene keine Effekte zu beobachten. Wird zu spät gemessen, ist die Zahl der Einflussfaktoren oft schon so groß, dass eine Zurechnung zu einer Maßnahme nur schwer oder gar nicht möglich ist.

2.4.4.6 Ergebnisebene

Maßnahmen im Rahmen der Personalentwicklung sind kein Selbstzweck. Sie stellen vielmehr eine Investition dar, die sich idealerweise in der Zukunft auszahlt. Dementsprechend wird bei der Betrachtung der Ergebnisebene die Frage gestellt, inwiefern Maßnahmen oder Maßnahmenbündel tatsächlich zur Ergebnisverbesserung des Unternehmens beigetragen haben.

Einen Hinweis auf mögliche Effekte auf dieser Ebene können Opportunitätskostenrechnungen geben. Man vergleicht in diesem Zusammenhang zwei Szenarien: Welche Effekte hatte die Maßnahme bzw. welche Effekte wären ohne die Maßnahme zu beobachten gewesen? Zurück zum Cross-Selling-Beispiel: Wenn es nach einer Maßnahme gelungen ist, die Cross-Selling-Quote zwar zu steigern, die zusätzlich verkauften Produkte jedoch letztlich eine negative Marge aufweisen, kann auf der Ergebnisebene ein negativer Effekt zutage treten.

Generell problematisch ist, dass in der Regel Effekte auf der Ergebnisebene wegen der Vielzahl an Einflussfaktoren kaum 1:1 einer Maßnahme zugerechnet werden können. Dennoch sollte letztlich die Ergebnisebene ausschlaggebend dafür sein, ob eine Maßnahme aus Unternehmenssicht durchgeführt werden sollte. Da jedoch die Messbarkeit von der Ressourcenebene bis zur Ergebnisebene stetig abnimmt, sollte man – idealerweise bereits im Vorfeld – mithilfe aller sechs Ebenen PE-Maßnahmen planen, steuern und kontrollieren.

Tabelle 2-9:   *Controllingebenen (in Anlehnung an Einsiedler et al. 2003, S. 238)*

Evaluationsebene	Erkenntnisgewinn	Instrumente (Beispiele)
■ **Ressourcenebene**	Mitteleinsatz	Kennzahlen, Kostenanalysen
■ **Reaktionsebene**	Teilnehmerzufriedenheit	Seminarbeurteilungsbögen, strukturierte Interviews, Feedback im Training
■ **Lernebene**	Wissenszuwachs	Tests, (teil-)strukturierte Interviews, Fallstudien, Trainingsleistung
■ **Transferebene**	Umsetzung	Verhaltensbeobachtungen, Vorgesetztenbeurteilungen, Assessment-Center
■ **Leistungsebene**	Erfolgsrate	Operative Kennzahlen, Marktforschungsergebnisse, Kundenbefragungen
■ **Ergebnisebene**	Wirtschaftliches Ergebnis	Kennzahlen, Szenarien, Opportunitätskostenrechnungen, GuV-Rechnung

2.4.5   Praxisbeispiel: Portfoliokonferenz Personal – PE-Controlling und Nachfolgeplanung am Beispiel eines Versicherungskonzerns[79]

2.4.5.1   Die Portfoliokonferenz

Es gibt verschiedene Möglichkeiten, die strategische Einbindung, vor allem aber das strategische Controlling der Personalentwicklung zu verwirklichen. Bei dem Versicherungskonzern, über den hier berichtet wird, hat man sich für die Einführung der „Portfoliokonferenz Personal" entschieden. Für ein Portfolio mit den Achsen „Leistung" und „Potenzial" wurden die Felder definiert und ein entsprechender Beurteilungsprozess abgestimmt. Ziel war eine jährliche Beurteilung aller Manager mit Führungsverantwortung, einiger Spezialisten sowie von Potenzialträgern.

Die Beurteilung erfolgte durch die Führungskräfte der nächst höheren Ebenen im Team. Der Prozess wird von unten nach oben durch die gesamte Organisation bis zum Holdingvorstand geführt. Jeder Manager wird durch seine Führungskraft in die Diskussion eingebracht und dann im Team diskutiert. Ergebnisse der Diskussion sind die Einordnung ins Portfolio, Festlegung notwendiger Fördermaßnahmen, mögliche

---

[79] Von Klaus Meiser, HR Leader bei Disko, Part of GE Capital Solutions, vormals Leiter PE/OE beim Gerling Konzern

nächste Entwicklungsschritte sowie der hierfür geeignete Zeitrahmen. Auf diese Weise wird die Entwicklung aller Manager auf der Individualebene für das kommende Jahr festgelegt.

Abbildung 2-44: *Leistungs-/Potenzial-Portfolio*

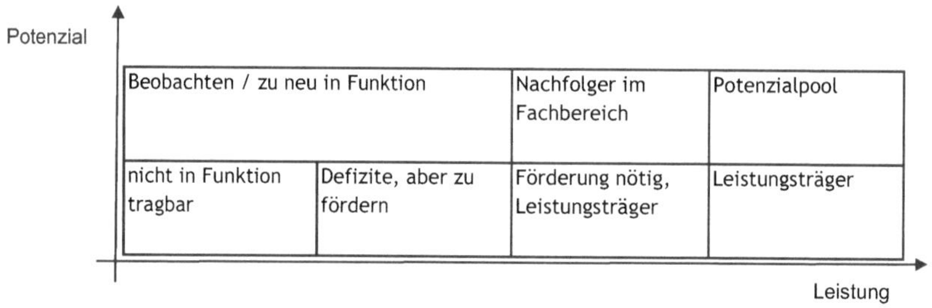

Potenzial			
Beobachten / zu neu in Funktion		Nachfolger im Fachbereich	Potenzialpool
nicht in Funktion tragbar	Defizite, aber zu fördern	Förderung nötig, Leistungsträger	Leistungsträger

Leistung

2.4.5.2 Die Nachfolgeplanung

Im Rahmen der Diskussion wird automatisch der Nachfolgebedarf deutlich, da sowohl bei Minderleistern als auch bei Potenzialträgern oder fluktuationsgefährdeten Spezialisten mögliche Nachfolger vorhanden sein sollten. Hierzu werden im zweiten Schritt der Portfoliokonferenz die Potenzialträger der nächst niedrigeren Ebene besprochen und für diese mögliche Zielfunktionen festgelegt. Bei einem Mangel an Kandidaten ergeht ein Rekrutierungsauftrag an den Personalbereich.

2.4.5.3 Das Controlling

Wird dieser Prozess jährlich durchgeführt, ermöglicht er ein effektives Controlling der Personalentwicklung aus verschiedenen Perspektiven.

Individualebene

Da für jeden besprochenen Manager konkrete Fördermaßnahmen festgelegt wurden, wird im Folgejahr zunächst einmal transparent, ob diese durchgeführt wurden.

Sodann wird durch die Beurteilung und die Positionierung im Portfolio deutlich, ob die gewünschten Entwicklungen auf persönlicher oder fachlicher Ebene auch erfolgt sind. Hiermit wird die Wirksamkeit der Personalentwicklungsmaßnahmen und Programme überprüfbar.

Portfolioebene

Über die prozentuale Verteilung der besprochenen Manager im Portfolio lassen sich einfach Kennzahlen zur Portfoliosteuerung bilden. Entscheidend sind die Zahlen:

- Anteil der Potenzialträger

- Anteil der Minderleister

- Zahl der Potenzialträger in Relation zur Zahl der Führungsfunktionen auf der nächst höheren Ebene („Nachfolgeflexibilität")

Im Managementteam ist es eine schwierige, aber sehr wichtige Diskussion, ein Ziel für diese Kennzahlen zu definieren und damit die Personal-Scorecard zu füllen. Hierbei kann eine Zielquote für Potenzialträger in verschiedenen Konzernbereichen sehr unterschiedlich hoch sein. So ist z. B. eine Quote von 8–10 % für eine sehr stabile Administrationseinheit ausreichend, während eine Spezialistenorganisation mit hoher Veränderungsgeschwindigkeit eher 30 % anstreben sollte. Auch sind die Zielgrößen für die Managementebenen unterschiedlich, abhängig von Fluktuation und Veränderungsgeschwindigkeit.

Konzernebene

Um eine strategische Steuerung der Personalentwicklung möglich zu machen, werden diese Zahlen auf Gesellschafts- und Konzernebene verdichtet. So lassen sich einmal verschiedene Konzerngesellschaften vergleichen, was z. B. zur Steuerung der Personalinvestitionen dient. Zum anderen lässt sich über die Zeitreihen der Effekt der Personalinvestitionen messen. Die Personalentwicklung muss jährlich die Frage beantworten, ob sich die Portfolios in die gewünschte Richtung verändern und wie viel Geld hierfür investiert wurde. Zudem ist dies ein Weg zu Kennzahlen der Personalqualität für die immer weiter sich ausdehnenden Berichtspflichten der Unternehmen.

In Zeiten von Mergers & Akquisitions ist es für die Konzernleitung entscheidend, ein klares Bild von der Qualität des Managements zu haben, vor allem aber davon, ob für strategische Projekte ausreichend Managementkapazität in der richtigen Qualität vorhanden ist. Zu diesem Zweck, aber auch für die unterjährige operative Nachbesetzung, werden alle Ergebnisse der Portfoliokonferenzen in einer Datenbank gespeichert. Hiermit ist eine Suche nach möglichen Kandidaten für ein definiertes Profil eine Frage von Minuten.

2.4.5.4 Strategische Ausrichtung

Neben der beschriebenen strategischen Steuerung des Portfolios und der Personalentwicklung gibt es in diesem Prozess ein weiteres Element, welches die strategische Ausrichtung sicherstellt. Über ein Kompetenzmodell werden vor jeder Portfoliorunde die Anforderungsprofile aktualisiert. Hierbei wird besonderer Wert gelegt auf die zukünftige Ausrichtung der jeweiligen Organisation und der daraus folgenden veränderten Anforderungen.

Mit der Portfoliokonferenz Personal gibt es ein hoch effizientes und effektives Tool, welches die Personalentwicklung in die Lage versetzt, mit dem Management auf Augenhöhe zu arbeiten. Hierzu trägt auch die Sprache der Kennzahlen entscheidend bei. Gleichzeitig ist die Personalentwicklung messbar und muss sich betriebswirtschaftlichen Kriterien stellen.

2.5 Personalabbau

Leitfragen:

- Warum kann es sinnvoll sein, dass sich ein Unternehmen von Mitarbeitern trennt?

- Wie sehen notwendige Schritte einer Trennung aus?

- Welche Formen der Trennung von Mitarbeitern gibt es?

Unter Personalabbau wird jede Aktivität verstanden, die im Zusammenhang mit einem Beschäftigungsrückgang im Unternehmen steht. Im Kontext von Personalfreisetzungsmaßnahmen finden sich neben dem hier verwendeten Begriff des Personalabbaus oft auch die Bezeichnungen Personalanpassung, Personalfreisetzung und Personalentlassung.[80] Zwar meinen alle Begriffe gleiche oder ähnliche Vorgänge im Rahmen der Personalpolitik, jedoch sprechen sie unterschiedliche Teilaspekte an. Personalabbau ist nicht zwangsläufig identisch mit einer Entlassung, sondern kann auch als Wegfall der Stelle und/oder der Arbeitsaufgaben[81] verstanden werden. In diesem Fall geht es um die Planung von Verwendungsalternativen[82] durch Schaffung von anderen Aufgaben im Unternehmen bzw. um die Qualifizierung der Mitarbeiter für andere Stellen. Erst im engeren Sinne versteht man unter Personalabbau die unmittelbare Trennung von Mitarbeitern von der Organisation[83] durch Entlassung.

Durch eine strategisch ausgerichtete und optimierte Personalplanung sollten idealerweise Personalüberhänge erst gar nicht entstehen. Doch in der Praxis gibt es zahlreiche Gründe für einen Personalabbau. So können saisonal oder konjunkturell bedingte Marktveränderungen zu Beschäftigungsschwankungen führen oder neue Technologien können Rationalisierungen oder Automationen mit sich bringen. Und nicht zuletzt sind unternehmenspolitisch gewünschte oder aufgrund mangelnder Wettbewerbsfähigkeit notwendige Unternehmensverlagerungen/-verschmelzungen und Betriebsschließungen Auslöser für Personalabbau.[84]

Personalabbau kann reaktiv oder antizipativ vorgenommen werden. Reaktiv heißt, dass die Personalabbaumaßnahmen erst gestartet werden, wenn der Freisetzungsbedarf gegeben ist. Antizipativ bedeutet die rechtzeitige Identifikation zukünftiger Personalüberhänge, was mehr Handlungsspielräume bietet, um darauf zu reagieren und

---

[80] Vgl. RKW 1996, S. 185
[81] Vgl. Scholz 1994, S. 258
[82] Vgl. Drumm 2004, S. 295
[83] Vgl. Wunderer/Jaritz 2006, S. 221
[84] Vgl. Drumm 2004, S. 297

sozial nachteilige und kostenintensive Abbaumaßnahmen wie Entlassungen zu vermeiden.

Ein antizipativer Umgang mit Personalabbau ist jedoch nur möglich, wenn auf der Basis einer funktionierenden Personalbedarfs- und -bestandsplanung genaue Aussagen zur Anzahl und Qualität der zukünftig erforderlichen Mitarbeiter gemacht werden können. Außerdem sind die Kosten des Abbaus den durch die Maßnahme eingesparten Kosten gegenüberzustellen.

Um zu bestimmen, mit welcher der nachfolgend aufgeführten Maßnahmen gearbeitet werden kann, müssen die Gründe für den Personalabbau bekannt sein. Auch das Ausmaß und der zeitliche Horizont sollten feststehen. Und es ist zu ermitteln, welche Kosten entstehen. Der Gedanke daran, was es kosten würde, wenn der Abbau wieder rückgängig gemacht werden müsste (z. B. weil der Markt sich verändert oder die Auftragslage sich verbessert), ist ebenfalls hilfreich.

Außerdem sind bei der Prüfung, welche Maßnahme jeweils geeignet ist, das Abbaupotenzial der Maßnahme (mögliche Menge der Kapazitätsreduzierung) sowie der Aufwand zu ihrer Durchsetzung zu berücksichtigen

2.5.1 Personalabbau ohne Entlassungen

Bevor eine Entlassung ausgesprochen wird, sollten vorab alle zur Verfügung stehenden „milderen" Personalabbaumaßnahmen geprüft werden. Aus sozialen, aber auch aus Kostengründen gilt es, mittels vorbeugender und alternativer Maßnahmen Entlassungen zu vermeiden. Diese Maßnahmen zielen ab auf die Reduzierung der zur Verfügung stehenden Kapazitäten durch zeitliche Anpassung oder auf quantitative und qualitative Anpassungen,[85] wie sie in den folgenden Kapiteln beschrieben sind. Nur wenn dies nicht oder nicht in ausreichendem Maße möglich ist, ist Personalabbau mit Entlassungen notwendig. Auch bei Personalabbaumaßnahmen ohne Entlassungen gilt es, individuelle und kollektive Arbeitsrechtsbestimmungen zu beachten. Das sind z. B. die speziellen Regelungen im Sozialgesetzbuch III zur Zahlung von Kurzarbeitergeld, aber auch das speziell für Teilzeitbeschäftigungsverhältnisse und variable Arbeitszeiten bedeutsame Beschäftigungsförderungsgesetz (BeschFG) sowie das Betriebsverfassungsgesetz, welche den Einfluss des Betriebsrats auf Freisetzungsmaßnahmen bestimmt.[86] Hinsichtlich Arbeitszeitverkürzungen und Kurzarbeit sind im Zuge des Personalabbaus tarifvertragliche Vereinbarungen, also Tarifverträge, von Bedeutung. Eine Sonderform von Tarifverträgen sind sogenannte Rationalisierungsschutzabkommen, die dem Schutz der Arbeitnehmer vor Auswirkungen der Umstellung von Produktionsabläufen oder Änderungen von Arbeitstechniken dienen. Und auch Betriebs-

---

[85] Vgl. zu dieser Systematik Mag 1998, S. 178 ff.
[86] Vgl. Mag 1998, S. 175

vereinbarungen können Bestimmungen enthalten, die im Rahmen von geplanten Personalabbaumaßnahmen den Arbeitgeber in seinem Handeln beschränken.

2.5.1.1 Maßnahmen der zeitlichen Anpassung

Bei der zeitlichen Anpassung bleibt der Personalbestand konstant, die Arbeitszeit hingegen wird reduziert. Das lässt sich über folgende Maßnahmen erreichen:

- Umwandlung von Voll- in Teilzeitarbeitsplätze (Jobsharing, KAPOVAZ)

- Vorübergehende Kürzung der regulären Arbeitszeit (Kurzarbeit)

- Dauerhafte Kürzung der regulären Arbeitszeit

- Flexibilisierung der Arbeitszeit (Gleitzeit-, Jahresarbeitszeitmodelle)

- Abbau von Überstunden

- Urlaubsregelung

Die Umwandlung von Voll- in Teilzeitarbeitsplätzen im Sinne eines „Jobsharing" ermöglicht eine wesentliche Verkürzung der regulären Arbeitszeit. Diese Maßnahme ist jedoch mit erheblichen Einkommensverringerungen für die betroffenen Mitarbeiter verbunden und kommt einer „halben Kündigung" gleich. Sie ist nur mit Zustimmung des Mitarbeiters und entsprechender Vertragsänderung möglich. In der Praxis belegen zahlreiche Beispiele, dass die Akzeptanz dieser Maßnahme gering ist:[87] Ein Sonderfall der Änderung von Voll- in Teilzeitarbeitsplätze ist die kapazitätsorientierte variable Arbeitszeit (KAPOVAZ), die auch als „Arbeit auf Abruf" oder „Variable Arbeitszeit" bezeichnet wird.[88] Dabei wird mit dem Beschäftigten ein festes Arbeitszeitbudget festgelegt, welches je nach Kapazitätsbedarf vom Arbeitgeber abgerufen wird. Zur Festlegung des Arbeitszeitbudgets gilt, dass, wenn keine abweichende vertragliche Vereinbarung vorliegt, von einer in jedem Fall zu vergütenden Mindestarbeitszeit von wöchentlich zehn Stunden auszugehen ist. Die Frist zur Ankündigung eines geplanten Arbeitseinsatzes beträgt mindestens vier Tage. Die Fristenregelungen des BGB (§§ 186 und 187 Abs. 1 BGB) gelten dabei entsprechend[89]. Außerdem ist eine prinzipielle Mindestbeschäftigungsdauer von drei aufeinander folgenden Stunden pro Arbeitseinsatz vorgeschrieben. Gesetzlich normiert sind die genannten Einschränkungen in den einzelnen Absätzen des § 4 BeschFG.

Die Kurzarbeit ist eine zeitlich befristete Verringerung der Arbeitszeit, die eine Entgeltminderung für die Arbeitnehmer zur Folge hat. Als Personalabbaumaßnahme ist Kurzarbeit ein sehr wirkungsvolles Instrument,[90] weil sie kurzfristig eine deutliche

---

[87] Vgl. Mag 1998, S. 181
[88] Vgl. Meyer 1989, S. 32
[89] Vgl. Pulte 1987, S. 9 f.
[90] Vgl. RKW 1998, S. 224

Senkung der Personalkosten herbeiführt, aber der wertvolle nominelle Personal-bestand bestehen bleibt. Allerdings muss die Kurzarbeit gesetzlich, tarif-/einzelarbeitsvertraglich oder durch Betriebsvereinbarung vereinbart werden. Eine Zahlung von Kurzarbeitergeld ist unter bestimmten strengen Bedingungen gemäß Arbeitsförderungsgesetz[91] möglich, z.B. wenn der Arbeitsausfall auf wirtschaftlichen Ursachen beruht, unvermeidbar ist und nur vorübergehend besteht.[92]

Dahingegen ist bei der dauerhaften Kürzung der regulären Arbeitszeit die Frage, ob die Arbeitszeit mit oder ohne Lohnausgleich geschieht, meist streitbehaftet. Hier kommt es wesentlich darauf an, wie die Notwendigkeit des Personalabbaus kommu-niziert wird und wie die Beteiligten (Arbeitgeber, Tarifparteien, Betriebsrat, Mitarbei-ter) in der Lage sind, sich auf eine einvernehmliche Regelung zu verständigen. Zu beachten ist zunächst wieder das zwingende Mitbestimmungsrecht des Betriebsrats nach § 87 Abs. 1 Nr. 2 BetrVG.

Durch den Abbau von Überstunden durch z. B. eine Umverteilung der Arbeitslast kann auch kurzfristig eine deutliche Reduzierung der Personalkapazität erfolgen. Diese Maßnahme hat zudem den Vorteil, dass die Personalkosten aufgrund des Weg-falls von Überstundenzuschlägen überproportional gesenkt werden können. Voraus-setzung ist jedoch, dass die Qualifikation der Mitarbeiter den Ausgleich zwischen Bereichen mit Über- und Unterbeschäftigung erlaubt.[93]

Die Flexibilisierung der Arbeitszeit ist eine weitere Maßnahme, um Kapazitäten zeit-lich befristet zu reduzieren. Darunter zu verstehen ist eine Arbeitszeit, die innerhalb bestimmter Zeiträume unterschiedlich hohe Stundenvolumen beinhaltet, über einen definierten Ausgleichszeitraum jedoch gleich bleibt. Seit den 60er-Jahren spielen ins-besondere verschiedenste Gleitzeitmodelle eine große Rolle als Flexibilisierungsin-strumente.[94] Ein weiteres Instrument ist das Modell der Jahresarbeitszeit. Dieses Ar-beitszeitmodell führten z.B. die Schweizer Rück-Gesellschaft (1996) und das Versiche-rungsunternehmen Gerling (1998) ein und rückten damit von den herkömmlichen Gleitzeitmodellen ab.[95] Bei diesen Modellen wird ein jährlich abzuarbeitendes Stun-denkontingent festgelegt, und die tägliche bzw. wöchentliche Arbeitszeit variiert in Abhängigkeit von den Kapazitätserfordernissen. Das Arbeitsentgelt wird nicht nach der tatsächlich geleisteten monatlichen Arbeitszeit, sondern nach der Sollarbeitszeit vergütet.

Mit Urlaubszeitregelungen soll erreicht werden, dass der Urlaub dann genommen wird, wenn eine geringere Kapazitätsnachfrage besteht, z. B. durch saisonale Schwan-kungen wie Winter- oder Sommerloch. Damit können zeitlich befristete personelle Überkapazitäten in einem gewissen Rahmen aufgefangen werden, z. B. durch Ver-

---

[91] Normiert sind diese Bedingungen in den §§ 169 bis 182 SGB III.
[92] Vgl. Horsch 2000, S. 140.
[93] Vgl. Drumm 2004, S. 304
[94] Vgl. Goossens 1981, S. 162 ff.
[95] Vgl. Breu 1999, S. 106; Schmitz 2006, S. 57 f.

schiebung der individuellen Urlaubszeiten, Betriebsferien oder Sabbaticals als freiwillige Langzeiturlaube.[96] Die gesamte Arbeitszeit des Jahres bleibt indes unverändert, und auf die Personalkosten hat diese Maßnahme nur hinsichtlich einer reduzierten Überstundenzahl Auswirkungen. Insbesondere bei saisonal abhängigen Unternehmen hat diese Möglichkeit des kurzfristigen Personalabbaus eine große praktische Bedeutung.

2.5.1.2 Maßnahmen der quantitativen Anpassung

Die quantitativen Anpassungsmaßnahmen zielen auf die Verringerung des Personalbestands, ohne dass Entlassungen vorgenommen werden müssen. Dazu gehören folgende Maßnahmen:

- Umsetzung/Versetzung

- Abschluss von Aufhebungsverträgen

- Vorzeitige Pensionierung/Altersteilzeit/Vorruhestand

- Geplante personelle Unterdeckung/Einstellungsstopp

- Abschluss befristeter Arbeitsverträge

- Beschäftigung von Leiharbeitnehmern oder deren Abbau

Die Umsetzung ist die Zuweisung eines anderen, offenen Arbeitsplatzes im Rahmen der arbeitsvertraglichen Vereinbarung und unterliegt dem Weisungsrecht des Arbeitgebers. Sie ist nicht mitbestimmungspflichtig und bedarf nicht der Zustimmung des Arbeitnehmers. Allerdings kann sie nur umgesetzt werden, wenn andere Stellen mit ähnlichem Anforderungsprofil vorhanden und vakant sind. Weichen die Anforderungen zu weit ab, ist zu bedenken, ob eine Qualifizierung des Arbeitnehmers möglich und unter Kostenaspekten lohnend ist.

Im Unterschied dazu ist bei der Versetzung von Mitarbeitern immer eine inhaltliche Änderung des Arbeitsvertrages erforderlich. Eine Versetzung liegt z. B. vor, wenn der Mitarbeiter eine geringer- oder höherwertige Tätigkeit nicht nur vorübergehend ausüben soll, oder wenn der Ort der Arbeitsleistung aus betrieblichen Gründen verändert werden soll. Die Versetzung unterliegt der Mitbestimmung nach § 99 (1) BetrVG. Der Mitarbeiter muss einer Versetzung zustimmen. Tut er dies nicht, kann der Arbeitgeber eine betriebsbedingte Änderungskündigung[97] aussprechen.

---

[96] Bei diesen Maßnahmen sind die Beteiligungsrechte des Betriebsrats nach § 87 I BetrVG zu beachten.

[97] Zur Änderungskündigung vgl. Horsch 2000, S. 151

Der Abschluss eines Aufhebungsvertrages ist eine individualrechtliche Vereinbarung zwischen Arbeitgeber und Arbeitnehmer, die den Zeitpunkt des Ausscheidens und die gegenseitigen Ansprüche bis zum Ausscheiden (Arbeitsleistung, Gehalt, Abfindung, usw.) regelt. Meist gehört zu einem solchen Auflösungsvertrag die Vereinbarung über eine Abfindungszahlung an den Arbeitnehmer. Für den Arbeitgeber ist das Anbieten von Aufhebungsverträgen eine gut planbare Maßnahme des Personalabbaus, weil die Angebote gezielt an bestimmte Mitarbeitergruppen und auch zeitlich befristet werden können.

Bei der vorzeitigen Pensionierung geht es um diejenigen Mitarbeiter, die voraussichtlich in den nächsten Jahren aus Altersgründen und auf der Basis von individuellen Arbeitsverträgen, Tarifverträgen oder Betriebsvereinbarungen aus dem Unternehmen ausscheiden. Diese lassen sich eventuell auf freiwilliger Basis dazu bewegen, das Arbeitsverhältnis frühzeitig zu lösen. Allerdings sind dabei die wesentlichen sozialversicherungsrechtlichen Voraussetzungen zu beachten. Und im Allgemeinen sind solche Frühpensionierungen für die betroffenen Mitarbeiter meist nur dann von Interesse, wenn sie ohne finanzielle Einbußen bzw. mit Abfindungen verbunden sind.

Die gesetzlichen Altersteilzeitregelungen sollen älteren Mitarbeitern einen gleitenden und frühzeitigen Übergang in den Ruhestand ermöglichen. Von den Unternehmen werden diese Regelungen auch zum Personalabbau genutzt. Grundsätzlich beinhaltet die Altersteilzeit eine Reduzierung der Beschäftigung auf Teilzeit, wobei zwei Modelle wählbar sind: Bei dem Gleichverteilungsmodell arbeitet der Mitarbeiter über den ganzen Zeitraum der Altersteilzeitphase die Hälfte seiner ursprünglichen Arbeitszeit. Bei dem Blockmodell arbeitet der Mitarbeiter die erste Hälfte der Altersteilzeit ungekürzt, in der zweiten Hälfte wird er komplett von seiner Arbeitspflicht freigestellt. Unter dem Strich ergibt sich bei beiden Modellen eine Halbierung der Arbeitszeit über die Laufzeit der Altersteilzeit. Nach dem Altersteilzeitgesetz (AltTZG) sind das Regelarbeitsentgelt und die Rentenversicherungsbeiträge um mindestens 20 % aufzustocken, wobei für den Mitarbeiter der Aufstockungsbetrag nach dem Einkommenssteuergesetz steuerfrei ist. Tarifvertraglich sind höhere Aufstockungsbeträge möglich. Wenn der Arbeitgeber die frei werdende Arbeitsstelle mit einem arbeitslos gemeldeten Arbeitnehmer oder Auszubildenden besetzt, kann er die Aufstockungszahlungen und die zusätzlichen Rentenversicherungsbeiträge von der Bundesagentur für Arbeit zurückfordern.

Der Ruhestand bezeichnet den Lebensabschnitt, in dem ein Mensch nicht mehr kontinuierlich arbeitet und Rente oder Pension bezieht. Nach derzeitiger Gesetzeslage beginnt der Ruhestand mit der Vollendung des 65. Lebensjahres. Ab 2012 wird diese Grenze jährlich um einen Monat verschoben, und ab dem Jahr 2029 beginnt dann das Rentenalter mit dem vollendeten 67. Lebensjahr. Mit Vorruhestand wird die Zeitspanne ab Beendigung der Arbeitstätigkeit bis zum Erreichen des Rentenalters bezeichnet. Nach derzeitiger Gesetzeslage kann der Mitarbeiter im Vorruhestand ab dem 63. Lebensjahr Altersrente beanspruchen, muss jedoch Rentenabschläge hinnehmen. Um

114

Personalabbau zu erreichen, kann der Arbeitgeber Mitarbeitern den Vorruhestand nahelegen, wenn er finanzielle Nachteile wenigstens zum Teil ausgleicht, z. B. durch Abfindungen.

Als geplante personelle Unterdeckung wird die Vorgehensweise bezeichnet, weniger Mitarbeiter als benötigt einzustellen bzw. einen Einstellungsstopp zu verhängen und bei Fluktuation keine Wiederbesetzungen vorzunehmen. Die notwendige Leistungserbringung wird kurz- oder mittelfristig durch Überstunden, Leiharbeitnehmer oder externe Auftragsvergabe gesichert.

Durch einen befristeten Arbeitsvertrag endet das Arbeitsverhältnis zum definierten Zeitpunkt ohne weitere Aktivität des Arbeitgebers. Die Befristung gibt dem Arbeitgeber mehr Flexibilität bei der Personalplanung, und dem Mitarbeiter bietet sie die Chance, bei Bewährung in ein unbefristetes Arbeitsverhältnis umzusteigen. Allerdings sind die besonderen gesetzlichen Vorschriften[98] zu beachten. Für die Befristung muss ein Sachgrund oder einer der vom Gesetzgeber geschaffenen Ausnahmetatbestände vorliegen. Sonst gilt der Arbeitsvertrag als unbefristet abgeschlossen.

Bei der Beschäftigung von Leiharbeitnehmern wird von vorneherein kein Arbeitsvertrag mit dem Arbeitnehmer, sondern ein Arbeitnehmerüberlassungs-Vertrag mit einem „Entleiher" nach dem Arbeitnehmerüberlassungsgesetz (AÜG) geschlossen. Der Charme dieser Konstruktion besteht darin, dass die Verträge relativ kurzfristig kündbar sind und nicht dem Kündigungsschutz unterliegen. Eine zeitliche Befristung von Leiharbeit gibt es nicht, theoretisch kann ein Arbeitnehmer unbefristet entliehen werden. Die Beschäftigung von Leiharbeitnehmer/innen unterliegt allerdings gem. § 99 BetrVG der Mitbestimmung des Betriebsrats. Wenn der Personalüberhang eintritt, stellt der Abbau von Leiharbeitnehmer das mildere Mittel gegenüber einer Entlassung dar.

2.5.1.3 Maßnahmen der qualitativen Anpassung

Die qualitative Anpassung der verfügbaren an die erforderliche Mitarbeiterkapazität zielt darauf, die Eignung der Mitarbeiter so zu verändern, dass sie weiterbeschäftigt werden können. Dies geschieht durch

- ◼ Qualifizierung der Arbeitskräfte

- ◼ Einrichtung von Beschäftigungsgesellschaften

Unter der Qualifizierung von Mitarbeitern sind alle Aktivitäten zu verstehen, die auf eine Personalentwicklung im Sinne von Aus-, Fort- oder Weiterbildung zielen. Dabei geht es um die Verbesserung der Kenntnisse, Fertigkeiten und des aus ihrer Einstel-

---

98 Vgl. hierzu Merkblatt der IHK München zur Befristung von Arbeitsverträgen unter http://www.muenchen.ihk.de/internet/mike/ihk_geschaeftsfelder/recht/Anhaenge/Befristung.pdf

lung resultierenden Verhaltens der Mitarbeiter. Das Ziel ist es, die Einsatzflexibilität der Beschäftigten zu erhöhen, z. B. die Anpassung des Eignungsprofils des Mitarbeiters an die Anforderungen der Stelle. Eine möglichst breite Qualifizierung erleichtert die Versetzung bzw. den Einsatz an anderer Stelle im Unternehmen. Voraussetzung für eine sinnvolle Qualifizierung von Mitarbeitern ist, dass eine valide Personalbedarfsprognose auf der Basis einer professionellen Personalplanung vorliegt. Außerdem entstehen nicht geringe Kosten durch Qualifizierungsmaßnahmen, die häufig gerade in der Unternehmenssituation, in der Personal abgebaut werden muss, nicht getragen werden können. Unter bestimmten Voraussetzungen gewährt die Bundesagentur für Arbeit eine finanzielle Unterstützung gemäß §§ 77ff. SGB III.[99] Welche Bedeutung Qualifizierungen als Instrument zum Personalabbau ohne Entlassungen haben, zeigt sich auch im § 102 Abs. 3 Nr. 4 BetrVG. Hiernach kann der Betriebsrat Kündigungen widersprechen, sofern Umschulung oder Fortbildung geeignet sind, eine Entlassung zu verhindern. Insgesamt ist zu beachten, dass der Betriebsrat bei betrieblichen Bildungsmaßnahmen nach Maßgabe der §§ 96 bis 98 BetrVG beratend und mitwirkend zu beteiligen ist.[100] So kann er insbesondere nach § 98 BetrVG gestaltend auf die Durchführung der Personalentwicklungsmaßnahmen Einfluss nehmen.

Die Einrichtung von Beschäftigungsgesellschaften (auch Transfergesellschaft[101] genannt) hat eine vergleichsweise kurze Historie, sind jedoch bei Großunternehmen in den vergangenen Jahren immer beliebter geworden. Beschäftigungsgesellschaften sind eigenständige rechtliche oder organisatorische Einheiten, die von Arbeitslosigkeit bedrohten Mitarbeitern im Rahmen eines maximal einjährig befristeten Beschäftigungsverhältnisses zu einer neuen Stelle verhelfen sollen. Dies geschieht über ein gesetzlich geregeltes Verfahren in Zusammenarbeit mit der Agentur für Arbeit. Es werden betriebliche und öffentliche Mittel zur Weiterbeschäftigung, Umschulung und Qualifizierung von freizusetzenden Mitarbeitern genutzt. Voraussetzung für die Transferleistungen nach § 216 SGB III ist eine Betriebsänderung im Sinne des § 111 BetrVG mit Betriebseinschränkungen, Stilllegungen oder Massenentlassungen. Ziel ist es, Entlassungen zu vermeiden und die betroffenen Mitarbeiter durch die Weiterbildung fit zu machen für den internen oder externen Arbeitsmarkt.[102] Arbeitnehmer, die in eine Beschäftigungsgesellschaft wechseln, haben maximal zwölf Monate lang Anspruch auf Transferkurzarbeitergeld. Dabei handelt es sich um eine Pflichtleistung, die 67 Prozent des letzten Nettoverdienstes bei Arbeitnehmern mit Kindern und 60 Prozent bei Beschäftigten ohne Kinder beträgt.[103]

Die Aufgaben der Beschäftigungsgesellschaften umfassen, je nach Unternehmen, folgende Bereiche:

---

[99] Vgl. Berthel 2007, S. 210
[100] Vgl. Rationalisierungs-Kuratorium der Deutschen Wirtschaft 1998, S. 226
[101] Der Begriff Transfergesellschaft zielt auf den Gesellschaftsgegenstand ab: Mitarbeitern den Transfer zu einem neuen Arbeitsplatz zu sichern.
[102] Vgl. Drumm 2004, S. 317
[103] Vgl. Manager-Magazin, Artikel „Opel-Krise" vom 10. 12. 2004

Personalverwaltung: Durchführung der Lohn- und Gehaltsabrechnung sowie Buchhaltung, Abrechnen des Transfer-Kurzarbeitergeldes mit der Agentur für Arbeit, Erstellen und Fortführen aller anfallenden Statistiken und Auswertungen, Abrechnung der monatlichen Remanenzkosten, Mitarbeiterbetreuung in allen Verwaltungsfragen.

Beratungsleistung: Beratung und Coaching der Mitarbeiter zur beruflichen Neuorientierung in Workshops, Einzelgesprächen, Thementagen und im Job-Center.

Vermittlung: z. B. Arbeitnehmerüberlassung, Probearbeitsverhältnisse, Vermittlung von Betriebspraktika, Stellengesuche, Ansprache von Personalberatern, Präsentation von Unternehmen in der Transfergesellschaft.

Qualifizierung: z. B. Ermittlung des Qualifizierungsbedarfs, Information der Mitarbeiter über Weiterbildungsangebote und -träger, Beantragung und Realisierung von Qualifizierungsförderung bei den Agenturen für Arbeit, Organisation der Qualifizierung in Zusammenarbeit mit Bildungsträgern.

Public Relations in Absprache mit dem Unternehmen, z. B. interne und externe Kommunikation oder Gestaltung des Anzeigenauftritts.

Der Nutzen einer Beschäftigungsgesellschaft besteht für das Unternehmen darin, den Restrukturierungsprozess zu beschleunigen und einen Imageschaden, der häufig mit Entlassungen einhergeht, einzudämmen. Außerdem ist die Anzahl der gerichtlichen Auseinandersetzungen geringer als bei Entlassungen. Der Vorteil für die Mitarbeiter liegt in der professionellen Unterstützung bei der Trennungsbewältigung und bei der Suche nach einer erfolgreichen Bewerbungsstrategie. Der Mitarbeiter wird individuell unterstützt, sein persönliches Leistungspotenzial besser zu erkennen und, je nach Inhalt der gebotenen Beratungsleistungen, vorhandene persönliche, soziale oder fachliche Kompetenzlücken zu schließen.

Ganz unkritisch ist die Einrichtung von Beschäftigungsgesellschaften allerdings nicht immer. Im Fall des insolventen Handyherstellers BenQ, der ehemaligen Siemens-Handy-Sparte, hatte der taiwanesische Mutterkonzern der deutschen Tochter den Geldhahn zugedreht. Politik und Gewerkschaften mahnten, dass die Verantwortlichen für die BenQ-Pleite, die bei Siemens angesiedelt seien, nicht aus der Verantwortung entlassen werden dürften, und forderten eine Beteiligung an der Finanzierung des Insolvenz- bzw. Transferkurzarbeitergeldes.[104]

---

[104] Siehe dazu:
http://www.wdr.de/themen/wirtschaft/wirtschaftsbranche/benq/chronik.jhtml?rubrikenstyle=wirtschaft

2.5.2 Personalabbau mit Entlassungen

■ Ordentliche und außerordentliche Kündigung

■ Änderungskündigungen

■ Massenentlassungen

■ Entlassungen nach Betriebsänderung

■ Outplacement

Der Begriff Kündigung bezeichnet eine einseitig empfangsbedürftige Willenserklärung, die zur Beendigung des Arbeitsverhältnisses führt. Sie steht grundsätzlich beiden Vertragsparteien zu. Der Begriff Entlassung bedeutet, dass die Kündigung eines bestehenden Arbeitsverhältnisses durch den Arbeitgeber[105] ausgesprochen wird. Während der Arbeitnehmer bei einer Kündigung lediglich die gesetzliche, tarif- oder einzelvertragliche Kündigungsfrist wahren muss, ist der Arbeitgeber bei Entlassungen an zahlreiche Bestimmungen des individuellen und kollektiven Arbeitsrechts gebunden, (vgl. Tabelle 2-10). Das hat der Gesetzgeber so festgelegt, weil arbeitgeberseitige Kündigungen einen massiven Eingriff in das Leben der Mitarbeiter darstellen. So können z. B. gravierende Beeinträchtigungen hinsichtlich Lebensstandard, sozialem Umfeld und Selbstwertgefühl die Folge sein. Deshalb darf die Entlassung nur das letzte Mittel des Arbeitgebers, die sogenannte Ultima ratio sein.[106]

Das BGB unterscheidet zwischen einer ordentlichen und einer außerordentlichen Kündigung. Bei der ordentlichen Kündigung muss zum einen eine ordnungsgemäße Kündigungserklärung vorliegen. Zum anderen muss der Betriebsrat nach den Bestimmungen des § 102 BetrVG angehört werden, und es dürfen keine allgemeinen Unwirksamkeitsgründe gemäß Kündigungsschutzgesetz[107] vorliegen. Unwirksam ist eine Kündigung, wenn gemäß § 1 KSchG keine personen-, verhaltens- oder betriebsbezogenen Gründe vorliegen, welche die Kündigung sozial rechtfertigen.

Bei personenbedingten Gründen steht die Nichterfüllung der arbeitsvertraglichen Leistungen durch den Arbeitnehmer (auch unverschuldet) einer Weiterbeschäftigung entgegen. Das sind z.B. krankheitsbedingte Fehlzeiten (häufige Kurzerkrankungen, lang anhaltende Krankheit, dauernde Leistungsunfähigkeit, erhebliche Leistungsminderung), mangelnde objektive Eignung (z.B. Führerscheinentzug), mangelnde subjektive Eignung (z.B. Altersdemenz oder mangelndes Wissen, Können, Wollen zur Leistungserbringung.

---

[105] Vgl. Mag 1998, S. 195
[106] Vgl. Mag 1998, S. 185
[107] Das Kündigungsschutzgesetz ist anwendbar für Arbeitgeber mit regelmäßig mehr als 10 Arbeitnehmern.

Tabelle 2-10:   *Gesetze rund um die Personalfreistellung (nach Mag (1998), S.172)*

Individuelles Arbeitsrecht	Kündigungsschutzgesetz (KSchG), Arbeitsplatzschutzgesetz (ArbPlSchG), Arbeitsförderungsgesetz (AFG), Beschäftigungsförderungsgesetz (BeschFG), Berufsbildungsgesetz (BbiG), Mutterschutzgesetz (MuSchG), Bundeserziehungsgeldgesetz (BErzGG), Schwerbehindertengesetz (SchwbG)
Kollektives Arbeitsrecht	Betriebsverfassungsgesetz (BetrVG) und die dort geregelten Betriebsvereinbarungen als rechtssetzende Vereinbarung zwischen Arbeitgeber und Betriebsrat
	Tarifvertragsgesetz (TVG) und die dort geregelten Tarifverträge als rechtssetzende Vereinbarung zwischen den Sozialpartnern
	Rationalisierungsschutzabkommen (RschA)

Als verhaltensbedingter Grund gilt die Nichterfüllung der arbeitsvertraglichen Leistungen durch den Arbeitnehmer aufgrund von bewusstem, steuerbarem (Fehl-) Verhalten. Das sind z. B. Arbeitsverweigerung, unentschuldigtes Fehlen, Unpünktlichkeit, Tätlichkeiten, Beleidigungen, Unterschlagungen, Gering- und Schlechtleistung, eigenmächtige Urlaubsnahme, Verstöße gegen Treuepflichten oder arbeitsvertragliche Pflichten und Verstöße gegen die Betriebsordnung.

Der Arbeitgeber kann sich darauf aber nur berufen, wenn er zuvor eine Abmahnung ausgesprochen hat (vgl. Abbildung 2-45). Die Abmahnung ist eine Kündigungsandrohung, die eine Verhaltensänderung des Mitarbeiters bewirken soll. Wenn es sich um eher geringfügige Verstöße handelt, sind vor einer Kündigung mehrere Abmahnungen auszusprechen.

Wenn ein schwerwiegender, gravierender Grund für die Abmahnung vorliegt, reicht auch eine Abmahnung. Nach der Rechtsprechung sind folgende Anforderungen an eine wirksame Abmahnung zu stellen:

■ Klare und verständliche Darstellung des Fehlverhaltens mit Datum, Uhrzeit usw.

■ Hinweis auf eine Vertragsverletzung durch das Fehlverhalten

■ Kündigungsandrohung für den Fall der Wiederholung

Abbildung 2-45: Musterformular einer Abmahnung

Herrn/Frau

Adresse

Datum

Abmahnung

Sehr geehrter Herr…/Sehr geehrte Frau…,

wir haben mehrfach darauf hingewiesen, dass Sie … [SCHILDERUNG DES SACHVER-
HALTES …]

Ihr Verhalten ist eine Verletzung des Arbeitsvertrages, und wir können eine solche Pflicht-
verletzung nicht hinnehmen. Sollten sich diese Situationen/Vorfälle wiederholen, müssen
Sie mit arbeitsrechtlichen Konsequenzen bis hin zu einer Beendigung des Arbeitsverhältnisses rechnen.

Mit freundlichen Grüßen

Geschäftsführer/Personalleiter/Vorgesetzter

Betriebsbedingte Gründe liegen vor, wenn dringende betriebliche Erfordernisse einer
Weiterbeschäftigung des Arbeitnehmers entgegenstehen[108]. Das können innerbetriebliche Erfordernisse wie z. B. Rationalisierungsmaßnahmen, Umstellung der Produktion oder Produktionsverlagerungen oder auch außerbetriebliche Erfordernisse wie z. B.
Auftrags- oder Umsatzrückgang sein.

Unwirksam ist eine ordentliche Kündigung auch, wenn keine soziale Rechtfertigung
gegeben ist. Diese liegt dann nicht vor, wenn eine unsoziale Auswahl getroffen wurde
gemäß § 1 Abs. 2 KSchG, der Arbeitgeber gegen die Auswahlrichtlinien gemäß
§ 95 BetrVG verstoßen hat oder eine Weiterbeschäftigung auf einem anderen Arbeitsplatz möglich wäre.

---

[108] § 1 Abs. 2 Satz 1 KSchG

Abbildung 2-46: *Ablauf einer ordentlichen Kündigung (nach Moll 1997, unveröffentlichtes Vorlesungsmanuskript)*

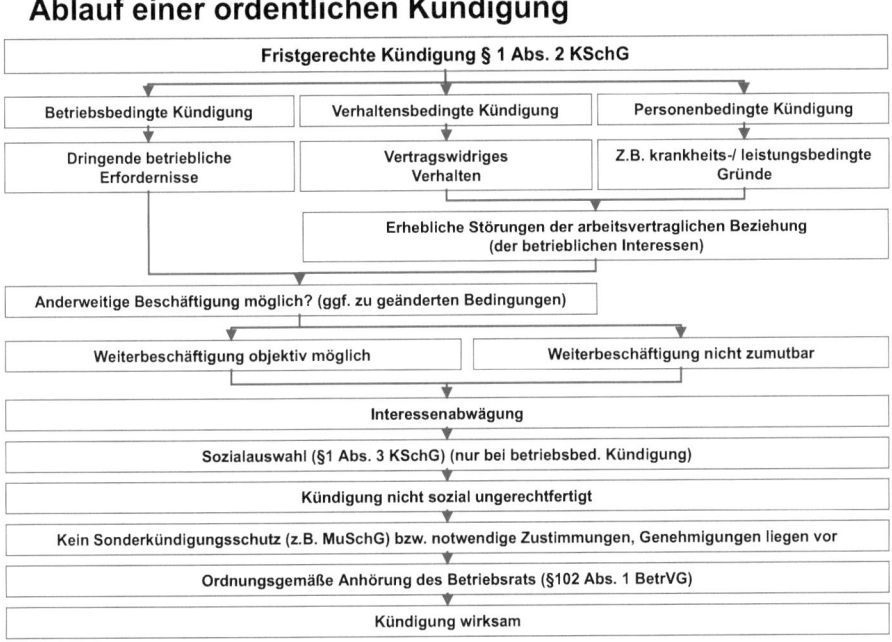

Ablauf einer ordentlichen Kündigung

| Fristgerechte Kündigung § 1 Abs. 2 KSchG |

| Betriebsbedingte Kündigung | Verhaltensbedingte Kündigung | Personenbedingte Kündigung |

| Dringende betriebliche Erfordernisse | Vertragswidriges Verhalten | Z.B. krankheits-/ leistungsbedingte Gründe |

| Erhebliche Störungen der arbeitsvertraglichen Beziehung (der betrieblichen Interessen) |

| Anderweitige Beschäftigung möglich? (ggf. zu geänderten Bedingungen) |

| Weiterbeschäftigung objektiv möglich | Weiterbeschäftigung nicht zumutbar |

| Interessenabwägung |

| Sozialauswahl (§1 Abs. 3 KSchG) (nur bei betriebsbed. Kündigung) |

| Kündigung nicht sozial ungerechtfertigt |

| Kein Sonderkündigungsschutz (z.B. MuSchG) bzw. notwendige Zustimmungen, Genehmigungen liegen vor |

| Ordnungsgemäße Anhörung des Betriebsrats (§102 Abs. 1 BetrVG) |

| Kündigung wirksam |

Im Gegensatz zur ordentlichen Kündigung müssen bei der außerordentlichen Kündigung die Kündigungsfristen nach § 622 BGB vom Arbeitgeber nicht eingehalten werden. Um eine außerordentliche Kündigung aussprechen zu können, muss ein wichtiger Grund vorliegen, aus dem es dem Arbeitgeber nicht zugemutet werden kann, das Arbeitsverhältnis länger fortzusetzen, z.B. wegen Diebstahl, Arbeitsverweigerung, Beleidigung oder Verletzung vertraglicher Pflichten. Auch der Arbeitnehmer kann außerordentlich kündigen, wenn z.B. der Arbeitgeber wiederholt die Gehaltszahlung aussetzt oder ihn beleidigt (eine Übersicht über die rechtlichen Gründe zur Beendigung von Arbeitsverhältnissen gibt Abb. 2-47).

Abbildung 2-47: *Rechtliche Gründe zur Beendigung von Arbeitsverhältnissen (nach Moll 1997, unveröffentlichtes Vorlesungsmanuskript)*

Übersicht rechtliche Beendigungsgründe

Beendigungsgründe		

Ordentliche Kündigung (626 BGB)	Außerordentliche Kündigung (626 BGB)	Sonstige Gründe
Ordnungsgemäße Kündigungserklärung (§§ 104ff, 164ff, 130 BGB)		Fristablauf (§620 BGB), Zweckerreichung (§620 BGB), Eintritt auflösender Bedingung (§158 BGB)
Keine allgemeinen Unwirksamkeitsgründe		
Anhörung des Betriebsrats (§ 102 BetrVG)		Aufhebungsvertrag (§§305, 241 BGB)
Ausschluss bzw. Zustimmungserfordernis bei besonderen Arbeitnehmergruppen (MutterSchG, SchwerbehindertenG, BR, Azubis)		Anfechtung (§§ 119, 123 BGB)
Kündigungsfrist (Tarif-, Arbeitsvertrag, § 622 BGB)	2-Wochenfrist (§626 Abs. 2 BGB)	Lossagung vom faktischen Arbeitsverhältnis
Anwendbarkeit des KSchG (10 AN, länger als 6 Monate)	Wichtiger Grund (§626 Abs. 1 BGB)	Auflösung durch das Arbeitsgericht (§§ 9, 16 KSchG)
Soziale Rechtfertigung (§ 1 Abs.2 Satz 1) - personenbedingte Gründe - verhaltensbedingte (Abmahnung) - betriebsnotwendige Sozialauswahl (§1Abs.3) - Interessenabwägung	Wenn KSchG anwendbar: Erhebung der Klage innerhalb der 3-Wochenfrist (§§ 13 Abs. 1 Satz 2 KSchG)	Verweigerung der Fortsetzung gemäß § 12 KSchG
		Lösende Aussperrung bei Streik
Kündigungsschutz bei Massenentlassung (§§ 17f KSchG)		Verpflichtung als Berufssoldat im Anschluss an eine Eignungsübung (§3 EignungsübungsG)
Erhebung der Kündigungsschutzklage innerhalb der 3-Wochen-Frist (§§ KSchG)		Tod des Arbeitnehmers

---

Die Massenentlassung ist eine Sonderform der ordentlichen betriebsbedingten Kündigung. Nach § 17 des Kündigungsschutzgesetzes versteht man darunter die Kündigung einer bestimmten Anzahl von Arbeitnehmern innerhalb einer Frist von 30 Tagen.[109] Ab welcher Anzahl von Kündigungen eine Massenentlassung vorliegt, ist von der Betriebsgröße abhängig:

- 21 bis zu 59 Beschäftigte: wenn mehr als 5 Arbeitnehmer entlassen werden

- 60 bis zu 499 Beschäftigte: wenn mehr als 25 oder 10 % der Arbeitnehmer entlassen werden.

- Über 499 Beschäftigte: wenn mehr als 30 Arbeitnehmer entlassen werden.

Die Massenentlassung ist anzeigepflichtig, das heißt, sie muss gemäß § 17 KSchG der Agentur für Arbeit innerhalb von 4 Wochen vorher angezeigt werden. Auch ist der Betriebsrat so früh wie möglich schriftlich zu informieren über die Gründe für die geplanten Entlassungen, die Zahl und Berufsgruppen der betroffenen Arbeitnehmer,

---

[109] Vgl. RKW 1996, S. 246

den Zeitraum der Entlassungen, die Auswahlkriterien für die Sozialauswahl sowie die Kriterien für die Berechnung etwaiger Abfindungen. Der Betriebsrat kann bei Betriebsänderungen[110] die Verhandlung eines Interessenausgleichs und/oder Sozialplans verlangen. Beim Interessenausgleich geht es darum, mit dem Betriebsrat eine Verständigung über das Ob und Wie des geplanten Personalabbaus herzustellen. In den Interessenausgleich gehören Regelungen über die Art und Weise der Durchführung des Personalabbaus wie z.B. die Auswahl der infolge des Personalabbaus ausscheidenden Arbeitnehmer. Der Sozialplan[111] geht noch darüber hinaus und regelt den Ausgleich oder die Milderung der durch die Entlassung entstehenden wirtschaftlichen Nachteile der Arbeitnehmer. Darunter können Abfindungszahlungen, aber auch Fahrkostenerstattung, die Erstattung der Umzugs- und Maklerkosten oder die Aufwendungen für eine Fortbildung fallen. Die Höhe der Abfindung wird mit einer Abfindungsformel festgelegt, die zumeist Betriebszugehörigkeit, Alter und Gehalt berücksichtigt. Neben den klassischen Abfindungssozialplänen gibt es als Instrumente moderner Beschäftigungspolitik auch Transfersozialpläne, die durch Qualifizierungsgesellschaften sicherstellen sollen, dass die Entlassenen nach einem „Qualifizierungsupdate" wieder einen Arbeitsplatz finden.

Die häufigste Kritik bei Massenentlassungen ist die Anwendung der Rasenmähermethode. Dabei wird ein festgelegter Prozentsatz der Kosten über alle Bereiche eines Unternehmens ohne Berücksichtigung der individuellen Situation eines Bereiches eingespart. Das ist schnell umsetzbar, leicht an Analysten und Aktionäre zu kommunizieren und bringt kurzfristig positive Effekte auf die Gewinn- und Verlustrechnung. Auch besteht die Chance auf steigende Aktienkurse wegen der kurzfristigen Ergebnisverbesserung. Auf der anderen Seite sinkt die Motivation der Arbeitnehmer drastisch, sodass es häufig zu keiner nachhaltigen Senkung der Kosten kommt.

Ein weiterer Fall für eine ordentliche betriebsbedingte Kündigung ist die Betriebsänderung, zu der im Sinne des BetrVG bei Unternehmen mit mehr als 20 Arbeitnehmern auch der Personalabbau zählt. Dabei müssen nach der Rechtsprechung mindestens 5 % der Belegschaft in dem Betrieb oder Betriebsteil betroffen sein und wesentliche Nachteile zu erwarten haben.[112] Wesentliche Nachteile sind z. B. erhöhte Arbeitsbelastung, veränderte Arbeitsanforderungen, Minderung des Arbeitsverdienstes oder auch Entlassungen.[113] Als Merkmale für Betriebsänderungen nach § 111 Satz 2 BetrVG gelten:

- Einschränkung und Stilllegung des gesamten Betriebs oder von wesentlichen Betriebsteilen

- Verlegung des ganzen Betriebs oder von wesentlichen Betriebsteilen

---

110 Eine Massenentlassung ist eine Betriebsänderung im Sinne von § 111 BetrVG.
111 Umfassende Informationen unter www.sozialplan.de
112 Vgl. RKW 1996, S. 250
113 Vgl. Horsch 2000, S. 180

- Zusammenschluss mit anderen Betrieben

- Grundlegende Änderungen der Betriebsorganisation, des Betriebszwecks oder der Betriebsanlagen

- Einführung von grundlegend neuen Arbeitsmethoden und Fertigungsverfahren

Der Betriebsrat ist über geplante Betriebsänderungen rechtzeitig und umfassend zu unterrichten, und der Arbeitgeber hat sich mit ihm zu beraten gemäß § 111 Satz 1 BetrVG. Zum Ausgleich und zur Milderung der Nachteile ist ein Interessenausgleich als schriftliche Vereinbarung durchzuführen. Dieser unterliegt nicht der Mitbestimmung. Bei gleichzeitiger Massenentlassung muss zusätzlich ein Sozialplan verhandelt werden.

Wenn es zum Personalabbau durch Entlassungen kommt, können die negativen Konsequenzen für den Mitarbeiter durch ein Outplacement gemildert werden. Unter Outplacement wird die einvernehmliche Trennung von einem Mitarbeiter mit gleichzeitiger Neuvermittlung in eine andere Position verstanden. Das Outplacement kommt aus dem Führungskräftebereich, wird aber immer häufiger für alle Mitarbeiter eingesetzt. Durchgeführt wird es meist von einem externen Berater, der auf diese Leistung spezialisiert ist. Oder es wird eigens zum Zweck des Outplacements eine Transfergesellschaft gegründet. Die Dauer eines Outplacements ist meist auf 6 oder 12 Monate beschränkt. Der Mitarbeiter erhält umfassende Beratung und Unterstützung mit dem Ziel, schnell eine neue Position zu finden. Dazu können folgende Leistungen gehören:

- Analyse der Fähigkeiten und Bedürfnisse des Mitarbeiters

- Bewerbertraining

- Coaching

- Zur-Verfügung-Stellen eines Back-Office/Sekretariatsunterstützung

- Vorbereitung auf den neuen Tätigkeitsbereich

- Unterstützung bei der Auswahl eines neuen Unternehmens

Outplacement läuft idealtypisch in drei Phasen ab. In der Analysephase werden die Lage des Kandidaten und sein Werdegang analysiert. Er soll seine Leistungen und Kenntnisse realistisch einschätzen können und seine Stärken, Schwächen, Vorlieben und Potenziale besser kennenlernen. Dabei wird er je nach Qualifikation des Beraters auch psychologisch betreut. In der Vorbereitungsphase wird die persönliche Marketingstrategie festgelegt: Welche Zielgruppen sollen angesprochen und welche Bewerbungsmethoden sollen gewählt werden? Der Outplacement-Berater hilft bei der Zusammenstellung der Bewerbungsunterlagen und der Auswahl der anzuschreibenden Unternehmen. In der Trainingsphase wird die Vorstellungspräsentation geübt. Der

Kandidat wird „wie ein Boxer vor dem Kampf" trainiert, z. B. mit Videoaufzeichnungen und anschließendem Feedback, und übt Bewerbungsgespräche.

Der Vorteil für das Unternehmen liegt darin, dass die Gefahr eines Rechtsstreits und der Imageschädigung am Markt durch die einvernehmliche Trennung geringer ist. Auch können Abfindungszahlungen eingespart werden. Allerdings hat das seinen Preis: Die Kosten zur Durchführung eines Outplacements liegen bei 20 bis 30 % des Bruttojahresgehalts des ausscheidenden Mitarbeiters. Auch ist nicht jedes Outplacement erfolgreich, was zum einen an der Eignung des Mitarbeiters liegen kann, zum anderen auch an einem gesättigten Arbeitsmarkt, der eventuell keine Vakanzen zu bieten hat.

2.5.3 Eigenkündigung von Mitarbeitern

Eine ordentliche Kündigung von Seiten des Mitarbeiters ist eine Eigenkündigung, bei der die Kündigungsfristen gem. § 620 ff. BGF bzw. die arbeitsvertraglich vereinbarten Fristen einzuhalten sind. In den meisten Fällen sind Eigenkündigungen für den Arbeitgeber noch unangenehmer, als Entlassungen vorzunehmen. Sie tragen für das Unternehmen das Risiko des Know-how-Abflusses und verursachen hohe Kosten, z. B. durch verminderte Arbeitsleistung nach der Kündigung, Such- und Einstellungskosten und verminderter Arbeitsleistung des neuen Mitarbeiters während der Einarbeitung. Diese Kosten können gut und gern ein bis eineinhalb Jahresgehälter betragen.

Abbildung 2-48: *Wiederbeschaffungskosten (nach Wunderer/Jaritz 1999, S. 160)*

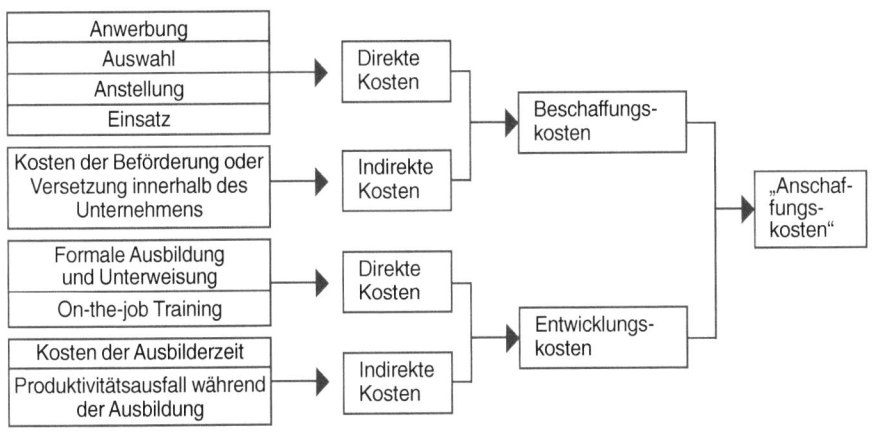

Geht dem Arbeitgeber eine Kündigung zu, so prüft er diese auf ihre Rechtswirksamkeit. Die Kündigungsfrist muss eingehalten worden sein, und sie muss schriftlich zugegangen sein. Der Arbeitnehmer hat Anspruch auf ein Zeugnis. Am letzten Arbeitstag sind dem Mitarbeiter seine Arbeitspapiere auszuhändigen, zu denen z. B. die Lohnsteuerkarte, Versicherungsunterlagen und eine Urlaubsbescheinigung gehören. Auch sollte er an diesem Tag oder nur wenig später das Zeugnis erhalten.

Ratsam ist es, mit dem ausscheidenden Mitarbeiter ein Austrittsinterview zu führen. Die Ziele dieses Interviews sind:

- Ermittlung der tatsächlichen Kündigungsgründe

- Erarbeitung eines Kataloges der Kündigungsgründe

- Erkennen von betrieblichen Schwachstellen, die zu Kündigungen führen

- Versuch des Abbaus von Aversionen gegenüber dem Unternehmen

- Danksagung und Verabschiedung

Eventuell kann der Mitarbeiter gar zu einer Rücknahme der Kündigung bewegt werden. Die im Austrittsinterview gewonnenen Informationen sind allerdings mit Vorsicht zu verwerten. Möglicherweise entzieht sich der Mitarbeiter den Fragen durch „harmlose" Antworten[114] oder es ist ein „Racheelement" enthalten. Die Teilstandardisierung des Interviews hinsichtlich der anzusprechenden Themen und die Festlegung der Frageformulierung erhöhen die Qualität. Meist wird das Interview von einem Mitarbeiter der Personalabteilung geführt, manchmal auch von dem Vorgesetzten des ausscheidenden Mitarbeiters. Einige Unternehmen lassen Austrittsinterviews von einem externen Berater durchführen, damit der Mitarbeiter unbefangener über seine tatsächlichen Gründe sprechen kann. Insgesamt kommt es hier ganz wesentlich auf die Erfahrung und das Fingerspitzengefühl des Interviewers an.

---

[114] Vgl. Scholz 1993, S. 259

3 Prozessübergreifende Funktionen der Personalarbeit

3.1 Organisation der Personalabteilung

Leifragen:

- Wieso benötigt man überhaupt eine eigene Organisationseinheit „Personal"?
- Wie kann eine Personalabteilung organisatorisch gestaltet werden?
- Wie kann die Personalabteilung der Zukunft aussehen?

Die Rolle der Personalabteilung und häufig auch der Personalarbeit ist bei Führungskräften umstritten. Sie wird vielfach als Kosten verursachender, nicht an der Wertschöpfung beteiligter Overheadbereich angesehen. Wenn die Aufgaben als weniger wichtig und nicht wertschöpfend angesehen werden, dann erklärt sich hieraus auch, dass die Aufgaben des Personalmanagements zunehmend von der obersten Führungsebene, also Vorstand oder Geschäftsführung, auf eine nachgeordnete Ebene wie Werks- oder Betriebsebene verlagert werden. Oder aber die Aufgaben werden vom Finanzchef „mit" wahrgenommen, da dieser mit einer auf Kosteneffizienz orientierten Sichtweise an das Thema herangeht und somit zumindest die Kosten minimiert, wenn auch im Zweifel nicht den Wertbeitrag steigert.

Eine Voraussetzung dafür, dass die Personalarbeit effizient und wertschöpfend ausgeführt wird und damit ein erfolgreiches Personalmanagement im Unternehmen etabliert werden kann, ist dessen strategieorientierte Organisation. Bevor im Folgenden konkrete Organisationsmodelle vorgestellt werden, erfolgt zunächst eine kurze historische Betrachtung über Personalarbeit und Personalabteilungen. Außerdem werden die Aufgabenverteilung in der operativen Durchführung der Personalarbeit und, als Abschluss, neuere Formen der Organisation der Personalarbeit diskutiert.

3.1.1 Historie der Personalabteilung

Bis in die 60er-Jahre war Personalarbeit im Wesentlichen mit zwei Aufgabenbereichen verbunden: der Auszahlung von Löhnen und Gehältern und dem Verwalten der Personalakten. In größeren Unternehmen gehörte manchmal auch die Verwaltung des Sozialwesens und der Sozialleistungen zu den Aufgaben der Personalabteilung. Im Lauf der Jahre hat sich die Personalarbeit weiter entwickelt und zusätzliche Aufgaben übernommen, wie Abbildung 3-1 zeigt.

Abbildung 3-1:   *Entwicklungsphasen des Personalmanagements (in Anlehnung an Wunderer/von Arx 1999, S. 26 f.)*

	Administrationsphase (bis ca. 1965)	Strukturierungsphase (bis ca. 1975)	Implementierungsphase (bis ca. 1990)	Flexibilisierungsphase (bis ca. 2002)	Unternehmerische Phase (seit ca. 2002)
Gesellschaftspolitisches Merkmal	Wirtschaftlicher Aufbau	Änderungen im Arbeits- und Mitbestimmungsrecht und in Arbeitswissenschaften	Veränderte Anforderung an Lebensqualität, strukturelle Wirtschaftsprobleme	Flexibilisierung in Tarifpolitik, Internationalisierung	Prozessoptimierung, eHRM, Aufgreifen lokaler Anforderungen
Einordnung der Personalabteilung in die Hierarchie	Überwiegend 3. Führungsebene	Überwiegend 2. Führungsebene	Überwiegend 1. Führungsebene	1. und 2. Führungsebene bei Dezentralisierung	Überwiegend 2. Führungsebene bei Dezentralisierung
Art der Personalarbeit	Verwalten	Vermitteln und beraten	Agieren	Dezentral agieren und beraten	Dezentral agieren und beraten
Schwerpunktthemen der Personalarbeit	Lohn- und Gehaltsabrechnung, Aktenverwaltung	Personalplanung, Weiterbildung, Personalführung	Personalinformationssysteme, Organisationsentwicklung	Arbeitszeit- u. Incentive-Gestaltung, individualisierte Konzepte	Automatisierung von Prozessen, strategische Ausrichtung, internat. Personalarbeit

Heute ist ein Entwicklungsstand des Personalmanagements festzustellen, der von einigen Fachleuten mit Selbstauflösung umschrieben wird. Aufgrund des Outsourcings von Dienstleistungen an Fremdfirmen und aufgrund des Aufbaus von Shared Services in eigenen Centern oder eigenen GmbHs im In- und Ausland könnte sich dieser Verdacht aufdrängen. Wobei die Frage nicht primär lauten kann, wer wo die Personalarbeit macht, sondern vor allem, wie sie inhaltlich hochwertig angeboten werden kann. Somit rückt die Frage des Wertschöpfungsbeitrags in den Vordergrund der Betrachtung, was sich positiv für das Unternehmen auswirken dürfte. Denn: Verbesserungsbedarf bei Personalarbeit ist in vielen Fällen vorhanden. Diese Verbesserung könnte in stärkerer Unterstützung der Unternehmensstrategie durch die Personalstrategie und im frühzeitigen Erkennen von personalwirtschaftlichen Trends liegen. Weitere wichtige Anforderungen könnten die Entbürokratisierung von Personalprozessen und eine Erhöhung der Leistungsmotivation bei den Mitarbeitern sein.

3.1.2 Aufgabenverteilung Personalabteilung, Personalleiter und Führungskräfte

Eine Besonderheit der Personalarbeit besteht darin, dass Personalarbeit immer auf mehreren Schultern ruht: den Personalfachleuten in der Personalabteilung und den Führungskräften, die vor Ort die operative Personalarbeit im Tagesgeschäft leisten. Beispielhaft zeigt diese „Dualität der Personalarbeit" die folgende Abbildung, wobei nur Auszüge aus dem Aufgabenspektrum dargestellt werden.

Abbildung 3-2:   *Aufgabenverteilung Personalabteilung und Führungskräfte (in Anlehnung an Ackermann et al. 1998, S. 120)*

Primäre Verantwortung Führungskraft	Gemeinsame Verantwortung Führungskraft und Personalabteilung	Primäre Verantwortung Personalabteilung
Mitarbeitereinsatz	Qualitative Bedarfsplanung	Bereitstellen von Führungsinstrumenten
Zielvereinbarung	Festlegen von Anforderungsprofilen	
Mitarbeiterbeurteilung		Rechtliche Beratung
Mitarbeiterentwicklungsgespräch	Mitarbeiterauswahl	Bereitstellen von Personalentwicklungsmaßnahmen
Mitarbeiterführung	Mitarbeiterentwicklung	
		Personalplanung
......	......	......

In der Praxis muss immer unterschieden werden zwischen der Funktion „Personal" als organisatorische Einheit und der Funktionalität „Personal" im Sinne der Aufgabenstellung.[115] Die Funktionalität „Personal" kann auch von den Führungskräften vor Ort wahrgenommen werden.

Neben den Führungskräften, die Träger der Personalarbeit im operativen Geschäft sein können, muss sich Personalarbeit noch mit anderen Interessengruppen, den sog. Stakeholdern, auseinandersetzen. So ist typischerweise der Personalleiter oder die Personalabteilung als Ganzes erster Ansprechpartner des Betriebsrats und häufig auch dessen Verhandlungspartner. Außerdem steht die Personalabteilung in enger Beziehung zu externen Stellen wie Arbeitsämtern, Krankenkassen und statistischen Ämtern. Und sie bildet die Schnittstelle zum externen Arbeitsmarkt und zu den potenziellen Mitarbeitern.

Abbildung 3-3: *Stakeholder der betrieblichen Personalarbeit*

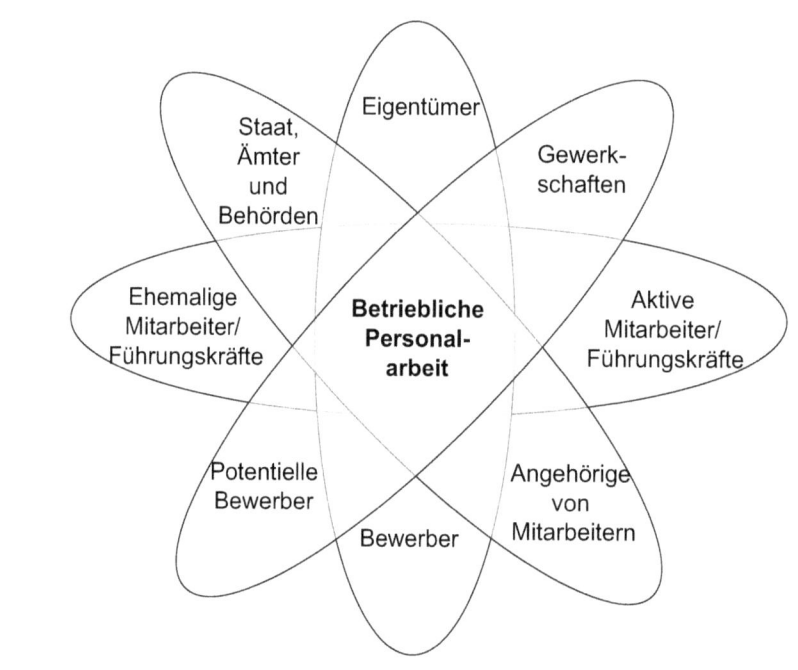

---

115 Siehe hierzu auch Einsiedler et al. 2003, S. 17 f.

Zusätzlich wird die Komplexität dadurch gesteigert, dass Personalarbeit Erkenntnisse aus vielen wissenschaftlichen Disziplinen schöpft und gewinnbringend einsetzt.

Eine wichtige Voraussetzung für eine zeitgemäße, effiziente und effektive Personalarbeit ist eine Organisation innerhalb der Personalabteilung und im gesamten Unternehmen. Die Personalarbeit ist aber nicht nur Arbeitsgegenstand einer Abteilung oder einzelnen Person. Unabhängig von der jeweils gewählten Organisation ergeben sich unterschiedliche Kompetenzaufteilungen zwischen Unternehmensleitung, Führungskräften, Personalexperten, Mitarbeitervertretung und externen Dienstleistern, um nur einige zu nennen. Damit rückt immer stärker als die Aufbauorganisation die Ausrichtung an den Prozessen in den Vordergrund.

Die Personalabteilung hat dabei nach Schindler (1996, S. 57 ff.) zwei Schwerpunkte:

- einen Abgleich zwischen Unternehmensstrategie und Personalstrategie zu gewährleisten und

- für die konsequente Umsetzung zu sorgen.

Im Fall, dass das Unternehmen zu klein ist, als dass sich eine Personalabteilung lohnte, muss ein höherer Anspruch an die personalwirtschaftliche Kompetenz der Führungskräfte gestellt werden, was auch die Unternehmensleitung einschließt. Damit sind zum einen Qualifizierungsmaßnahmen für Führungskräfte gemeint, aber es ist auch denkbar und wünschenswert, dass wichtige personalwirtschaftliche Themenfelder durch Führungskräfte betreut oder dass personalwirtschaftliche Aufgaben kommissarisch auf eine Führungskraft übertragen werden.

3.1.3 Organisationsmodelle

In dem Moment, in dem personalwirtschaftliche Aufgaben nicht mehr von einer einzigen Person erfüllt werden können, muss eine aufbauorganisatorische Untergliederung stattfinden. Als grundsätzliche Möglichkeiten bieten sich die funktionale Gliederung, die divisionale Gliederung und das dezentrale Referentensystem an.

Die funktionale Gliederung: Die Zusammenfassung der Aufgaben innerhalb der Personalabteilung folgt dem Prinzip der Verrichtung. Daher werden gleichartige oder zusammengehörige Aufgaben zusammengefasst. Als vorteilhaft erweist sich bei dieser Strukturierung die fachliche Spezialisierung, wobei die Wiederholung immer gleicher Abläufe Potenzial für eine starke Rationalisierung bietet. Unter dem Aspekt der Kundennähe hat sich diese Variante allerdings als wenig zweckmäßig herausgestellt. Außerdem wird das Kästchendenken gefördert, und viele Schnittstellen treten auf. Diese Schnittstellen führen zu Kommunikationsproblemen, und die Kooperation mit anderen Unternehmensbereichen wird erschwert, da in der Personalabteilung immer wechselnde Ansprechpartner den internen Kunden gegenüberstehen.

Abbildung 3-4:   *Funktionale Gliederung der Personalabteilung*

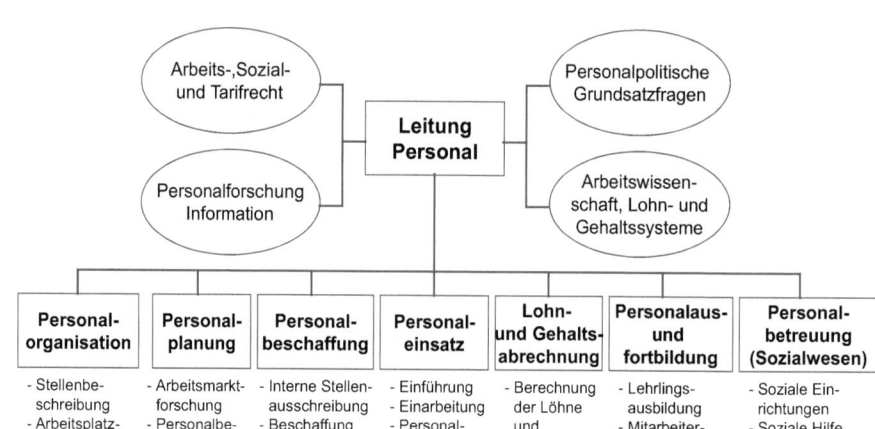

Die divisionale Gliederung (nach Mitarbeiterkategorien oder Unternehmensbereichen; manchmal auch als Referentenmodell bezeichnet): Jede Abteilung oder Stelle innerhalb der Personalabteilung hat als Aufgabe die Gesamtheit der personalwirtschaftlichen Themen für eine bestimmte zugeordnete Mitarbeiterkategorie, z. B. alle Auszubildenden, oder für einen bestimmten Unternehmensbereich, z. B. die Division Pharma. Hierdurch sind einige Vorteile zu erzielen, z.B. können spezifische Probleme besser erkannt und bearbeitet werden, und es gibt eine hohe Beständigkeit der Beziehung zwischen dem Mitarbeiter in der Personalabteilung und dem internen Kunden, da gilt: „One face to the customer".

Intern können dem Personalabteilungsmitarbeiter Spezialisten zur Verfügung stehen, die allerdings nicht in Kontakt mit dem Mitarbeiter treten, sondern nur innerhalb der Personalabteilung auftreten. Da der Mitarbeiter so stets den gleichen Ansprechpartner hat, entwickelt sich ein Vertrauensverhältnis zwischen ihm und dem Personalabteilungsmitarbeiter. Problematisch ist, dass der Personalabteilungsmitarbeiter kein Spezialist ist, sondern von allem „ein bisschen" versteht. Dadurch könnte es zu einer weniger rationalen Erfüllung der einzelnen Aufgaben kommen.

Abbildung 3-5:   *Divisionale Gliederung der Personalabteilung (Referentenmodell)*

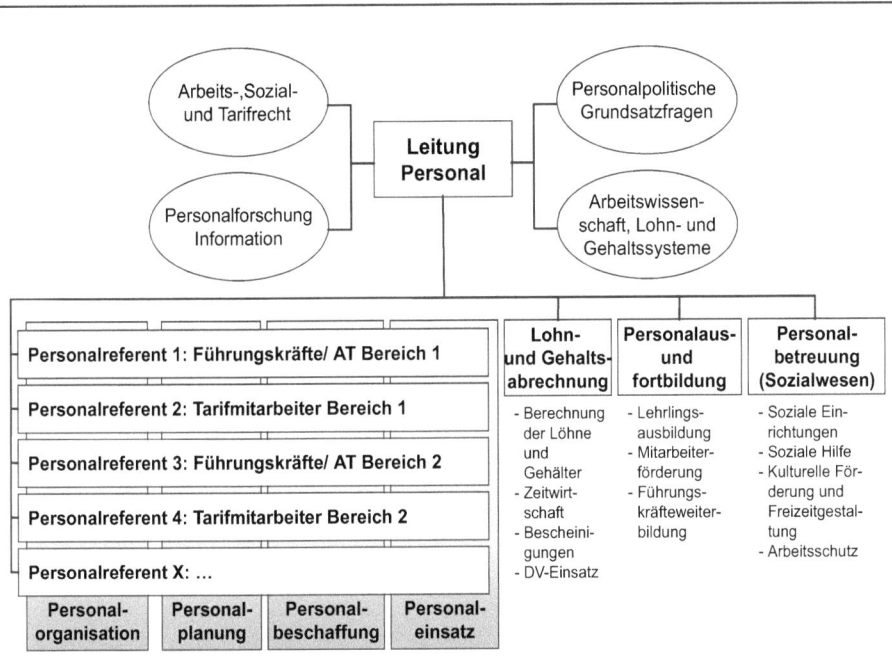

In einem mittelständischen Unternehmen ist die Funktion „Personal" häufig „schma-
ler" aufgestellt, weil weniger Kapazitäten für die Personalarbeit zur Verfügung stehen.
Daher werden aufgrund der geringeren Personaldecke häufig Aufgaben „mit übernommen". Das heißt, einzelne Mitarbeiter der Personalabteilung übernehmen neben
ihrem Tagesgeschäft als Referent oder Betreuer ein zusätzliches Thema, z.B. Personalmarketing (diese zusätzliche Übernahme von Aufgaben ist unabhängig vom zugrunde
liegenden aufbauorganisatorischen Modell).

Eine Weiterentwicklung bildet das „Referentensystem mit dezentralem Anteil". Es gilt
als das kundenorientierteste, da der Referent am nächsten am Geschäft des internen
Kunden ist. Dieses Modell beinhaltet, dass der Referent häufig auch räumlich beim
Kunden sitzt und somit der direkte Ansprechpartner für alle personalwirtschaftlichen
Fragen ist. Die Akzeptanz beim Kunden ist in dieser Konstruktion sehr hoch, denn
durch die Häufigkeit der Kontakte sind die Kenntnisse der Referenten über die Probleme vor Ort sehr umfangreich.

Abbildung 3-6: Grundstruktur des dezentralen Referentensystems
(nach Bühner 1997, S. 410)

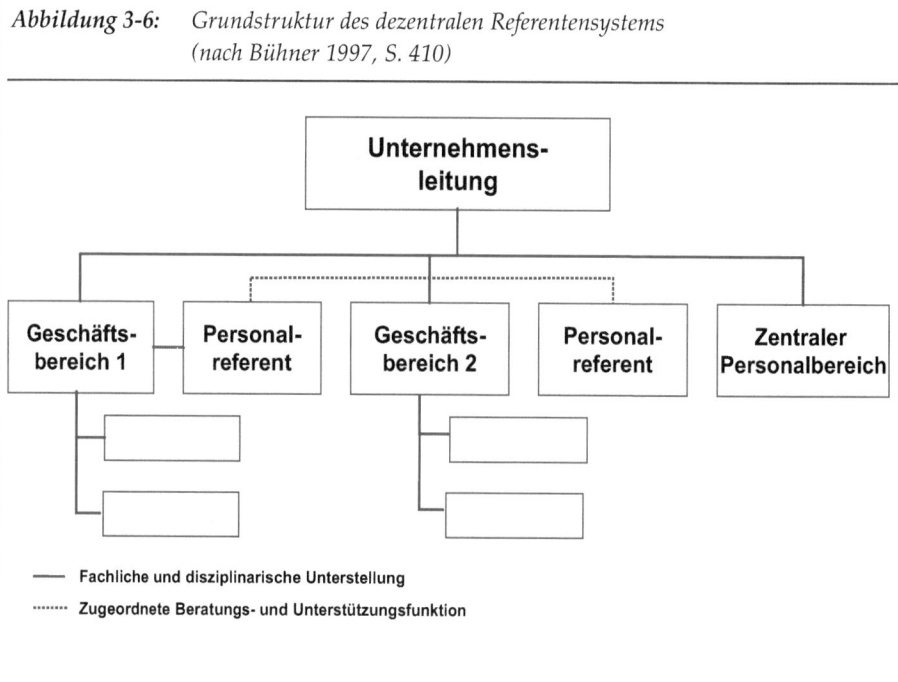

Um dieses Modell idealtypisch zu leben, sind drei Voraussetzungen nötig[116]:

1. die Verteilung der Aufgaben auf viele Einheiten in der Fläche,

2. die Verteilung von Entscheidungsrechten auf diese Einheiten und

3. die Verlagerung der Ressourcenkontrolle, z. B. der Budgets für Einstellung oder Personalentwicklung, in die dezentralen Einheiten.

Die Übergabe der kompletten Ressourcenkontrolle und der Entscheidungsrechte an den dezentralen Personalreferenten ist jedoch in der Praxis (und auch in der Literatur) kaum vorzufinden. Daher wird auch dann von einem solchen Modell gesprochen, wenn die Entscheidungs- und Ressourcenkontrollrechte in der Zentralfunktion verbleiben.

Abgrenzung-, Zuordnungs- und Koordinationsprobleme nehmen durch die Einrichtung von dezentralen Personalreferenten ab. Sie gewährleisten vor allem die Durch- und Umsetzung einer unternehmenseinheitlichen Personalpolitik und bestimmter Themen, die für das gesamte Unternehmen wichtig sind, wie Nachfolgeplanung und strategisches Personalcontrolling. Die Zentrale erbringt außerdem Dienstleistungen

---

[116] Vgl. Nienhüser 1999, S. 160

für die Referenten, die diese nicht leisten könnten, z. B. das Vorhalten von arbeitsrechtlichem Know-how oder die Gehaltsabrechnung, wobei die Referenten fachlich und disziplinarisch der zentralen Personalabteilung unterstellt bleiben. Die primäre Funktion der Referenten besteht darin, die Führungskräfte im Unternehmensbereich zu beraten und in operativen Personalfragen zu unterstützen, z. B. bei der Personalbeschaffung. Sie unterstützen die Divisionen bei der Einführung und Umsetzung personalwirtschaftlicher Instrumente, wie z. B. Arbeitszeitmodelle, und sie stellen Informationen für die zentrale Personalabteilung zur Verfügung.

Durch diese enge Einbindung der Referenten wird die Serviceorientierung gefördert. Allerdings ist die Voraussetzung für das Funktionieren des Modells, dass der Personalreferent als qualitativ hochwertiger Ansprechpartner gesehen und akzeptiert wird. Außerdem birgt das Modell die Problematik, dass unangenehme Vorgänge wie Abmahnungen an die zentrale Personalabteilung abgegeben werden.

3.1.4 Neuere Entwicklungen der Organisation

In der personalwirtschaftlichen Organisation gibt es einige neuere Tendenzen und Veränderungen. Drei davon sollen hier erwähnt werden: Outsourcing, das Wertschöpfungscenter-Konzept nach Wunderer und Shared Services.

3.1.4.1 Outsourcing

In den letzten Jahren ist eine Tendenz zum Outsourcing von vielen Funktionen des Unternehmens festzustellen, auch im Personalbereich. Immer häufiger wird die Möglichkeit überprüft, personalwirtschaftliche Aufgaben an externe Kooperationspartner auszulagern, wobei Make-or-Buy-Entscheidungen in einigen Feldern wie der Personalbeschaffung und Personalentwicklung schon länger an der Tagesordnung waren. Insbesondere Trainingsleistungen wurden häufig am externen Markt beschafft. Die neuere Diskussion geht allerdings über die genannten Aufgaben hinaus und erfasst alle Leistungen des Personalmanagements. Im Vordergrund stehen hierbei Überlegungen zum Kosten-Nutzen-Verhältnis von Personalleistungen. Im Extremmodell ist es denkbar, die gesamte Personalleistungspalette extern erbringen zu lassen.

Unabhängig von der konkreten Ausgestaltung des Outsourcings wird das Thema von vielen Mitarbeitern der Personalabteilung primär negativ beurteilt, ja sogar als Schreckgespenst gesehen. Dahinter stehen die oft unausgesprochenen Fragen: „Was passiert mit mir und meinem Arbeitsplatz?" und „Werde ich nicht überflüssig?". Wenn diese Fragen in den Vordergrund treten, dann werden die sich bietenden Chancen nicht gesehen. Diese Chancen sind zum einen das Freiwerden von Geldern für Investitionen in strategische Bereiche der Personalarbeit (wenn Gelder durch Outsourcing von weniger strategischen Leistungen frei werden). Zum anderen entstehen Freiräume für die Personalarbeit, wenn Aufgaben im Alltagsgeschäft wegfallen, die zu Überlastung geführt haben. Und schließlich können auch Abläufe vereinfacht werden, wodurch interne Schnittstellen und Koordinationsprobleme reduziert werden.

Wenn Outsourcing in der Praxis nicht sehr häufig anzutreffen ist, so liegt dies daran, dass bislang weniger die strategische Komponente im Vordergrund der Diskussion stand. Außerdem wurden Abwehrstrategien der Personalabteilung in den Vordergrund gerückt (wer als Personalleiter viele Mitarbeiter hat, ist immer noch wichtiger als jemand, der nur wenige hat). Immer wieder scheiterten daher die Outsourcing-Projekte an politischen Überlegungen, nicht an betriebwirtschaftlichen. Wichtig wäre hier, alle Argumente zu prüfen, auch die langfristige Bedeutung einer Outsourcing-Entscheidung. Nur dann kann für das einzelne Unternehmen eine sinnvolle Aussage gefunden werden, ob Outsourcing sich anbietet und, wenn ja, für welche Funktion.

3.1.4.2 Wertschöpfungscenter-Konzept

Um das Personalmanagement zu organisieren, besteht die Möglichkeit, interne Kompetenzzentren zur Bündelung personalwirtschaftlicher Aufgaben einzurichten. Die Grundidee ist nicht neu, denn sie geht auf das Konzept der pretialen Lenkung[117] zurück. Die Personalabteilung wird – wie andere Abteilungen des Unternehmens auch – ein eigenständiges Profit Center und weist einen Gewinn aus. Hierfür muss sie ihre Dienstleistungen marktfähig machen und mit Preisen versehen. Sie kann auf dieser Basis versuchen, durch kostengünstigere Leistungserstellung und den Verkauf ihrer Leistungen am internen Markt einen Gewinn zu erzielen. Nach Wunderer gibt es eine weitere Möglichkeit: Die Ausgestaltung der Personalabteilung als Wertschöpfungscenter.[118] Diese Ausgestaltung soll zur Förderung des unternehmerischen Denkens und Handelns in der Personalabteilung beitragen.

Ziel hierbei ist es, eine unternehmerische Führung des Personalbereichs mit Mitverantwortung für den Unternehmenserfolg zu etablieren. Erreicht wird dieser Erfolgsbeitrag, indem interne Dienstleistungen so kostengünstig und in vergleichbarer oder sogar besserer Qualität als am externen Markt intern erbracht werden. Als Nebeneffekt der Umwandlung von einer budgetgetriebenen Overheadabteilung zu einem Wertschöpfungscenter mit unternehmerischem Anspruch müssen die Mitarbeiter der Personalabteilung kundenorientierter werden und marktgerechte Lösungen anbieten. Der Erfolg ihrer Arbeit wird regelmäßig dokumentiert.

Da sich das Profit Center-Konzept aufgrund seiner strengen Ausrichtung am Gewinnprinzip nicht für alle Leistungen der Personalarbeit eignet, wird eine Teilung der Personalabteilung in drei Segmente sinnvoll: einen Teil, der als Cost Center geführt wird,

---

[117] Das Konzept der pretialen Lenkung geht auf Schmalenbach zurück und bedeutet, dass auch innerhalb eines Unternehmens Preise ermittelt und Leistungen gegen Zahlung dieser Preise von einer Einheit an eine andere abgegeben werden (siehe hierzu z.B. Heinen (Hrsg.) 1985, S. 136).
[118] Vgl. Wunderer/von Arx 1999

einen Teil, der Service Center, und einen weiteren, der Profit Center wird. Als Grundlage muss eine Aufteilung des Leistungsspektrums nach den Kriterien

1. die Leistung lässt sich am externen Markt gar nicht absetzen (Cost Center),

2. die Leistung lässt sich am externen Markt grundsätzlich absetzen, soll aber nicht angeboten werden (Service Center) und

3. die Leistung soll am externen Markt konkurrenzfähig angeboten werden (Profit Center)

erfolgen.

Die Leistungen nach Cost Center-Modell werden weiterhin per Umlage verrechnet. Die Leistungen nach Service Center-Modell werden über Verrechnungspreise intern und die Leistungen nach Profit Center-Modell zu Marktpreisen eventuell auch an Unternehmensexterne verkauft.

Eine Strukturierung der Personalabteilung analog zu diesem Modell erscheint unabhängig von der Größenordnung des Unternehmens und der zugrunde liegenden aufbauorganisatorischen Ausgestaltung möglich. Zumindest das Cost und Service Center-Konzept kann auch in kleinen und mittleren Unternehmen Anwendung finden. Das Profit Center-Konzept eignet sich eher für größere Unternehmen.

3.1.4.3   Shared Services

Das Shared Services-Konzept ist ein neuerer Organisationsansatz aus dem angloamerikanischen Raum, das seit einigen Jahren auch in Europa angewandt wird. In Shared Service Centern werden ähnliche Prozesse eines Unternehmens zusammengefasst, um unter dem Aspekt der Kundenorientierung und der Kosteneffizienz Leistungen für mehrere andere Unternehmensbereiche bereitzustellen. Die Konzentration der Leistungserbringung optimiert Prozesse, senkt Kosten und erzielt dabei eine Steigerung der Effektivität und Effizienz des Unternehmens. Durch die Bündelung von vorrangig hochvolumigen und leicht standardisierbaren Supportprozessen kann in den übrigen Einheiten eine höhere Konzentration auf die Kernkompetenzen und wertsteigernde Aufgaben erfolgen, und mehrere Einheiten nutzen gleichzeitig die Leistungen, weswegen man von Shared Services spricht.

Unter einem Shared Service Center versteht man also das Zusammenführen von konzernweiten Prozessen unter einem Dach mit dem Ziel, die Wertschöpfungskette zu optimieren. Typischerweise befinden sich Shared Service Center zu 100 Prozent im Konzernbesitz und werden manchmal, aber nicht immer, in eine rechtlich selbstständige Einheit ausgelagert. Daher bezeichnet man den Aufbau von Shared Service Centern auch als internes Outsourcing. Das Besondere dabei ist, dass es sich nicht um die Kern-, sondern um die Supportprozesse eines Unternehmens handelt. Diese tragen im Gegensatz zu den Kernprozessen lediglich unterstützend zur Leistungserstellung bei und können unabhängig von der Aufbauorganisation in allen Bereichen der Organisation anfallen. Für die Personalfunktion handelt es sich beispielsweise um den Prozess der Gehaltsabrechnung oder allgemeine Prozesse der Administration, weil diese standardisierbar sind, in hohen Volumina vorkommen und weil Erfahrungskurven- und Lerneffekte realisiert werden können. Kagelmann bezeichnet das Shared Service Center-Konzept als einen „Organisationsansatz zur Bereitstellung von internen Dienstleistungen für mehrere Organisationseinheiten mittels gemeinsamer Nutzung von Ressourcen innerhalb einer Organisationseinheit [...]"[119]

Die inhaltliche Steuerung eines Shared Service Centers ist geprägt durch die Leistungsvereinbarungen und Service Level Agreements (SLA) mit den Kunden. SLAs enthalten neben der Beschreibung der Leistungen (inkl. Leistungsniveau) eine Abgrenzung der Pflichten des Shared Service Centers sowie die Preise für die zu erbringenden Leistungen. Betrachtet man die Erfolge in Bezug auf Shared Service Center, lassen sich diese in finanzielle und qualitative Erfolge aufteilen. Bei einer empirischen Studie haben sich diese Erfolge auch genau so bestätigt: 78 Prozent der Unternehmen nannten die Kostenreduktion, 64 Prozent die Verbesserung der Services und der Prozesse als Hauptziel.[120]

Abbildung 3-7:   *Praxisbeispiel für ein Service Level Agreement (SLA): Gehaltsabrechnung*

Ansprechpartner Leistungsempfänger	Herr ... Tel.: xxx
Inhalt der Leistung	Monatliche Durchführung der Lohn- und Gehaltsabrechnung
Geplante Leistungsmengen	600 Abrechnungen pro Monat
Messmethode	Monatliche Ermittlung der Leistungsmengen durch Leistungserbringer und Übermittlung an _____ bis zum _____
Preis	€ xxx,- je real abgerechnetem Mitarbeiter entspricht € xxx pro Monat
Qualitätskriterien	▪ Gutschrift des Lohnes / Gehalts auf MA-Konto spätestens am 25. jeden Monats ▪ Anzahl Nachberechnungen < 5%
Sanktionen	Keine finanziellen Sanktionen bei Schlechtleistung
Zulieferungen durch Nutzer	▪ Meldung von Personalveränderungen (Neueinstellungen, Versetzungen, Personalausstellungen) spätestens bis zum 10. jeden Monats durch die Abteilung _____ ▪ Meldung von Gehaltsveränderungen spätestens zum _____ durch die Abteilung _____
Verrechnungsvorgehen	Monatliche Verrechnung von Kostenstelle _____ zu Lasten Kostenstelle _____ auf Basis der monatlich gemeldeten Mengen
Mengenabweichungen	Bei Verringerung des Personalbestandes um mehr als 10% erfolgt eine neue Preisabsprache

---

[119] Kagelmann 2001, S. 187
[120] Vgl. Axon (Hrsg.) 2001

Shared Service Center sind im Hinblick auf die zunehmende Globalisierung eine zeitgemäße Organisationsform, um als Unternehmen wettbewerbsfähig auf sich schnell ändernden Märkten zu agieren. Aufgrund der möglichen Einsparungen erfreuen sich Shared Services steigender Beliebtheit. Es ist allerdings abzuwägen, ob im unternehmensspezifischen Fall ein Shared Service Center einen erfolgversprechenden Ansatz darstellt, da die Implementierung eine langfristige strategische Entscheidung bedeutet und besonders in der Einführungsphase mit hohen Kosten verbunden ist (ähnlich wie bei der Entscheidung für Outsourcing). Außerdem wird kontrovers diskutiert, was es unter unternehmenspolitischen Aspekten langfristig für die Unternehmen bedeutet, die Shared Services ins Ausland zu verlagern (und hier vor allem in sogenannte Billiglohnländer, z. B. in Osteuropa, oder nach Indien).

Eine Weiterentwicklung der klassischen Shared Services stellen sogenannte Center of Expertise oder Excellence dar. Hier werden Prozesse nicht unter dem Fokus der Skaleneffekte zusammengefasst, sondern es geht primär um die Bündelung von konzernspezifischem Know-how an einer Stelle und das Gewährleisten von Einheitlichkeit. Als Beispiel für die Personalwirtschaft sollen Management Development und Internationale Führungskräfteentlohnung genannt werden. Das aktuelle Best Practice-Modell für eine Personalabteilung, das die genannten Elemente vom Outsourcing bis zum Center of Excellence sowie die Überlegungen zum Wertschöpfungscenter aufgreift, ist in Abbildung 3-8 dargestellt.

Abbildung 3-8: *Best Practice-Modell einer modernen Personalabteilung (nach Mercer 2003)*

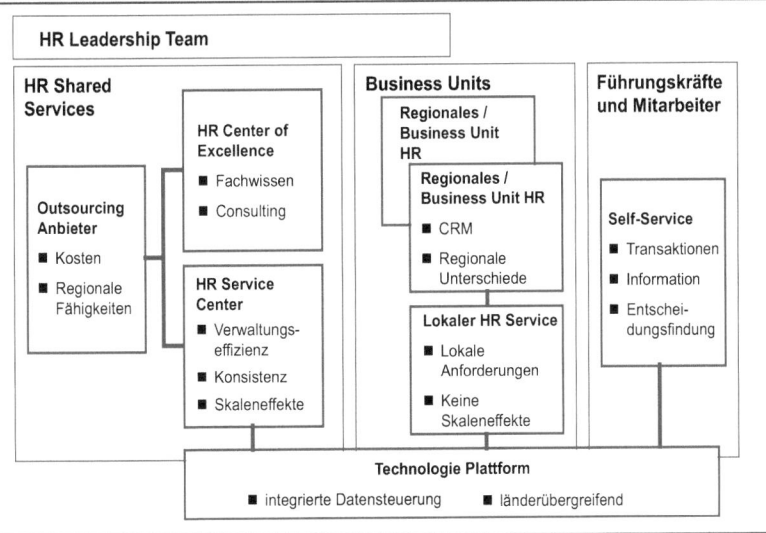

3.2 Personalcontrolling

Leitfragen:

- Lässt sich die Personalarbeit messen?

- Welchen Nutzen stiftet Personalarbeit?

- Wann macht die Personalabteilung ihren Job gut?

- Wie beeinflussbar sind Personalkosten?

Personalcontrolling ist ein recht junger Teilbereich der Betriebswirtschaft, der sich ab den 80er-Jahren entwickelt hat. Dabei gab es einigen Diskussionsbedarf über die Frage, was genau Personalcontrolling ist und welchen Nutzen es hat. Es gibt Stimmen, die meinen, bei einem richtigen Einsatz der personalwirtschaftlichen Instrumente und Maßnahmen sei Personalcontrolling überflüssig. Andere sagen: „What you can't measure you can't manage"[121], und verweisen darauf, dass Effizienz und Effektivität auch im Personalmanagement nur mit Personalcontrolling erreichbar sind. Die Unternehmensführung kommuniziert über Zahlen, Daten und Fakten. Solange das Personalmanagement diese Sprache nicht spricht, wird der Produktionsfaktor Arbeit und auch das Personalmanagement selbst eher als Kostenfaktor denn als wesentlicher und wertschöpfender Bestandteil des Unternehmens gesehen.

„Seit wir die Orientierung verloren haben, rudern wir mit doppelter Anstrengung" (Mark Twain) – das gilt es zu verhindern. Die Autoren vestehen Personalcontrolling als eine Philosophie, die jeglichem personalwirtschaftlichem Handeln Orientierung gibt. Auch wenn es nur wenig Gewissheit über die sogenannten „weichen Faktoren", wie z. B. Mitarbeitermotivation und deren kausalen Einfluss auf den Unternehmenserfolg, geben mag, so gibt es doch Wahrscheinlichkeiten. Und die sind messbar, plausibel und überzeugend, was für den Ausbau des Personalcontrollings spricht.

3.2.1 Grundlagen des Personalcontrolling

Nach dem Controller-Leitbild der IGC[122] beinhaltet der Begriff „Controlling" Zielfindung bzw. Planung und Steuerung, um vereinbarte Ziele praktisch zu erreichen. Der Controller sorgt dafür, dass jeder weiß, wo er in Bezug auf die erarbeiteten Ziele und Pläne steht. Für Ergebnisse, Prozesse und Strategie sind die Mitarbeiter bzw. Füh-

---

[121] Kaplan/Norton 1996, S. 21
[122] Vgl. International Group of Controlling, Parma 2002,
      www.igc-controlling.org/DE/leitbild/leitbild.php

rungskräfte zuständig. Der Controller verantwortet dagegen die Ergebnis-, Prozess- und Strategietransparenz.

Personalcontrolling hilft, das optimale Verhältnis von Personalaufwand zu Personalleistung unter Berücksichtigung von aktuellen und zukünftigen wirtschaftlichen Entwicklungen des Unternehmens[123] zu erreichen. Dabei geht es um die Planung und Steuerung der personalwirtschaftlichen Maßnahmen zur Optimierung der Leistungsfähigkeit des Personals. Zudem sorgt es dafür, dass sich die wesentlichen Maßnahmen und Entscheidungen an den Unternehmenszielen und den daraus abgeleiteten personalwirtschaftlichen Zielsetzungen orientieren. Will der Praktiker eine kurze und dem Laien unmittelbar verständliche Antwort auf die Frage „Was ist Personalcontrolling?" geben, erscheint folgende Beschreibung akzeptabel: Personalcontrolling ist ein Instrument des Personalmanagements, um die Erreichung personalwirtschaftlicher Ziele steuernd gewährleisten zu können.

Das Personalcontrolling ist letztlich eine Denkhaltung,[124] eine Abfolge von Denkprozessen und –schritten nach dem Prinzip des Controlling-Regelkreises. Strategie und Ziele des Personalmanagements werden aus der Unternehmensstrategie abgeleitet. Daraus beantwortet sich für personalwirtschaftliche Sachverhalte die Frage „Wie soll es sein?" (Soll-Konzeption). Die Antwort auf die Frage „Wie ist es?" (Ist-Analyse) ergibt sich aus der Betrachtung des jeweiligen Themas, welches bearbeitet bzw. optimiert wird. Die Gegenüberstellung von Ist-Analyse zur Soll-Konzeption zeigt den Handlungsbedarf auf. Durch gezielte personalwirtschaftliche Maßnahmen kann eine möglichst hohe Annäherung von Ist und Soll erreicht werden. Ob und in welchem Umfang das aufgrund der Maßnahmen gelingt, muss kontrolliert werden. Sind die Abweichungen zu hoch, wird eine tiefergehende Analyse erforderlich.

Der Controlling-Regelkreis kann auf alle Themen des Personalmanagements angewendet werden. Ein Beispiel hierzu: Die Strategie des Unternehmens zielt darauf ab, die Innovationsführerschaft in einem bestimmten Marktsegment zu übernehmen. Für das Personalmanagement leitet sich daraus z.B. das Ziel ab, der Entwicklungsabteilung genau jene Mitarbeiter zur Verfügung zu stellen, die innovative neue Produkte entwickeln können. Menge, Qualifikation und Zeitraum des Personalbedarfs werden von den verantwortlichen Führungskräften ermittelt. Anhand einer Betrachtung von Stellenplänen, Personalbestandsentwicklung und Fluktuationsquote kann der Personalmanager eine Prognose aufstellen, wie sich der Bestand an Mitarbeitern entlang der Zeitschiene entwickeln wird. Ist die Mitarbeiterzahl zu gering, so ergibt sich ein Handlungsbedarf, z. B. die Rekrutierung neuer Mitarbeiter. Eine Maßnahme hierzu wäre die Anzeigenschaltung, die zur Einstellung neuer Mitarbeiter führt. Durch die anschließende Kontrolle wird festgestellt, ob ausreichend, richtig qualifizierte Mitarbeiter zur Umsetzung der Strategie „Innovationsführerschaft" an Bord sind.

---

[123] Vgl. DGFP 2001, S. 19
[124] Vgl. Knorr 2004, S. 21

Ein weiteres Beispiel zeigt Abbildung 3-9. Ziel ist es, die Fluktuationsquote zu senken. Dazu wird diese in regelmäßigen Abständen erhoben. Auf der Grundlage führt der Personalcontroller die Abweichungsanalyse durch und empfiehlt Korrekturmaßnahmen, die die Erreichung der Zielvorgabe sicherstellen sollen.

Abbildung 3-9:   *Controlling-Regelkreis am Beispiel Fluktuationsquote*

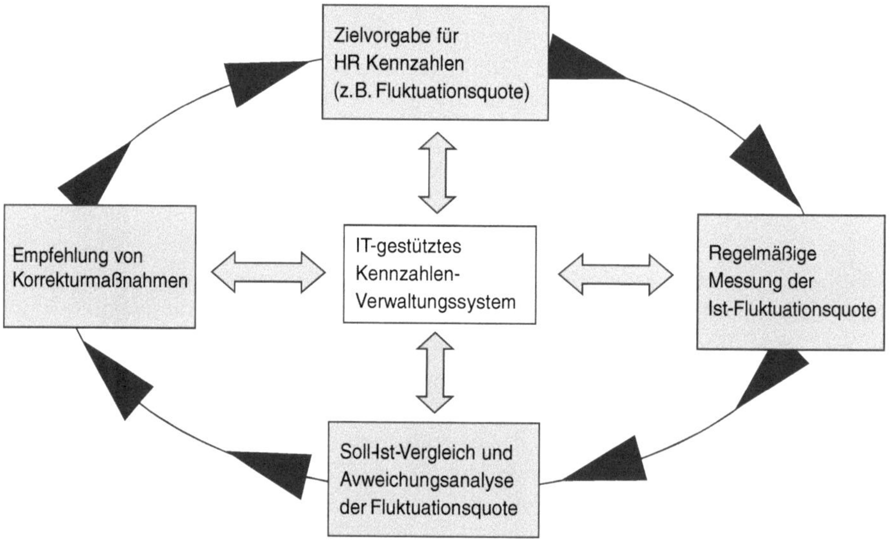

Die Aufgaben des Personalcontrollings lassen sich aus dem Controlling-Regelkreis ableiten. Dazu gehören Sicherstellung der Berichterstattung, Herstellung der Transparenz, Berücksichtigung frühzeitiger Entwicklungen, Erfassung der personalwirtschaftlichen Ziele und Zieländerungen, Begleitung der Personalprozesse und letztlich das permanente und konsequente Hinwirken auf eine Steigerung von Effizienz und Effektivität in allen Bereichen, die mit Personal und Personalarbeit zu tun haben.[125]

3.2.2   Inhalt und Begriffe des Personalcontrolling

Man unterscheidet beim Personalcontrolling zwischen der Betrachtung des Produktionsfaktors Personal (faktororientiert) und der Arbeit der Personalabteilung (prozessorientiert). Beim faktororientierten Personalcontrolling geht es um die Optimierung des Personaleinsatzes. Ziele sind z. B. die Kostensenkung, die Pflege des Humanver-

---

[125] Vgl. DGFP 2001, S. 27

mögens oder die Schaffung von Transparenz durch vereinheitlichte Berichterstattung. Der Fokus liegt dabei auf

- Personalstruktur: Qualifikationen, Potenziale, allgemeine Strukturmerkmale (soziodemografische Daten)

- Personeller Stabilität: Personalbewegungen, Fluktuation, Betriebszugehörigkeit, Betriebsklima

- Personaleinsatz/-nutzung: Mengengerüst (Arbeitszeiten/MA), Effektivität, Produktivität (Mengenleistung, Qualität)

- Personalkosten: Lohn- und Gehaltsstruktur, Gesamtkosten, Entgelt und Nebenleistungen, Kosten für Sondermaßnahmen

Das prozessorientierte Personalcontrolling beschäftigt sich mit der Personalarbeit als solcher. Hier steht die Optimierung der personalwirtschaftlichen Maßnahmen im Vordergrund. Man will nicht nur wissen, was es kostet, sondern auch, welche Wertschöpfungssteigerung mit der Maßnahme erzielt werden kann. Die Steigerung der Mitarbeiterzufriedenheit ist ein häufig angestrebtes personalwirtschaftliches Ziel, denn man vermutet, dass höhere Zufriedenheit die Leistungsbereitschaft und somit auch den Wertschöpfungsbeitrag erhöht. Aber stimmt das? Und wenn ja, in welchem Umfang? Wie schlägt es sich in den Ergebniszahlen nieder? Das prozessorientierte Personalcontrolling dient dazu, durch Schaffung von Kosten-, Leistungs- und Ergebnistransparenz die Effizienz und Effektivität personalwirtschaftlicher Maßnahmen aufzuzeigen und zu steigern.

Abbildung 3-10:   *Effizienz und Effektivität der Personalarbeit (nach Wimmer/Neuberger 1997, S. 536)*

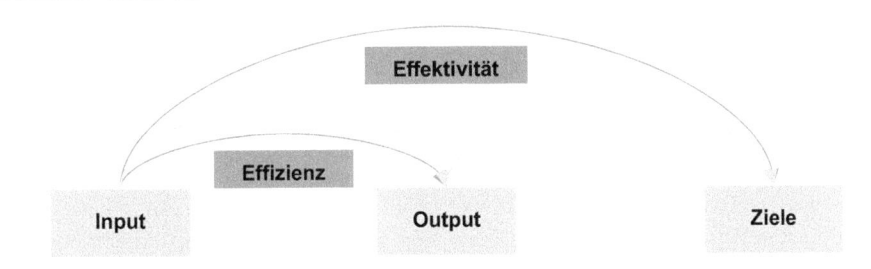

Die Frage nach der Effizienz der Personalarbeit (vgl. Abbildung 3-10) will klären, ob der Input (z. B. konkrete Rekrutierungsmaßnahme „Anzeigenveröffentlichung") einen hohen Output (z. B. eine ausreichende Anzahl von qualifizierten Bewerbungen) erbracht hat. Das ist die Fragestellung: „Machen wir es richtig?" Dabei wird das Verhältnis von Aufwand und Nutzen von personalwirtschaftlichen Instrumenten, Verfahren und Systemen betrachtet. Diese Wirtschaftlichkeitsbetrachtung erfolgt meist anhand von Kennzahlen. Die Betrachtung der Effektivität der Personalarbeit geht noch einen Schritt weiter und fragt, ob das Ziel mit dem Input erreicht wurde, also: „Haben wir das Richtige gemacht?". Im Fall der Rekrutierung würde z. B. gefragt, ob die Stellenbesetzung 5 Jahre nach der Besetzung aus Sicht der Führungskraft als erfolgreich bezeichnet wird.

Beim Personalcontrolling werden sowohl quantitative als auch qualitative Sachverhalte analysiert. Quantitative Sachverhalte (z. B. Strukturdaten, Personalkosten) sind messbar und können mithilfe von Kennzahlen dargestellt werden. Bei den qualitativen Sachverhalten (z. B. Führungsstilanalyse, Erhebung Mitarbeiterpotentiale, Mitarbeitercommitment) ist dies schwieriger, da mangels eindeutig messbarer Kausalbeziehungen die Gewissheit fehlt, ob und in welchem Maß der Input den Output bewirkt. Hier treten anstelle der messbaren Zahlenwerte Indikatoren. So ist z. B. die Aussage: „Wenn es draußen dunkel ist, dann ist es Nacht", nicht unbedingt wahr, da es auch aufgrund einer Sonnenfinsternis dunkel sein könnte. Jedoch ist die Wahrscheinlichkeit, dass es Nacht ist, sehr hoch, weil eine Sonnenfinsternis ein seltenes Ereignis ist. Also kann mit dem Indikator „Dunkelheit" sehr wohl bestimmt werden, ob es Tag oder Nacht ist. Dennoch: die Messung personalwirtschaftlicher Ziele ist nicht unproblematisch. Es muss sichergestellt werden, dass die Kennzahlen und Indikatoren das messen, was sie messen sollen, und dass ein eindeutiger Zusammenhang zum Ziel besteht.

Personalcontrolling kann strategisch und operativ ausgerichtet sein. Das strategische Personalcontrolling unterstützt das strategische Personalmanagement und beschäftigt sich mit der Frage, wie die Humanressourcen zukünftig aufgebaut und genutzt werden müssen, um die Unternehmensziele zu erreichen.[126] Dagegen unterstützt das operative Personalcontrolling das Management im Tagesgeschäft und ist auf sich wiederholende Arbeitsvorgänge und Aufgabenstellungen[127] ausgerichtet.

3.2.2.1 Organisatorische Einordnung von Personalcontrolling

Das Personalcontrolling kann als Stabsfunktion an die Unternehmensleitung oder das Personalmanagement angebunden werden. Oder es ist als eigene Linienabteilung dem Personalmanagement zugeordnet. Doch gleich, wo die Position des Personalcontrollers organisatorisch angesiedelt ist, in der Praxis beinhaltet die Tätigkeit des Personalcontrollers sowohl einen Beratungteil als auch in regelmäßigen Abständen wiederkehrende Aufgaben. Daher ist der Fokus nicht auf die organisatorische Anbindung, sondern eher auf die Ausgestaltung des Weisungsrechts zu legen. Für den Erfolg des Personalcontrolling ist es wichtig zu klären, wie stark der Personalcontroller darauf

---

[126] Vgl. DGFP 2001, S. 21
[127] Vgl. DGFP 2001, S. 22

einwirken kann, dass aus seiner Analyse die richtigen Schlussfolgerungen gezogen, Maßnahmen eingeleitet und umgesetzt werden.

Doch auch die Frage nach der Abteilungsanbindung ist von Bedeutung. Wird das Personalcontrolling z. B. in das Unternehmenscontrolling integriert, so profitiert es vom uneingeschränkten Zugriff auf alle Unternehmensinformationen. Ein weiterer Vorteil kann sein, dass dort die unternehmenseigenen Datenverarbeitungssysteme und das Know-how zu deren Nutzung gut verfügbar sind. Gegen diese Anbindung sprechen allerdings gewichtige Argumente. Das Finanzcontrolling richtet den Blick vornehmlich auf die quantitativen Fragen und berücksichtigt qualitative Fragen nur in Ausnahmefällen. Welchen Beitrag Mitarbeiter zum Unternehmenserfolg leisten, wird aber in hohem Maße von qualitativen Sachverhalten wie z.B. Unternehmens- und Führungskultur, Motivation und Commitment der Mitarbeiter bestimmt. Und um diese Sachverhalte mit Personalcontrolling zu managen, ist personalwirtschaftlicher Sachverstand unverzichtbar. Dazu muss der Mitarbeiter als Mensch in seinem ganzen Wesen, mit seinen Entwicklungsbedürfnissen und seiner Motivationslage betrachtet werden. Außerdem ist die Zusammenarbeit von Personalleitung und Personalcontrolling inhaltlich wesentlich enger, wenn eine organisatorische Nähe besteht.

Tabelle 3-1:   *Exemplarische Aufgaben des Personalcontrollers*

Kernbereiche	Fragen zum jeweiligen Kernbereich (Beispiele)
■ Aufgaben im Bereich der Personalkosten	Aufbereitung der Personalkosten zur Verbuchung Personalkostenanalyse Personalkostenbudgets (Vorbereitung und/oder Planung) Personalkostenbudgetanalyse Steuerung der abrechnungsrelevanten Daten Aufbereitung der Sachversteuerung und Provisionen Ermittlung des personalwirtschaftlich relevanten Rückstellungsbedarfs
■ Aufgaben im Bereich der Personalplanung	Durchführung oder Begleitung der Personalplanung Soll-Personalbedarfsplanung Monitoring der Personalbestandsentwicklung
■ Aufgaben im Bereich Personalkennzahlen	Analyse von Personalkennzahlen Auswertung, Analyse und Interpretation von Standardreports mit Personalkennziffern Aufbau und Pflege eines Systems von Personalkennzahlen Ad-hoc-Analysen rund um Personalkosten Abstimmung der Personalinformationssysteme (z.B. Loga, Oracle, SAP)

Die Rolle des Personalcontrollers

Gleich, wie der Personalcontroller organisatorisch angesiedelt ist – es werden an ihn Anforderungen aus zwei Welten gestellt: Zum einen muss er sich mindestens in den Grundlagen des (finanzwirtschaftlichen) Controllings auskennen. Zum anderen benötigt er ein profundes personalwirtschaftliches Verständnis, um Sachverhalte und Entwicklungen rund um den Faktor Personal einschätzen zu können (vgl. Tabelle 3-1). Darüber hinaus ist das Personalcontrolling die Schnittstelle der Personalabteilung zum Unternehmenscontrolling und unterstützt die Vorbereitung unternehmensstrategischer Entscheidungen.

3.2.2.2 Exkurs: Aufbau eines Personalcontrollings in der Praxis

Um das Personalcontrolling möglichst effizient zu gestalten, muss es an die individuellen Bedürfnisse des Unternehmens angepasst werden. Jedes Unternehmen ist ein einzigartiges System mit zahlreichen bedingenden Faktoren (Markt, Strategie, Anzahl und Qualifikation der Mitarbeiter etc.), so dass Kennzahlen und andere Controlling-Instrumente individuell angepasst werden müssen. Der Aufbau des Personalcontrollings erfolgt in einzelnen Schritten, wobei zunächst die quantitative und operative Dimension, also Personalkosten und -statistiken, im Vordergrund stehen.

Schritt 1: Ziele ermitteln. Im Idealfall verfügen die Unternehmen über eine klar definierte Unternehmensstrategie und eindeutig formulierte Unternehmensziele. Dann können die personalwirtschaftlichen Ziele daraus abgeleitet werden. Auch wenn dieser Idealfall nicht vorliegt, sollte sich der Personaler nicht vom Aufbau des Personalcontrollings abhalten lassen. Unter Umständen geht das auch ohne klar formulierte Unternehmensziele. Die Festlegung und Gewichtung der personalwirtschaftlichen Ziele ist jedoch unerlässlich. Nur wenn diese festgelegt sind, können geeignete Kennzahlen und Indikatoren zur Messung der Zielerreichung bestimmt werden.

Schritt 2: Kennzahlen/Maßnahmen zur Zielerreichung festlegen. Sind diese festgelegt, werden die geeigneten Kennzahlen und Indikatoren zur Messung der Zielerreichung bestimmt. Die Auswahl erfolgt nach dem Motto: „So wenig wie möglich, so viel wie nötig", und unter Berücksichtigung der Frage: „Wo tut es weh?" Ein Zuviel an Kennzahlen richtet mehr Unheil an als die eine oder andere Unterlassung. Häufig scheitern Personalcontrollingsysteme an Kennzahlenfriedhöfen und Überforderung der Adressaten durch eine unüberschaubare Informationsflut. Zudem gilt es zu beachten, dass nicht jeder Kennzahlenempfänger alle Informationen benötigt. Eine sorgfältige Auswahl der Kennzahlen pro Adressat erhöht die Effizienz. Es ist ratsam, die Adressaten in die Auswahl der Kennzahlen einzubeziehen und so die Akzeptanz gegenüber dem Personalcontrollingsystem zu erhöhen. Idealerweise sollten den Adressaten maximal zwei Seiten mit Datenmaterial (je eine Seite Zahlen und Charts) und eine weitere mit Analysen, Interpretationen und Vorschlägen geboten werden.

Schritt 3: Datenverfügbarkeit und -qualität sichern. Hierbei sollten integrierte Informations- und Data-Warehouse-Systeme zur Unterstützung hinzugezogen werden. Ziel ist es, die Daten so automatisiert wie möglich in das Personalcontrolling einfließen zu lassen. Die Arbeit des Personalcontrollers sollte weniger in der Erhebung der Daten als in vielmehr in der Interpretation und Analyse der Ergebnisse liegen.

Schritt 4: Erhebungszeiträume/-Zeitpunkte festlegen. Die Entscheidung, wann die Daten erhoben werden, richtet sich nach dem Inhalt der Informationen und der zeitlichen Möglichkeit, den durch die Kennzahl beleuchteten Sachverhalt zu ändern. So ist es etwa sinnvoll, Abwesenheits- und Krankheitsquote monatlich zu erheben. Bei Fluktuationsrate und -kosten ist dagegen eine halbjährliche Darstellung angebracht. Ein Beispiel für einen jährlichen Erhebungszeitraum ist die Messung der Produktivität bei der Personalbeschaffung. Dabei ist es wichtig, dass für jede Kennzahl festgelegt wird, wer die Datenerhebung und Berechnung durchführt. Außerdem muss eine Darstellungs- und Präsentationsform für die Ergebnisse bestimmt werden.

3.2.3 Instrumente

Zu den Instrumenten des Personalcontrolling gehören alle „Methoden und Verfahren, die der Erreichung seiner Ziele und der Erfüllung seiner Aufgaben"[128] dienen. Letztlich kann alles, was der Steuerung zur Zielerreichung dient, als Controllinginstrument bezeichnet werden.[129]

Es gibt verschiedene Systematisierungsansätze,[130] jedoch bietet keiner eine vollständige Übersicht der Instrumente. In Abbildung 3-11 sind typische Personalcontrolling-Instrumente aufgeführt. In der Praxis ist die Verbreitung der Instrumente sehr unterschiedlich. Während sich Großunternehmen an der Humankapital-Rechnung versuchen und diese in ihre Sozialbilanzen aufnehmen, nutzen kleine und mittlere Unternehmen bisher vorwiegend das Berichtswesen, Kennzahlen, Soll-Ist-Vergleiche und Benchmarking. Doch hier dürfte es in den nächsten Jahren eine Veränderung hin zur stärkeren Nutzung von qualitativen und strategischen Instrumenten geben. Die derzeit am häufigsten verwendeten Instrumente werden im Folgenden näher erläutert.[131]

---

[128] DGFP 2001, S. 29
[129] Vgl. Knorr 2004, S. 37
[130] Vgl. Berthel/Becker 2003, S. 503
[131] Siehe hierzu Wickel-Kirsch 2007

Abbildung 3-11: *Instrumente des Personalcontrollings*

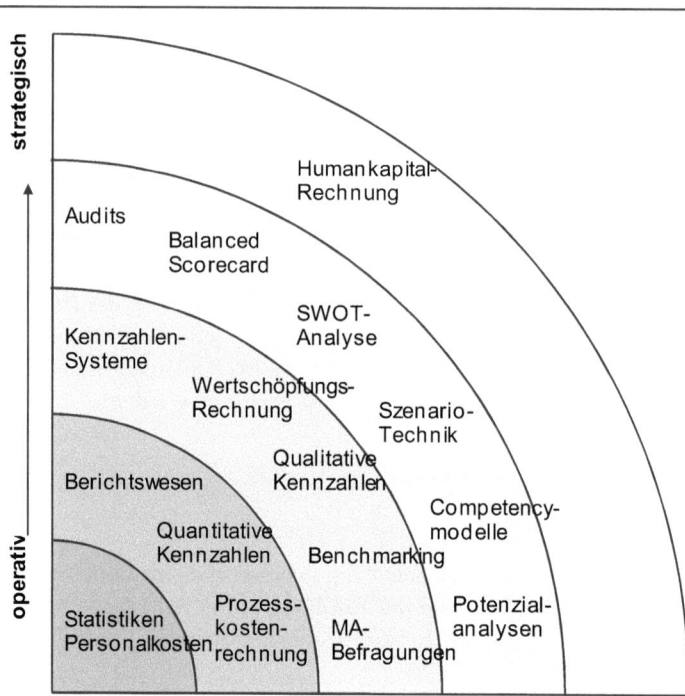

3.2.3.1 Berichtswesen

In einem Personalbericht werden Informationen zu Sachverhalten rund um Mitarbeiter und Personalmanagement zusammengefasst. Diese werden meist mithilfe von Kennzahlen erfasst bzw. bei gewissen Vorgängen auch schriftlich in einem Bericht den Adressaten zur Kenntnis gegeben. Es gibt Standardberichte, die zu festen Terminen einem bestimmten Adressatenkreis vorgelegt werden, und Ad-hoc-Berichte, die nur auf Anfrage erstellt werden. Abweichungsberichte werden bei besonderen Ereignissen, z.B. bei der Abweichung von einem zuvor festgelegten Zielwert, erstellt. Die Bezugsobjekte lassen sich, in Anlehnung an die Funktionsbereiche des Personalmanagements, wie folgt einteilen: Personalbedarf und -struktur, Personalbeschaffung, Personaleinsatz, Personalentwicklung, Personalfreisetzung, Personalkostenplanung und -kontrolle, Personalerhaltung und Leistungsstimulation.[132] Häufig werden Unterneh-

---

[132] Vgl. Schulte 2002, S. 51

menskennzahlen wie Umsatz und Gewinn mit spezifischen Zahlen aus den genannten Bereichen verknüpft. Der Bericht muss adressatengerecht erstellt werden, gezielt, kurz und präzise die Informationen bieten, die der Steuerung dienen. Das Berichtswesen unterscheidet sich von einem Kennzahlensystem dadurch, dass sich die darin genannten Informationen und Kennzahlen nicht aufeinander beziehen und dass deren gegenseitige Beeinflussung nicht dargestellt werden kann.

3.2.3.2 Kennzahlen

Kennzahlen geben „einen quantifizierbaren Sachverhalt in konzentrierter Form"[133] wieder. Quantifizierbar heißt, dass der betrachtete Gegenstand entweder direkt durch Messgrößen oder indirekt durch die Entwicklung von Werten, Messgrößen oder Indikatoren messbar wird. Kennzahlen helfen, die Riesenflut an Information aus dem Unternehmen zu filtern, fassen zusammen, verdichten und machen damit Informationen handhabbar und steuerbar. Kennzahlen erlauben Aussagen über wichtige Sachverhalte und Zusammenhänge,[134] was dazu führt, dass sie als Führungsinstrument unverzichtbar sind. Eine Kennzahl besteht jedoch nicht nur aus der eigentlichen Formel, sondern sie bedarf einer Definition und Beschreibung zur Vermeidung von Fehlern bei der Anwendung (vgl. Tabelle 3-2).

Tabelle 3-2: Darstellung der Kennzahl „Überstundenquote"
(nach Schulte 2002, S. 73)

Kennzahlenbezeichnung und Formel	$\text{Überstundenquote} = \dfrac{\text{Überstunden}}{\text{Normal-Arbeitsstunden}} \times 100\ (\%)$
Gliederungsmöglichkeit	Mitarbeitergruppen, Kostenstellen
Erhebungszeitpunkt	wöchentlich, monatlich, jährlich
Anwendungsbereich	Maß für den Arbeitsanfall im Unternehmen
Kennzahlenzweck	Planung und Kontrolle des Überstundenanfalls
Mögliches Ziel	Reduzierung der Überstundenquote
Basisdaten	Anzahl der Überstunden im Untersuchungszeitraum, Anzahl der Normal-Arbeitsstunden
Vergleichgrundlagen	Zeitvergleich, Soll-Ist-Vergleich
Interpretation	Ein auf Dauer zu hohe Überstundenquote ist ein Indikator für die Notwendigkeit, den effektiven Personalbedarf zu überprüfen.

---

[133] Berthel/Becker 2003, S. 507; Knorr 2004, S. 19
[134] Vgl. Schulte 2002, S. 3 ff.

Die Auswahl von Kennzahlen sollte immer zweckbezogen erfolgen. Die Frage „Wo stimmt etwas nicht?" im Sinne von zu teuer, zu langsam oder mangelnder Qualität soll einen Sachverhalt untersuchen, der unter Zuhilfenahme einer oder mehrerer Kennzahlen optimiert werden soll. So lassen sich stetig ausweitende Kennzahlenansammlungen eindämmen. Tabelle 3-3 listet einige Beispiele für häufig eingesetzte Personalkennzahlen[135] auf.

Tabelle 3-3:   *Kennzahlen-Beispiele (nach Schulte 2002, S. 144)*

Personalmanagement-Bereich	Controlling zielt auf	Kennzahlen-Beispiele
■ **Personalbedarf und -struktur**	Anforderungen an die Mitarbeiter Bedarfsstruktur Mitarbeiterstruktur	Netto-Personalbedarf Qualifikationsstruktur Frauenanteil Durchschnittsalter Belegschaft
■ **Personalbeschaffung**	Beschaffungswege Bewerberauswahl	Vorstellungsquote Effizienz der Beschaffungswesen Frühfluktuationsrate Bewerber pro Anzeige
■ **Personaleinsatz**	Arbeitsplatz Arbeitsaufgaben Arbeitszeit	Vorgabezeit, Leistungsgrad Arbeitsproduktivität Überstundenquote Leitungsspanne
■ **Personalerhaltung**	Mitarbeiterbindung Mitarbeiterwertschöpfung	Fluktuationsrate, Fluktuationskosten Krankheitsquote Ausfallzeit infolge Unfall
■ **Personalentwicklung**	Bildung/Ausbildung Laufbahn Nachfolgesicherung	Ausbildungsquote, Übernahmequote Jährliche Weiterbildungszeit pro Mitarbeiter Weiterbildungskosten pro Tag und Teilnehmer
■ **Personalfreisetzung**	Freisetzungswege Freisetzungsabwicklung	Sozialplankosten pro Mitarbeiter Abfindungsaufwand je Mitarbeiter
■ **Personalkosten**	Budget Kostenstruktur	Personalintensität Personalkosten in % der Wertschöpfung Personalkosten je Mitarbeiter
■ **Personalführung**	Motivation Führungsleistung	Mitarbeitermotivation Zufriedenheit mit Vorgesetzten

---

[135] Zum Einsatz von Personalkennzahlen siehe DGFP 2001, S. 199

3.2.3.3 Kennzahlensysteme

Unter einem Kennzahlensystem versteht man „eine geordnete Gesamtheit von Kennzahlen, die in einer Beziehung zueinander stehen"[136] und damit vollständig über einen Sachverhalt informieren.

Das wohl bekannteste Kennzahlensystem des klassischen Controllings ist das ROI-Schema nach DuPont[137]. Es bildet quantitative Größen ab, welche eindeutig logisch verknüpft sind. Im Personalcontrolling fehlt eine solche logisch-deduktive Verknüpfung[138] häufig, da die betrachteten Sachverhalte eher qualitativer Natur sind und es an eindeutigen Kausalbeziehungen fehlt. Dennoch kann auch im Personalcontrolling von Kennzahlensystemen gesprochen werden, wenn die Kennzahlen aufeinander und auf die personalwirtschaftlichen und Unternehmensziele bezogen werden. Ein Beispiel für ein personalwirtschaftliches Kennzahlensystem zeigt Abbildung 3-12.

***

Abbildung 3-12: *Kennzahlensystem Cash-Flow pro Mitarbeiter (nach Bühner 1997, S. 55 ff.)*

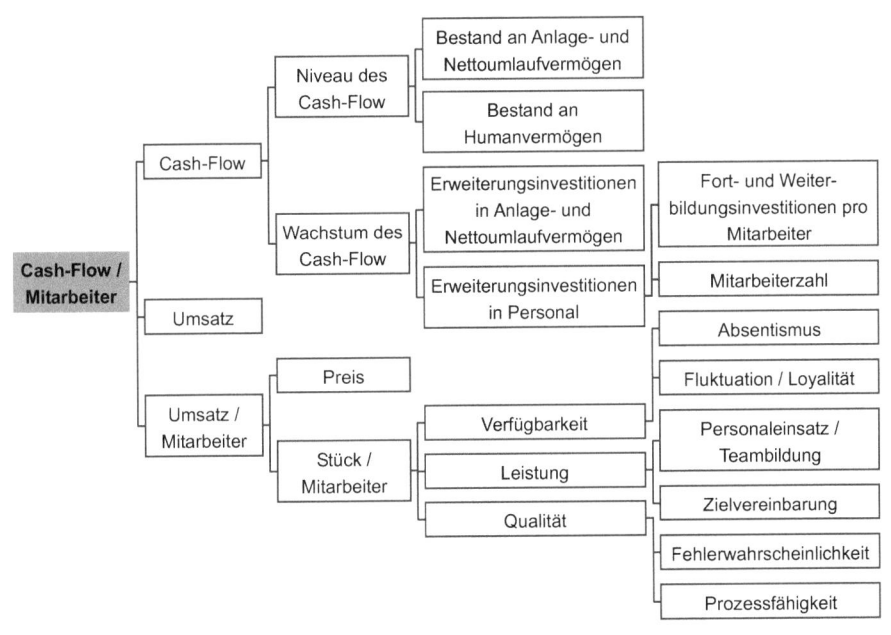

***

136 Horváth 1994, S. 555
137 Siehe beispielsweise Hopfenbeck 1989, S. 777
138 Siehe beispielsweise Gabler Wirtschaftslexikon 1983, S. 993: Schlussfolgerung vom Allgemeinen auf das Besondere

Bei einem Kennzahlen-Cockpit wird eine große Menge an Informationen, die in Form von Kennzahlen oder Key Performance Indikatoren (KPI) vorliegen, verdichtet dargestellt. Der Grad der Verdichtung kann, in Abhängigkeit von Ziel und Adressaten, variieren. In der Praxis sind häufig Darstellungsformen wie Ampel, Tacho- oder Thermometer anzutreffen. Die technische Umsetzung kann mithilfe eines eigenständigen Informationssystems geschehen bzw. auch als Bestandteil eines Management-Info-Systems oder Data Warehouse.

Kennzahlen sollten immer kritisch betrachtet werden. Aus diesem Grund gilt es gewisse Grundsätze im Umgang mit den Kennzahlen zu beachten, die bereits erläutert wurden, z. B.: keine Kennzahlenfriedhöfe, klare Definition der Kennzahlen, Aktualität, keine isolierte Anwendung usw. Erinnert sei an ein Sprichwort: „Es gibt drei Arten von Lügen: die gemeine Lüge, die Notlüge und die Statistik."

3.2.3.4 Ableitung von Kennzahlen [139]

Abbildung 3-13: *Strategiehaus: Ableitung strategischer Kennzahlen*

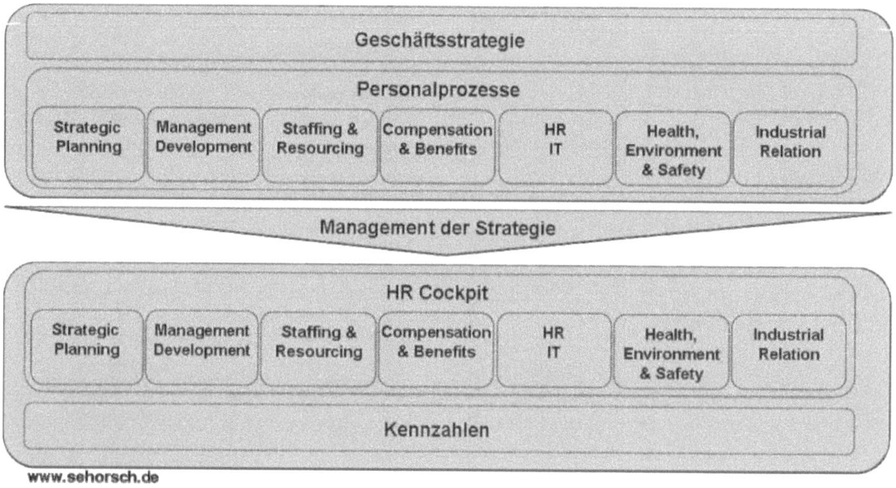

www.sehorsch.de

Personalabteilungen sind seit Jahren auf der Suche nach einer eigenen Positionierung im Unternehmen. Die Finanz- und Controllingabteilungen berichten regelmäßig Kennzahlen an den Vorstand. Die Personalabteilungen wollen sich als „Business Partner" etablieren, haben aber bisher keine strategischen Kennzahlen vorzuweisen. Damit

---

[139] Von Oliver A. Sehorsch, Senior Manager Strategy/Change bei der CELESIO AG in Stuttgart

sie auf gleicher Augenhöhe als „Business Partner" anerkannt werden, müssen sie strategische Kennzahlen für ihre Personalprozesse entwickeln.

Bei der Kennzahlengenerierung geht es nicht um die Fülle der Kennzahlen, es müssen die „richtigen" Kennzahlen sein. Die Ableitung dieser strategischen Kennzahlen wird durch das Strategiehaus (siehe Abbildung 3-13) gewährleistet.

Die Ableitung von Kennzahlen folgt einem dreistufigen Ansatz:

1. Kenntnis der Geschäftsstrategie erlangen: Die Geschäftsstrategie eines Unternehmens wird mit den lokalen Personalabteilungen durchgesprochen. Ziel dabei ist es, ein generelles Verständnis der Geschäftsstrategie zu erreichen und die strategischen Handlungsfelder zu identifizieren in denen das Unternehmen zukünftig den Schwerpunkt setzt. Beispiel: Versandhandel im Internet aufbauen.

2. Strategische Handlungsfelder der Geschäftsstrategie herausarbeiten: Eine Geschäftsstrategie enthält Handlungsfelder, in denen es in den nächsten Jahren tätig sein wird. Diese Schwerpunkte sind herauszuarbeiten und separat in eine Matrix zu übertragen (Abbildung 3-14).

Abbildung 3-14: **Strategische Handlungsfelder der Geschäftsstrategie**

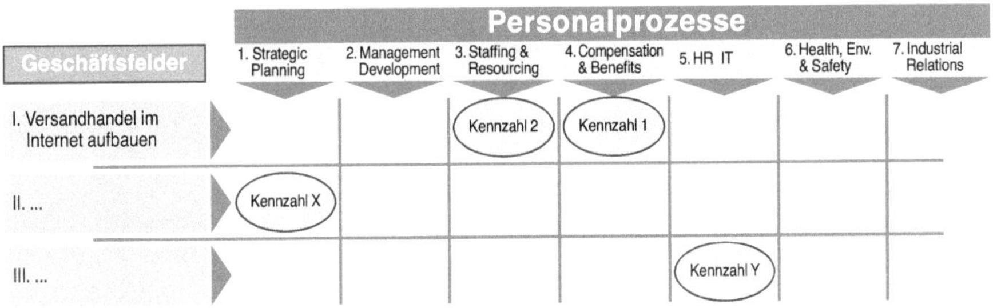

Kennzahl 1: Rekrutierung eines Bereichsleiters Versandhandel
Kennzahl 2: Vergütungsvergleich zum Jahresgehalt eines Bereichsleiters Versandhandel einholen
www.seehorsch.de

---

3. Ableitung von Kennzahlen für jedes strategische Handlungsfeld: Im letzten und wichtigsten Schritt wird jedes strategische Handlungsfeld einzeln durchgesprochen, um die Auswirkungen auf die zukünftigen Schwerpunkte des Personalbereichs herauszuarbeiten. Im Beispiel „Versandhandel im Internet aufbauen" ist eine mögliche Kennzahl 1: „Rekrutierung eines Bereichsleiters Versandhandel" und eine Kennzahl 2: „Vergütungsvergleich zum Jahresgehalt eines Bereichsleiters Versandhandel einholen".

Das Strategiehaus bettet die Ableitung der Kennzahlen in einen systematischen Prozess ein. Zur Messung der Kennzahlen kann ein Human Resources Cockpit (HR

Cockpit) eingesetzt werden. Das HR Cockpit ist ein Managementinformationssystem, welches auf einen Blick die Zielerreichung in jedem Personalprozess aufzeigt. Die Prozesse können mit mehreren Kennzahlen hinterlegt werden (20–30 Kennzahlen sind als strategische Kennzahlen ausreichend).

3.2.3.5 Balanced Scorecard

Abbildung 3-15: *Balanced Scorecard (nach Kaplan/Norton 1996, S. 76)*

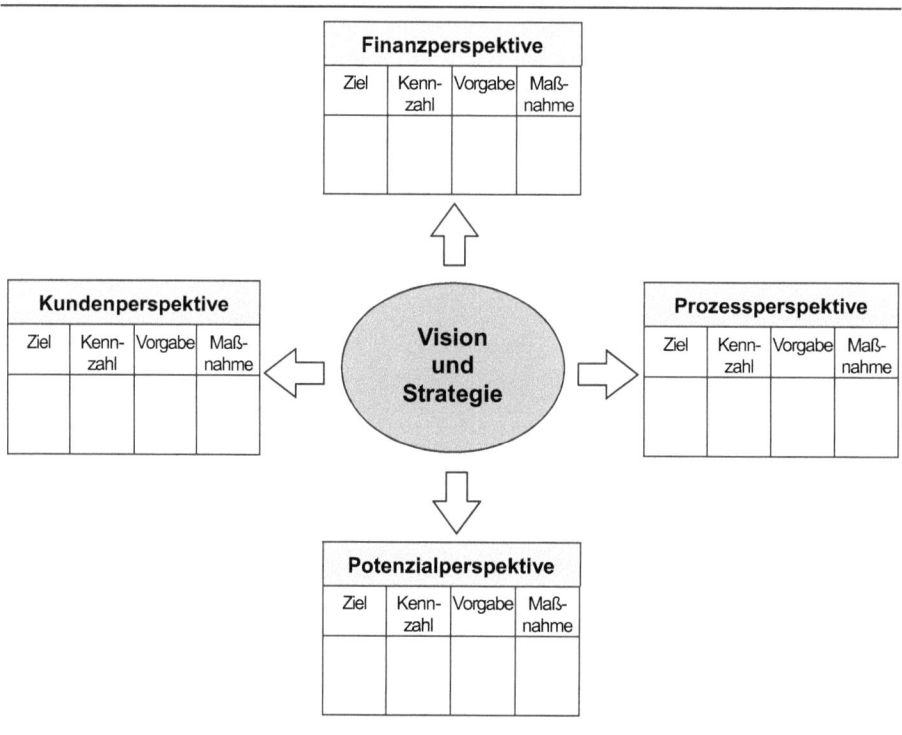

Die Balanced Scorecard[140] (BSC) ist ein Kennzahlensystem der besonderen Art. Mithilfe der BSC gelingt es, die Strategie bzw. Vision eines Unternehmens darzustellen und handhabbar zu machen. Die Strategie ist zunächst abstrakt. Mithilfe der BSC kann sie operationalisiert werden, das heißt, die (strategische) Zielerreichung soll durch ein System von Kennzahlen, Vorgaben und Maßnahmen sichergestellt werden.[141] Die BSC

---

[140] Vgl. z.B. Kaplan/ Norton, 1996
[141] Vgl. Wickel-Kirsch/Körmer 2004, S. 98

beinhaltet in der Regel 4 Perspektiven: Finanz-, Kunden-, Prozess- und Mitarbeiterperspektive (vgl. Abbildung 3-15).

Die wichtigsten, aus der Strategie abgeleiteten Ziele der jeweiligen Perspektive werden definiert, und durch eine oder mehrere Kennzahlen wird die Zielerreichung gemessen. Dabei wird vorab festgelegt, wie der Kennzahlenwert aussehen soll (Vorgabe) und wie bzw. mit welchen Maßnahmen er erreicht werden kann. Bei der Finanzperspektive ist es meist das Ziel, das Wachstum des Unternehmens zu erreichen. Eine Kennzahl dazu wäre der „Umsatz pro Mitarbeiter".

Ein Beispiel hierzu: Im letzten Jahr lag der Wert z. B. bei 100.000 € pro Mitarbeiter. Die Zielvorgabe für das folgende Jahr ist eine Steigerung um 10 %. Als Maßnahmen werden die Qualifizierung der Vertriebsmannschaft und die Entwicklung neuer Produkte festgelegt.

Abbildung 3-16: *Balanced Scorecard für das Personalmanagement*

Balanced Scorecard	Strategische Ziele	Maßgrößen	Sollwerte	Aktionsprogramm
Finanzen Welchen Wertbeitrag leistet das PMgt. zum finanziellen Erfolg?	✓ Senkung Personalkosten am Umsatz	Anteil der Personalkosten am Umsatz		Personalkostenanalyse Abbau von Überstunden
Kunden Wie sollen uns unsere Kunden wahrnehmen?	✓ Erfüllung der Kundenerwartungen ✓ Interne Leistungsverrechnung einführen	✓ Kundenzufriedenheitsindex ✓ Anteil weiterverrechenbarer Kosten		Interne Kundenbefragung Leistungsvereinbarungen abschließen
Prozesse Bei welchen Prozessen müssen wir Hervorragendes leisten?	✓ Beratungsprozesse bepreisen ✓ Standardprozesse verbessern	✓ Prozesskosten ✓ Durchlaufzeiten		Interne Prozessanalyse Prozessbenchmarking extern
Potenziale Wie gewährleisten wir langfristig unseren Erfolg?	✓ Innovative Weiterbildungskonzepte erstellen ✓ Verankerung des Dienstleistungsgedankens	✓ Anzahl von neuen Schulungen ✓ Beschwerden der Kunden		Revision des Schulungskonzepts Analyse der Beschwerden

---

Die BSC lässt sich nicht nur auf Gesamtunternehmensebene, sondern auch in den einzelnen Funktionalbereichen einsetzen, also z.B. in Personalmanagement (vgl. Abbildung 3-16), Vertrieb oder Finanzen & Controlling. Sie hilft,

■ die Ressourcen und die Aufmerksamkeit des Managements auf die Strategie auszurichten

■ die Strategien in ein ausgewogenes Zielsystem zu überführen und dadurch zu konkretisieren

- Ziele für alle Mitarbeiter zu operationalisieren

- Zielerreichungsgrade und Maßnahmenpläne zu bestimmen

- frühzeitige Warnsignale zu erhalten, um präventive Maßnahmen zu ergreifen

- ein Kennzahlensystem zu erstellen

Die BSC birgt auch Gefahren.[142] „Schlechte" Strategien werden durch sie nicht besser. Zu viele Ziele reduzieren die Umsetzbarkeit, und durch vergangenheitsbasierte Kennzahlen kann der Blick für den zukunftsorientierten Aufbau von Potenzialen verloren gehen. Werden die Wirkungszusammenhänge nicht klar genug herausgearbeitet, geht die Optimierung der einen Kennzahl möglicherweise zu Lasten einer anderen.

3.2.3.6   Mitarbeiterbefragungen

Mitarbeiterbefragungen[143] im Sinne von strukturierten, schriftlichen oder mündlichen Befragungen von Mitarbeitern zu einem oder mehreren unternehmensinternen Themen[144] sind eines der wichtigsten Instrumente zur Aufdeckung von personellen Schwachstellen und Risikofaktoren. Es soll Mitarbeitern die Möglichkeit der Meinungsäußerung geben und dient dem Personalmanagement z.B. zur Analyse von Ansichten, Einstellungen und Wünschen der Mitarbeiter und als Feedbackinstrument für die Führungskräfte[145]. Sie ist geeignet, qualitative Erfolgsfaktoren, wie „schlechte Stimmung", „innere Kündigung" oder „mangelnde Motivation", aufzudecken[146].

Von hoher Bedeutung sind die sorgfältige Kommunikation der Ergebnisse sowie die Veranlassung von Maßnahmen oder Veränderungen im Anschluss an die Befragung. Und an diesem Punkt kommt der Personalcontroller ins Spiel. Er ist dafür verantwortlich, dass die Ergebnisse der Befragung aufbereitet werden in Berichten, dass Analysen erstellt werden und dass (in Form von Kennzahlen) gemessen wird, ob sich im Unternehmen etwas verändert. Das heißt, ob die Maßnahmen, die aufgrund der Befragung ergriffen werden, auch etwas bewirken und sich bei der nächsten Befragung eine Verbesserung messen lässt.

---

[142] Vgl. Wickel-Kirsch/Cisek 2003, S. 12

[143] Inhalt, Form und Vorgehensweise bei der Befragung sind nicht festgeschrieben, sondern variieren je nach Ziel der Befragung. Dies können zum einen allgemeine Zielsetzungen sein, wie z. B. die Abbildung eines Ist-Zustands der Organisation. Dabei ist es wichtig, dass zunächst die Ziele der Befragung klar definiert werden und erst im Anschluss die Gestaltung der Befragung vorgenommen wird (vgl. Bömers 2008). Nach Domsch 1999, S. 696 f. unterscheidet man zwischen schriftlichen und mündlichen Befragungen sowie anonymem und offenem Vorgehen. Hinsichtlich der Gestaltung von Fragebögen kann unterschieden werden nach Art der Fragestellung (direkte - indirekte Befragung), Art der Fragen (offene – geschlossene Fragen) sowie dem Standarisierungsgrad des Fragenkataloges.

[144] Vgl. Wunderer/Jaritz 1999, S. 138ff

[145] Vgl. Scholz 1993, S. 621

[146] Vgl. Domsch/Schneble 1992, S. 2

Wenn sich die Mitarbeiter mangels Kommunikation der Ergebnisse und vor allem der aus der Befragung abgeleiteten Maßnahmen nicht ernst genommen fühlen, richten Mitarbeiterbefragungen mehr Schaden an als dass sie Positives bewirken.[147]

3.2.3.7   Benchmarking

Benchmarking ist eine Methode, bei der sich Unternehmen untereinander austauschen, um vom Besseren zu lernen. Dabei geht es nicht darum, Defizite aufzuzeigen, sondern vorrangig um die Verbesserung von Vorgehensweisen. Inhalt des Austausches sind Prozessabläufe, Funktionen und Organisationsstrukturen. Ziel ist es, Denkanstöße zu erhalten, mit deren Hilfe Optimierungspotenziale im eigenen Unternehmen identifiziert werden können. Dazu muss ein Verständnis dafür hergestellt werden, wie der Benchmarking-Partner vorgeht und wie seine Kennzahlen zu diesem Sachverhalt oder Prozess aussehen (vgl. Tabelle 3-4). Im Idealfall sucht sich ein Unternehmen Partner, die Best-Practice-Unternehmen für den zu betrachtenden Sachverhalt sind.

Ist ein oder sind mehrere Partner gefunden, muss zunächst ein gemeinsames Begriffsverständnis zwischen den sich austauschenden Unternehmen geschaffen werden. Eine hohe Vertraulichkeit und Geheimhaltung muss zugesichert werden.

Tabelle 3-4:   *Phasen des Benchmarking-Prozesses*

■ Zielsetzung	Festlegung der Zielsetzung des Benchmark-Projektes Was soll erreicht werden? Was ist Gegenstand der Betrachtung?
■ Interne Analyse	Leistungsfähigkeit des eigenen Unternehmens bestimmen, z. B. durch Erhebung von Kosten-, Qualitäts- oder Produktivitätskennzahlen oder Prozessaufnahme und -visualisierung
■ Vergleich	Erstellung von Stärken-Schwäche-Profilen über alle Unternehmen hinweg, die am Benchmarking teilnehmen, Interpretation der Ergebnisse und Aufspüren innovativer Lösungen

3.2.3.8   Prozesskostenrechnung Bereich Personal

Mithilfe der Prozesskostenrechnung (PKR) soll ermittelt werden, was eine bestimmte (Dienst-) Leistung in den indirekten Bereichen[148] wie z. B. Personal, Einkauf, Marke-

---

[147] Vgl. Wunderer/Schlagenhaufer 1994, S. 73 f.

ting und Vertrieb[149] kostet. Diese Leistungen verursachen Gemeinkosten,[150] welche über einen Umlageschlüssel (prozentuale Zuschlagssätze) auf andere Abteilungen (im Sinne von Kostenträger oder -verursacher) umgelegt werden bzw. in die Deckungsbeitragsrechnung einfließen. Diese Zuweisung ist jedoch relativ ungenau und wenig beanspruchungsgerecht. Die Prozesskostenrechnung ermöglicht eine bessere Gemeinkostenverteilung, da mit ihrer Hilfe differenziert berechnet werden kann, was eine bestimmte Leistung kostet. Diese Kosten werden für Inanspruchnahme der Leistung intern verrechnet. Das Wissen um die Kosten eines Prozesses bietet auch die Möglichkeit, die Kosten der eigenen Leistungserstellung mit Angeboten auf dem Markt zu vergleichen

Ein Beispiel für die Leistungserstellung im Personalbereich ist der Prozess der Personalrekrutierung. Die Fragestellung lautet : „Was kostet uns die Suche nach einem Entwicklungsingenieur?". Das Ziel der PKR ist es, die durch eine Rekrutierung entstehenden Kosten auf den Kostenträger, z. B. Abteilungsleiter X aus der Abteilung Y, umzulegen. Dahinter steht der Gedanke der beanspruchungsgerechten Verteilung von Kosten und die Einsicht: „Was nichts kostet, ist nichts wert." Derjenige, der eine Leistung beansprucht, soll auch dafür zahlen. Nur dann wird er diese Leistung wirtschaftlich vernünftig nachfragen und nichts verschwenden. Zudem erfordert die PKR eine schriftliche Darstellung des Prozesses, was sich bei einer sorgfältigen Ausführung positiv für die Aufdeckung von Optimierungsansätzen auswirkt.

Dazu wird zunächst der Prozess der Personalrekrutierung in Teilprozesse zerlegt (vgl. Spalte 1 in Tabelle 3-5). Anschließend werden für jeden Teilprozess Messgrößen (cost driver) bestimmt, jedoch nur für Aktivitäten, die von der Leistungsmenge abhängig sind, die sogenannten leistungsmengeninduzierten Teilprozessen (lmi). Für die leistungsmengenneutralen Aktivitäten (lmn), wie z. B. das „Führen der Abteilung", lassen sich keine Messgrößen festlegen.

Im Folgenden werden die voraussichtlichen anfallenden Prozessmengen (3) geplant und dann die Plankosten (4) auf der Basis von Istwerten ermittelt. Im nächsten Schritt kann der leistungsmengeninduzierte Teilprozesskostensatz (5a) bestimmt werden. Um nun auf den Gesamtteilprozesskostensatz zu kommen, müssen noch die leistungsmengenneutralen Kosten mittels Umlagesatz (5b) auf die Teilprozesse verteilt werden.

---

[148] Kosten der indirekten Bereiche sind nicht direkt einem Produkt / einer Leistung zurechenbar. Siehe hierzu z.B. Gabler Wirtschaftslexikon, 1983, S. 2121

[149] Zu den Zielen der Prozesskostenrechnung vgl. Schulte 2002, S. 115

[150] Gemeinkosten sind Kosten, die nicht direkt einem Verursacher zurechenbar sind. Siehe hierzu z.B. Gabler Wirtschaftslexikon, 1983, S. 1708

Tabelle 3-5: *Beispiel Prozesskostenrechnung Personalrekrutierung*

1 Aktivitäten	2 Messgröße	3 Plan- prozess- menge (in Stk.)	4 Plan- Kosten (in EUR)	5a lmi- Teilprozess- kostensatz (in EUR)	5b umgelegte lmn-Kosten (in EUR)	5c Gesamt- teilprozess- kostensatz (in EUR)
Eingang Bewerbungen bestätigen / sichten (lmi)	Anzahl Bestätigungen	800	60.000,-	75,-	15,--	90,--
Bewerbungsgespräch 1 (lmi)	Anzahl Gespräche	80	46.000,-	575,-	115,--	690,--
Bewerbungsgespräch 2 (lmi)	Anzahl Gespräche	40	40.000,-	1.000,-	200,--	1200,--
Testverfahren (lmi)	Anzahl Tests	40	24.000,-	600,-	120,--	720,--
Einstellung (lmi)	Anzahl Einstellungen	20	30.000,-	1.500,-	300,--	1.800,--
Summe Prozesskosten (lmi)			200.000,-			
Führen der Abteilung (anteilig) (lmn)		-	40.000,-	-	-	-
Prozesskostensatz Personalrekrutierung						4.500,-

Der Umlagesatz berechnet sich nach der Formel (Teilprozesskosten (lmn) / Teilprozesskosten (lmi)) x 100. Es ergibt sich für das Beispiel ein Umlagesatz von 20%[151]. Damit können die lmn-Kosten für das Führen der Abteilung proportional auf die lmi-Teilprozesskostensätze umgelegt werden, und als Resultat kann der Prozesskostensatz für die Personalrekrutierung ermittelt werden. In diesem Satz sind keine Einzelkosten enthalten, die bei der Personalrekrutierung entstehen, wie z. B. Anzeigenschaltung, Kosten für den Kauf der Tests usw. Diese werden mittels interner Verrechnung direkt an die internen Kunden weitergeleitet.

---

[151] Umlagesatz-Berechnung: (40.000,– / 200.000,–) x 100 = 20 %

3.2.3.9 Mitarbeiter-Portfolio

Das Portfolio ist ein Instrument, welches eine einfache Darstellung komplexer Sachverhalte sowie die Verknüpfung der dargestellten Inhalte mit standardisierten Strategien/Vorgehensweisen erlaubt. Portfolio-Darstellungen[152] werden z. B. in der strategischen Personalplanung und der Personalentwicklung eingesetzt. Sie sind immer anwendbar, wenn Sachverhalte unter zwei oder mehreren Dimensionen betrachtet werden können. Die bekannteste Personalportfolio-Darstellung aus dem Personalbereich ist die in Abbildung 3-17 dargestellte von Odiorne.

Abbildung 3-17: *Personalportfolio (nach Odiorne 1984)*

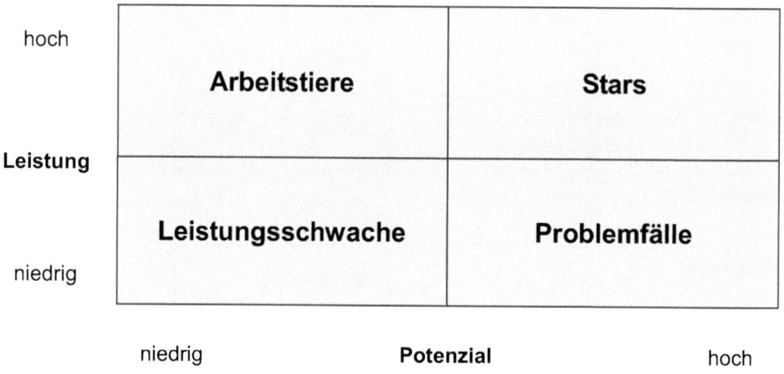

hoch	**Arbeitstiere**	**Stars**
Leistung		
niedrig	**Leistungsschwache**	**Problemfälle**
	niedrig **Potenzial** hoch	

Hier werden die einzelnen Mitarbeiter unter den Kriterien Leistung und Potenzial (= zukünftiges Leistungsvermögen) in einer Matrix positioniert. Mitarbeiter mit hoher Leistung und hohem Potenzial werden z. B. unter dem Begriff „Stars" zusammengefasst. „Arbeitstiere" sind jene Mitarbeiter, die viel leisten, sich aber mangels Potenzial nicht für weiterführende Aufgaben qualifizieren. Als „Leistungsschwache" werden diejenigen bezeichnet, die nicht die gewünschte Leistung erbringen und über wenig oder gar kein Potenzial verfügen. „Problemfälle" sind jene, die zwar Leistung bringen könnten, es aber aus welchen Gründen auch immer nicht tun. Das Personalmanagement legt für jede dieser Mitarbeitergruppen eine andere Strategie zur Förderung und Betreuung fest.

---

[152] Vgl. auch Portfolio-Darstellung zu den Produkten des Service-Center „Personal" bei Wunderer/von Arx 1999, S. 170

Die Portfolio-Darstellung bietet zahlreiche Vorteile.[153] Es können Ist- und Soll-Zustände dargestellt und komplexe Sachverhalte durch einfache Visualisierungen und Messungen mittels Kennzahlen, z.B. wie die prozentuale Verteilung der einzelnen Mitarbeitergruppen aussieht, transparent gemacht werden. Mithilfe eines Portfolios kann der Personalcontroller Defizite in der Qualität der Belegschaft sowie Stärken und Schwächen in der Mitarbeiterstruktur aufdecken. Zudem ist bei der Darstellung eine Verbindung von quantitativen und qualitativen Daten möglich und der Erfolg der einzelnen Maßnahmen, die aus dem Portfolio abgeleitet werden, kann in ein bis zwei Jahren gemessen werden. Aufgabe des Personalcontrollers ist es die Interpretation des Portfolios entweder selbst durchzuführen oder zu begleiten und darauf zu achten, dass die richtigen Schlüsse aus der Darstellung gezogen werden.

3.2.4 Personalrisiko-Management

Bislang waren beim Thema „Risiko" so ziemlich alle Disziplinen im Unternehmen vertreten – außer der Bereich Personal. Dies wandelt sich in letzter Zeit, da über die Bewertung von Rating-Agenturen sowie durch den verbesserten Risiko-Bewertungsprozess bei Banken (den sog. Basel-II-Prozess) das Thema Risiko auch für personalwirtschaftliche Fragen relevant wird. Genauer gesagt, die Rating-Agenturen, oder der Basel-II-Fragenkatalog, stellen gezielte Fragen nach dem Stand des Personalmanagements und dem Entwicklungsstand der Personalabteilung (siehe Abbildung 3-18). Daher entsteht hier seitens der Leitung der Personalabteilung Handlungsbedarf.

Aus Sicht das Personalbereichs sind vier Risikokategorien relevant:

Falsch qualifizierte Mitarbeiter: Das Anpassungsrisiko existiert im Unternehmen, wenn seit längerer Zeit keine berufsbegleitende Weiterbildung oder Personalentwicklung stattgefunden hat, sodass die aktuell im Unternehmen vorfindbare Qualifikation nicht mehr den Markt- und Leistungsstandards entspricht. Das Anpassungsrisiko kann aber auch aufgrund massiver Marktveränderungen auftreten, sodass die Unternehmen keine Chance hatten, Weiterbildung rechtzeitig und umfassend einzusetzen.

Gefährdete Leistungsträger: Das Austrittsrisiko heißt für das Unternehmen, dass die besten und wichtigsten Mitarbeiter (Führungs- wie Fachkräfte) das Unternehmen ungeplant verlassen und damit ein große Lücke aus wirtschaftlicher Sicht reißen können. Teilweise wird der Unternehmenserfolg durch den Verlust von Leistungsträgern sogar erheblich gefährdet.

---

[153] Allerdings sind mit der Portfolio-Darstellung auch Nachteile verbunden: Durch die Verdichtung der Daten auf zwei Dimensionen kommt es zu Informationsverlusten. Und es ist nachteilig, wenn die Gründe für die Positionierung im Portfolio nicht dargelegt werden. Auch werden systemische Ansätze nicht in Betracht gezogen, und die Anwendung von Normstrategien verstellt den Blick für Einzelfallbetrachtungen.

Fehlende Leistungsträger: Das Engpassrisiko bedeutet für das Unternehmen, dass ein Geschäft nicht gemacht oder nur unzureichend bewältigt werden kann, weil keine Mitarbeiter verfügbar sind. Wenn dieses Problem, das beispielsweise bei Facharbeitern in der Industrie, z.B. bei Chemikanten, bereits zu beobachten ist, nicht behoben werden kann, drohen Abwanderungsprozesse bei den Betrieben, die in andere Länder gehen, wo ausreichend Mitarbeiter verfügbar sind.

Zurückgehaltene Leistung: Das Motivationsrisiko tritt häufig in Unternehmen auf, die vielfältige Umstrukturierungs- und Fusionsprozesse hinter sich haben. Es besteht darin, dass Leistung von Mitarbeitern bewusst oder unbewusst zurückgehalten wird und dass schlimmstenfalls die nicht vorhandene Motivation des Mitarbeiters auf den Kunden ausstrahlt.

Abbildung 3-18:   Risikocontrolling

Wichtig beim Thema „Risiko" ist zum einen, dass ein systematischer Risikocontrollingkreis aufgebaut wird. Hierzu gehören Risikoidentifikation, Risikomessung, Ergreifen von Risikosteuerungsmaßnahmen und die permanente Überwachung, ob Risiken gemindert werden können oder neue Risiken auftreten. Der erste Schritt in Richtung Risikomessung kann mit Kennzahlen gemacht werden, die sich auf die vier beschriebenen Risikokategorien nach Kobi richten (siehe Abbildung 3-19).

Beim Erheben der Kennzahlen kann allerdings nicht halt gemacht werden. Vielmehr muss aus dem Messen der Risiken ein Maßnahmenplan zum Verändern der Risiken abgeleitet werden. Vorgelagert ist für jedes Unternehmen, zu entscheiden, welche Risiken überhaupt als so relevant erachtetet werden, dass Handlungen im Sinne von Gegenmaßnahmen angezeigt sind.

Wichtig ist allerdings nach dem Einstiegsschritt, dem Messen von Risiken, die Überprüfung, ob die Maßnahmen zum gewünschten Erfolg führen und die Risiken ganz beseitigt oder aber minimiert werden können.

Abbildung 3-19: *Personalrisiko-Kennzahlen*

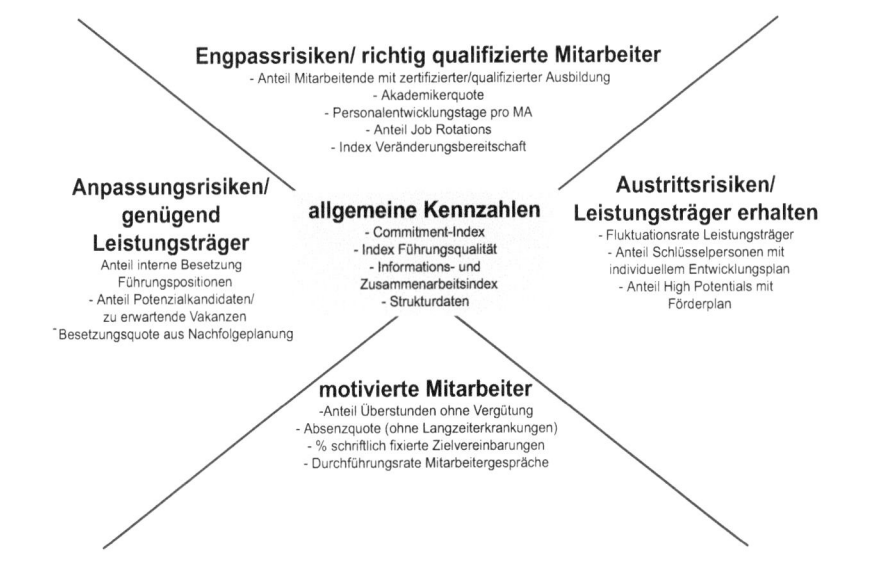

Engpassrisiken/ richtig qualifizierte Mitarbeiter
- Anteil Mitarbeitende mit zertifizierter/qualifizierter Ausbildung
- Akademikerquote
- Personalentwicklungstage pro MA
- Anteil Job Rotations
- Index Veränderungsbereitschaft

Anpassungsrisiken/ genügend Leistungsträger
Anteil interne Besetzung Führungspositionen
- Anteil Potenzialkandidaten/ zu erwartende Vakanzen
- Besetzungsquote aus Nachfolgeplanung

allgemeine Kennzahlen
- Commitment-Index
- Index Führungsqualität
- Informations- und Zusammenarbeitsindex
- Strukturdaten

Austrittsrisiken/ Leistungsträger erhalten
- Fluktuationsrate Leistungsträger
- Anteil Schlüsselpersonen mit individuellem Entwicklungsplan
- Anteil High Potentials mit Förderplan

motivierte Mitarbeiter
-Anteil Überstunden ohne Vergütung
- Absenzquote (ohne Langzeiterkrankungen)
- % schriftlich fixierte Zielvereinbarungen
- Durchführungsrate Mitarbeitergespräche

3.2.5 Personalkosten

Die Personalkosten eines Unternehmens beeinflussen den Gewinn in hohem Maße. Je höher ihr Anteil an den Gesamtkosten des Unternehmens liegt, desto größer ist die Bedeutung der Personalkostensteuerung- und -planung. Im produzierenden Gewerbe liegen die Personalkosten häufig bei ca. 30 Prozent, im Dienstleistungsbereich sind 80 Prozent keine Seltenheit. Personalkosten sind per Definition „der bewertete betriebliche Verbrauch an menschlicher Arbeitsleistung in einer Periode, Kosten, die durch den Personaleinsatz entstehen"[154].

In der Praxis geht man davon aus, dass der Anteil der Personalkosten am Umsatz die branchenübliche Höhe (Personalkostenquote) nicht wesentlich übersteigen darf, will das Unternehmen wettbewerbsfähig sein.

---

[154] Mag, 1998, S. 189

Das Gliederungsschema in Tabelle 3-6 gibt eine Übersicht über mögliche Personalkosten.[155] Aus Steuerungs- und Kostenplanungssicht sind weitere Gliederungen der Personalkosten[156] interessant, z. B.

■ Fixe und variable Personalkosten

■ Personaleinzelkosten und Personalgemeinkosten

■ Beeinflussbare und nicht beeinflussbare Personalkosten

■ Laufende und Vorleistungs-Personalkosten

Zu den fixen Personalkosten gehören die Entgeltbestandteile, die laut Vertrag oder tarifvertraglich monatlich in unveränderter Höhe und unabhängig von der erbrachten Leistung zu zahlen sind. Das sind jene Kosten, die durch die Aufrechterhaltung einer bestimmten Betriebsbereitschaft verursacht sind.[157]

Die variablen Personalkosten ändern sich im Zeitablauf. Sie können an eine Kosteneinflussgröße gekoppelt sein, z. B. abhängen von einer definierten Leistungserbringung oder Zielerreichung. Unter Personaleinzelkosten sind Personalkosten in den direkten Bereichen des Unternehmens, also z. B. die Löhne im Produktionsbereich, zusammengefasst. Personalgemeinkosten sind z. B. Gehälter in den indirekten Unternehmensbereichen, wie etwa die Personalkosten der Personalabteilung. Kennzeichnend ist, dass diese Kosten meist mit einem Umlageschlüssel in die Produktkalkulations- und Deckungsbeitragsrechnung einfließen.[158] Zu den laufenden Personalkosten gehören die Gesamtkosten des Personaleinsatzes. Der Zeitraum der Betrachtung beträgt eine Periode, also einen Monat oder ein Jahr. Die Vorleistungs-Personalkosten haben eher Investitionscharakter und verteilen sich über mehrere Perioden, z.B. die Kosten für die Personalentwicklung.[159]

Die Gliederung von Personalkosten ist kein theoretisches Problem, sondern ein hochgradig praxisrelevantes Erfolgskriterium für ein Unternehmen. Ziel ist es, die Kosten verursachenden Einflussgrößen der Personalkosten dazustellen und deren Abhängigkeiten zu Tage treten zu lassen. Erst dann lassen sich Personalkosten tatsächlich steuern.

Ein solches umfassendes, von allen anerkanntes Gliederungsschema besteht derzeit noch nicht,[160] auch wenn die einzelnen Einflussgrößen durchaus bekannt sind.

---

[155] Vgl. auch Mag 1998, S. 192
[156] Vgl. auch Hentze/Kammel 1993, S. 148
[157] Vgl. Heinen/Dietel 1985, S. 955f
[158] Vgl. Kapitel 3.2.3, Instrumente des Personalcontrolling, dort Prozesskostenrechnung
[159] Vgl. Hentze 1995, S. 335, auch Küpper 1991, S. 243
[160] Vgl. Wimmer/Neuberger 1998, S. 445 f.

Tabelle 3-6:   *Exemplarische Personalkosten (in Anlehnung an Mag 1998, S. 192)*

Personalkosten im engeren Sinne	
■ **Personalgrundkosten (tätigkeitsbezogene Entgeltkomponenten)**	Löhne (tariflich, übertariflich)
	Gehälter (tariflich, übertariflich, außertariflich)
	Zuschläge und Zulagen (z. B. Mehrarbeits-, Schicht-, Sonn-/Feiertagszuschläge)
■ **Personalzusatzkosten aufgrund von Gesetz und Tarif**	Sozialabgaben des Arbeitgebers (Renten-, Kranken-, Pflege- und Arbeitslosenversicherung)
	13. Monatsgehalt (oder Teile davon), Urlaubsgeld
	Berufsgenossenschaftsbeiträge
	Schwerbehindertenausgleichsabgabe
	Betriebsärztlicher Dienst
	Kosten der Arbeitssicherheit
	Bezahlte Abwesenheit (z. B. Urlaub, Feiertage, Lohnfortzahlung im Krankheitsfall, Mutterschutz, Sonderurlaub)
	Vermögenswirksame Leistungen
	Ausgleichszahlungen
■ **Personalzusatzkosten aufgrund freiwilliger betrieblicher Leistungen**	Betriebliche Altersversorgung und Unterstützung
	Betriebskrankenkasse
	Fahrt- und Transportkosten
	Wohnungshilfen
	Kantinenzuschüsse
	Weihnachtszuwendungen
	Arbeitskleidung
	Sonstige Leistungen (z. B. Jubliäen)
Personalkosten im weiteren Sinne	
■ **Weitere Personalkosten für**	Aufwendungen und Budgets zur Erfüllung der personalwirtschaftlichen Funktionen (z.B. Kosten der Personalbeschaffung, -freistellung, -entwicklung, -erhaltung)
	Personal- und Sachmitteletat der Personalabteilung
	Kosten der Mitbestimmung
	Personalinformationssystem / DV-Programme

In der Praxis ist es häufig so, dass hoch aggregierte Kennzahlen zu Personalkosten gut verfügbar sind, damit aber wenig gesteuert werden kann und detaillierte, gegliederte Personalkosten trotz DV-Systemunterstützung häufig nur mit hohem zusätzlichen Aufwand dargestellt werden können.

Gleiches gilt nicht nur für die Analyse der Ist-Kosten, sondern vor allem für die Prognose der Personalkostenentwicklung.

3.2.5.1 Einflussgrößen der Personalkosten

Um Personalkosten steuern zu können, müssen zunächst die Gegenstände der Personalkostenbetrachtung ermittelt und betrachtet werden. Dazu bietet sich in Anlehnung an die Managementebenen folgende Gliederung an:[165]

■ Operative Ebene: Personalentgelt

■ Taktische Ebene: Personalkostenbudgetierung

■ Strategische Ebene: Personalkostenstrukturierung

Personalentgelt

In der operativen Ebene des Entgelts geht es um eine mitarbeiterspezifische Personalkostenbetrachtung. Dazu gehören das individuelle Entgelt von einzelnen Mitarbeitern oder Mitarbeitergruppen, die Lohngerechtigkeit und damit auch die Konzeption und Umsetzung von Anreiz- und Vergütungssystemen. Im Idealfall schafft das Unternehmen ein System zur Entgeltdifferenzierung (vgl. Tabelle 3-7), in dem sich die Anforderungen der Stelle (erforderliche Qualifikation, körperliche oder geistige Belastung), die Leistung des Stelleninhabers (Zielerreichung, Beurteilungsergebnis) sowie die allgemeine Marktlage im Sinne von Angebot und Nachfrage widerspiegeln. Häufig werden auch soziale Faktoren wie z. B. Familienstand, Lebensalter oder Dauer der Betriebszugehörigkeit einbezogen.[166]

Der reine Zeitlohn ist in der Praxis heute weniger anzutreffen und auch sozialstatusabhängige Lohn bzw. Lohnbestandteile werden seltener. Die Entwicklung geht eher in Richtung Leistungslohn, ergänzt um Betrachtungen zum Lebensabschnitt oder zur Einordnung in die Hierarchie.

---

[165] Vgl. Scholz 2000, S. 690 ff.
[166] Wobei wünschenswert ist, dass diese Betrachtungen unter dem Aspekt „Gleicher Lohn für gleiche Arbeit" zunehmend weniger Einfluss haben sollten.

Tabelle 3-7: *Entgeltdifferenzierung (in Anlehnung an Scholz 2000, S. 734)*

Kriterium	Ausprägung
■ anwesenheitsabhängig	Lohnhöhe ist abhängig von Zeit am Arbeitsplatz: Zeitlohn
■ anforderungsabhängig	Lohnhöhe ist abhängig von Arbeitsplatzbewertung: Bewertung der Anforderungen des Arbeitsplatzes nach analytischen und/oder summarischen Verfahren
■ leistungsabhängig	Lohnhöhe ist abhängig von erbrachter Leistung Zeitlohn plus Leistungszulage, Prämienlohn, Akkordlohn, Pensumlohn
■ sozialstatusabhängig	Lohnhöhe in Abhängigkeit nach Familienstand nach Betriebszugehörigkeit
■ lebensabschnittsabhängig	Lohnhöhe je nach Lebensabschnitt: in frühen Lebensabschnitten in mittleren Lebensabschnitten in späten Lebensabschnitten
■ hierarchieabhängig	Lohnhöhe je nach organisatorischer Einbindung der Stelle Tariflohn versus außertarifliche Entlohnung Führungskräfteentlohnung

Doch worin unterscheiden sich nun die anforderungs- und die leistungsbezogene Entgeltfindung?

Bei der anforderungsbezogenen Entgeltfindung wird die Schwierigkeit der Arbeit betrachtet. Der Wert der Stelle ermittelt sich aus den bewerteten Anforderungen, entweder durch Gewichtung der einzelnen (analytische Methode) oder durch Betrachtung der gesamten Anforderungen (summarische Methode).[167]

Eine Weiterentwicklung der analytischen Methode sind die Hay-Stellenwert-Profil-Methode[168] oder das IPE-Verfahren von Mercer, mit der die Anforderungen jeder einzelnen Stelle unter bestimmten Kriterien bewertet, eingestuft und mit Punktwerten belegt werden.

Folgende Kriterien kommen dabei zur Anwendung:

---

[167] Vgl. hierzu ausführlich Scholz 2000, S. 735
[168] Vgl. die Beschreibung bei Scholz 2000, S. 738

■ Wissen: Sach- oder Fachwissen, Managementanforderungen, Umgang mit Menschen

■ Denkleistung: Denkrahmen und Denkanforderungen

■ Verantwortung: Handlungsfreiheit, Art der Einflussnahme, Geldgrößenordnung

Die Summe der Punktwerte, die eine Stelle erhält, entscheidet über die entgeltliche Einordnung der Stelle. Gezahlt wird ein Zeitlohn, der in der Höhe von der Bewertung der Stelle abhängt.

Bei der leistungsabhängigen Entgeltfindung wird gemessen, welches Arbeitsergebnis (Leistung pro Zeiteinheit) vom Mitarbeiter geleistet wird. Die Leistungszulage kann gebunden sein an das Leistungsergebnis, aber auch an Führungsleistung, Verhalten oder angewandte Qualifikation, also auch an weniger eindeutig quantifizierbare Bezugsgrößen.[171] In der Praxis gibt es selten das ausschließlich leistungsbezogene Entgelt. Meist wird ein Basisgehalt (Zeitlohn) gezahlt, und ein darüber hinausgehender Anteil als zusätzliche Leistungszulage.

Die Leistungszulage hat meist eine untere und eine obere Grenze. Der Verlauf zwischen diesen Grenzen kann linear, aber auch progressiv oder degressiv sein.

Ein Beispiel hierzu: Ein Mitarbeiter ist für die Erstellung eines elektrischen Moduls verantwortlich. Das normale Tagespensum beträgt 50 Einheiten. Ab der 51. Einheit bis zur 60. Einheit erhält der Mitarbeiter pro Einheit 5 € zusätzlich als Leistungslohn-Komponente. Bei Herstellung von 60 Einheiten erhält er nach diesem linearen Verlauf der Leistungszulage folglich 50 € zusätzlich pro Tag. Über der 60. Einheit gibt es keine weitere Zulage, weil sonst die Qualität der Produkte leidet. Bei einem progressiven Verlauf der Entgeltlinie, bei dem zunächst weniger, dann aber mehr pro Einheit gezahlt wird, ist angestrebt, möglichst viele Einheiten zu produzieren. Bei einem degressiven Verlauf, z.B. 10 € Zulage für die 51. Einheit, aber nur noch 1 € für die 60. Einheit, ist es weniger attraktiv, auch die letzten möglichen Einheiten zu produzieren. Die Gesamtsumme der Leistungszulage im Beispiel bleibt über alle Verläufe hinweg gleich, wenn 60 Einheiten hergestellt werden.

Je nachdem, wie die Leistungszulage erhoben wird, spricht man von

■ Zeitlohn plus Leistungszulage

■ Prämienlohn

■ Akkordlohn

■ Pensumlohn

---

[171] Vgl. Scholz 2000, S. 744 ff.

Der Zeitlohn plus Leistungszulage wird meist gezahlt, wenn die Leistung nicht ganz eindeutig messbar ist, sondern eher auf Leistungsbewertung und Beurteilungsgesprächen beruht. Bei eindeutigeren Messgrößen sind, neben zahlreichen möglichen Mischformen, eher die Lohnformen Prämien-, Akkord- oder Pensumlohn im Einsatz. Aber auch diese setzen sich immer aus einem Basislohn/Zeitlohn und dem leistungsgekoppelten Entgelt zusammen.

Der Prämienlohn orientiert sich an Bezugsgrößen wie Stückzahlen oder Zeitwerten. Er kann als Einzel-, Gruppen-, Qualitäts- oder Nutzungsprämie ausgestaltet werden, je nachdem, welche Ziele verfolgt werden, z. B. Qualitätssteigerung, Ersparnis an Verbrauchsgütern, Maschinenauslastung usw. Die Berechnungsformel für den Prämienlohn ist meist: Prämienfaktor x (Vorgabezeit – Istzeit/Istzeit) x Grundentgelt pro Stunde.

Der Akkordlohn zielt auf den Zusammenhang zwischen Leistung und Arbeitsergebnis je Zeiteinheit. Bei dem Zeitakkord werden Vorgabezeiten gesetzt, deren Unterschreitung die Akkordzulage auslöst. Bei dem Geldakkord wird für eine Arbeitsleistung ein Geldbetrag angesetzt und dann mit der Anzahl der tatsächlichen Arbeitsleistungen multipliziert. Die in der Praxis üblichen Akkordzuschläge liegen zwischen 15 und 25 % des Basisgehalts.

Beim Pensumlohn wird eine Leistungsvorgabe gemacht. Wird diese erfüllt, d. h. das Pensum erreicht, wird der Zuschlag gezahlt.

Über diese eher im gewerblichen Bereich anzutreffenden Lohnformen hinaus gibt es noch weitere Modelle, die zu gerecht empfundener Entlohnung beitragen sollen. Exemplarisch seien hier das Cafeteria-System, die Erfolgsbeteiligung und die Eigenkapitalbeteiligung angesprochen. Bei den Cafeteria-Systemen kann der Mitarbeiter unter verschiedenen Entgeltbestandteilen auswählen. Das können z. B. materielle Leistungen sein wie Versicherungen, Sachleistungen oder auch eine Verschiebung von Leistungserbringung und Entgeltzahlung wie bei der Lebensarbeitszeit.

Bei der Erfolgsbeteiligung erhält der Mitarbeiter über seinen Basislohn hinaus eine Zahlung, die an den Erfolg (z. B. Umsatz, Wertschöpfung oder Gewinn) des Unternehmens oder einer Unternehmenseinheit geknüpft ist. Ziel der Erfolgsbeteiligung ist die Erhöhung der Motivation der Mitarbeiter. Aber auch der Gedanke, dass das Unternehmen lieber dem Mitarbeiter Entgelt als dem Staat Steuern zahlt, kann eine Rolle spielen.

Bei der Eigenkapitalbeteiligung in Aktiengesellschaften erwerben die Mitarbeiter Aktien oder Aktienoptionen des Unternehmens meist unter dem aktuellen Börsenkurs und haben so die Möglichkeit zu Gewinnen bei Verkauf nach Ablauf der Veräußerungssperrfrist.

Personalkostenbudgetierung

Auf der taktischen Ebene stehen nicht die mitarbeiterbezogenen Regelungen zum Gehalt im Vordergrund, sondern es geht um die Planung und Steuerung der Personalkosten. Dazu gibt es zwei Möglichkeiten: die pauschale Planung über den Personalbestand und die detaillierte Planung mittels Personalkostenbudget. Bei der Steuerung über den Personalbestand werden die den Ist-Kosten zugrunde liegenden Sachverhalte in die Zukunft fortgeschrieben und um vorhersehbare Änderungen berichtigt. So erhält man die Plankosten, welche Prognosecharakter haben.

Die Planung durch Budgetierung der Personalkosten in abgrenzbaren Bereichen, z. B. Abteilung, Projekt und Kostenstelle, ist detaillierter. Ein Personalbudget ist ein auf konkrete Leistungsziele abstellender verabschiedeter Plan, der die Obergrenze des Personalaufwands[172] für einen Bereich oder eine Abteilung und damit den Handlungsspielraum für personalbezogene Entscheidungen festlegt.[173] Es wird die Frage beantwortet, welche Personalkosten in der Planperiode entstehen und je nach Betrachtung auch, wie sich diese im Vergleich zu den Vorperioden entwickelt haben und was die Ursachen für diese Entwicklung sind.[174]

Die Personalbudgetierung liefert den einzelnen Organisationseinheiten bzw. Führungskräften verbindliche Plangrößen, die die Obergrenze des Personalaufwands definieren. Das ermöglicht meist eine höhere Entscheidungsbefugnis innerhalb der Budgetgrenzen und eine Stärkung der Ergebnisverantwortung in den dezentralen Einheiten. Somit können Personalkostenentscheidungen unter Beachtung der Obergrenze dezentral von den Personalverantwortlichen getroffen werden.

Wie bei jeder Budgetrechnung sollte durch einen monatlichen oder quartalsweisen Soll-/Ist-Vergleich eine Gegenüberstellung der realen und geplanten Personalkosten erfolgen. So können Abweichungen frühzeitig identifiziert, analysiert und gegebenenfalls korrigiert werden. Betrachtet werden bei der Budgetierung alle Grund- und Zusatzkosten, wobei ein besonderes Augenmerk den vom Unternehmen disponierbaren Einflussgrößen gilt (vgl. Tabelle 3-8). Die Personalkostenbudgetierung ermöglicht damit die (rechtzeitige) Steuerung der Personalkosten und die Suche nach Möglichkeiten zur Kosteneinsparung.

Wichtig ist die enge Abstimmung mit den Absatz- und Produktionsplänen sowie den anderen Unternehmensplanungen.

---

[172] Vgl. Horváth 1994, S. 255
[173] Vgl. Mag 1998, S. 189
[174] Vgl. RKW 1996, S. 487

Tabelle 3-8:   *Einflussgrößen der Personalkosten (nach Vogt 1984, S. 866 f.)*

Originäre Einflussgrößen

vom Unternehmen disponierbar		vom Unternehmen nicht disponierbar
Arbeitnehmeranzahl und -struktur, z. B. – Voll-/Teilzeitkräfte – Leiharbeitskräfte – Alter – Unternehmenszugehörig- keit – Geschlecht	Arbeits-/Betriebs- zeitgestaltung, z. B. – arbeitsrechtlicher Status – vertragliche Arbeitszeit/ Teilzeit – Mehrarbeit – Kurzarbeit – Schichtarbeit	z. B. – Arbeitstage je Kalender- monat/Jahr – Beitragsbemessungsgren- zen der Sozialversicherung – biometrische und sonstige Rechengrößen der Alters- versorgung
Arbeitsplatzgestaltung/ Arbeitsanforderungen, z. B. – Arbeitszeitdifferenzierung – Gleitzeit – Zeitarbeit – Anforderungen der Arbeitsaufgabe – Erschwernisse	Preise (betriebl. Vergütungs- sätze), z. B. – Umwelteinflüsse – freiwillige Zulagen – freiwillige Zusatzleistungen – Ergebnisbeteiligungen – Lohnform i. H. d. Mantel- tarifs	– Inanspruchnahme von Zu- satzleistungen – Lohnsätze – arbeitsrechtliche und tarif- vertragliche Bestimmungen (außer Haustarif) – personalbedingte Ereignisse wie z. B. Krankheit, Wohnungswechsel – individuelle Arbeitsleistung bei Leistungslohnsystemen

Abgeleitete Einflussgrößen, z. B.

– Stundenvergütung
– Wochen-/Monatseinkommen

Personalkostenstrukturierung

Auf der strategischen Ebene werden die Personalkostenstruktur sowie Personalkostenkennzahlen betrachtet. Bei der Personalkostenstruktur bietet sich eine Gliederung in drei Kostengruppen an:[175]

■ Bestandskosten entstehen durch die Bereitstellung des Personals

■ Aktionskosten sind jene, die für Beschaffung, Entwicklung, Abbau oder Einsatz von Personal anfallen

■ Reaktionskosten entstehen dem Unternehmen ohne unmittelbare Entscheidung, z. B. Fluktuations- und Fehlzeitenkosten

---

[175] Vgl. Scholz 2000, S. 696 ff.

Ansatzpunkt für die Analyse der Bestandskosten ist zum einen die Frage: „Was kostet uns unser Personal?", also die Frage nach dem Preis des Faktors Personal. Die Einflussmöglichkeiten bei dieser Fragestellung sind jedoch begrenzt, weil Entgelt nur langfristig veränderbar ist und auch Veränderungen von Zulagen und Zusatzleistungen keine kurzfristigen Personalkostensenkungen generieren. Die andere Frage ist die nach der Menge des Personals. Diese bietet bessere Eingriffs- und Steuerungsmöglichkeiten. Betrachtet werden z.B. die Belegschaftsstruktur unter den Aspekten Alter, Geschlecht, Qualifikation, Betriebszugehörigkeit, Mehrarbeitsquote und auch Arbeitszeitmodelle sowie Einsatzpläne unter dem Aspekt der Kostenverteilung.[176]

3.2.5.2 Reduzierung von Personalkosten

Alle Unternehmen stehen in einem zunehmend härteren Wettbewerb, in dem sie mit zahlreichen Maßnahmen um ihre Stellung kämpfen. Dazu gehören Innovationen, Prozessverbesserungen, mehr Vertriebsaktivitäten und einiges mehr. Eine von der Unternehmensführung in diesem Zusammenhang oft gestellte Forderung ist die nach einer Reduzierung der Personalkosten. Häufig fallen bei dieser Fragestellung zunächst Personalabbaumaßnahmen ein. Dazu gehören Maßnahmen mit und ohne Entlassungen, wie sie im Kapitel Personalabbau beschrieben sind. Aber es gibt weitere Möglichkeiten der Kostenreduzierung durch personalwirtschaftliche Aktivitäten. Dazu gehören im Wesentlichen folgende Stellschrauben:

- Einsatzoptimierung

- Maßnahmen zur Mitarbeiterflexibilisierung

- Strukturoptimierende Maßnahmen

- Senkung von Fehlzeiten und Fluktuation[179]

Zu jeder Stellschraube kann eine oder mehrere Kennzahlen oder Checklisten erstellt werden, die dann Messung, Kontrolle und Steuerung ermöglichen.

Die Einsatzoptimierung, also die Zuordnung von Mitarbeitern zu Stellen/Arbeitsplätzen, kann durch eine höhere Übereinstimmung der Anforderungen des Arbeitsplatzes mit dem Eignungsprofil der Mitarbeiter erreicht werden. Im Rahmen dieser Betrachtung sollte unter anderem eine Kennzahl „Übereinstimmung Soll-/Ist-Profil"[180] erarbeitet werden. Dazu werden auf der einen Seite die Anforderungen gelistet und in ihrem für die Stelle erforderlichen Ausprägungsgrad festgelegt. Auf der anderen Seite wird das Ist-Profil des Mitarbeiters dagegen betrachtet. Der Grad der

---

[176] Vgl. Scholz 2000, S. 695 f.
[179] Vgl. Praxistipp des VNR - Verlag für die Deutsche Wirtschaft AG, http://www.vnr.de
[180] Scholz 2000, S. 343

Übereinstimmung kann z.B. durch Punktvergabe gemessen werden. Folgende Fragen müssen bejaht werden können, um die Basis zur Einsatzoptimierung zu schaffen:

■ Gibt es Skillprofile im Unternehmen?

■ Kennt das Unternehmen bzw. die Personalabteilung die Qualifikationen der Mitarbeiter?

■ Wie sehen die Mitarbeiterbeurteilungen aus?

■ Sind die Mitarbeiter qualifikationsgerecht eingesetzt?

■ Ist ein modernes Personaleinsatz- und -steuerungssystem im Einsatz?

■ Kann eine Kennzahl „Übereinstimmung Soll-/Ist-Profil" gemessen werden?

Ein weiterer Ansatzpunkt zur Einsatzoptimierung ist die Mitarbeiterflexibilisierung. In zeitlicher Hinsicht ist darunter zu verstehen, dass Schwankungen im Arbeitsanfall durch Arbeitszeitregelungen[181] aufgefangen werden, z.B. durch Jahresarbeitszeitkonten, Gleitzeit- oder Überstundenregelungen. Es ist häufig besser, den Mitarbeiterbedarf einem mittleren Arbeitsanfall anzupassen. Arbeitsspitzen werden dann durch flexible zeitliche Regelungen und durch Leiharbeitnehmer aufgefangen und nicht durch Erhöhung des Personalbestands. Voraussetzung dafür ist, dass die auf einer Stelle oder in einem Bereich mögliche Arbeitszeitoptimierung erarbeitet wurde und das Arbeitszeitmodell auch die Bedürfnisse der Mitarbeiter im Auge behält. In qualifikatorischer Hinsicht ist darunter zu verstehen, dass die Mitarbeiter durch Qualifizierungsmaßnahmen befähigt werden, auch andere Arbeitsplätze zu besetzen. Durch diese Kompetenzverbreiterung können sie flexibler dort eingesetzt werden, wo erhöhter Bedarf ist. Dazu gehört auch, dass es klare Vertretungsregelungen gibt und eine Nachfolgeplanung vorhanden ist.

Auch die Strukturoptimierung des Mitarbeiterbestandes ist eine Möglichkeit der Personalkostenreduzierung. Dazu holt sich der Personalmanager folgende Informationen ein:

■ Wie sieht die Dauer der Betriebszugehörigkeit aus?

■ Wie ist es um den Mitarbeiterstamm und das Know-how bestellt?

■ Wie sieht das Durchschnittsalter (Summe Lebensalter durch Mitarbeiteranzahl) aus?

■ Wie sehen andere Strukturkennzahlen, der Anteil von z. B. Akademikern zu Nicht-Akademikern aus?

■ Können hoch qualifizierte, teure Mitarbeiter durch spezialisierte Zuarbeiter entlastet werden?

---

[181] Vgl. hierzu auch Scholz 2000, S. 339

Abbildung 3-20: *Fehlzeiten und ihre Beeinflussbarkeit (nach Nieder 1998, S. 13)*

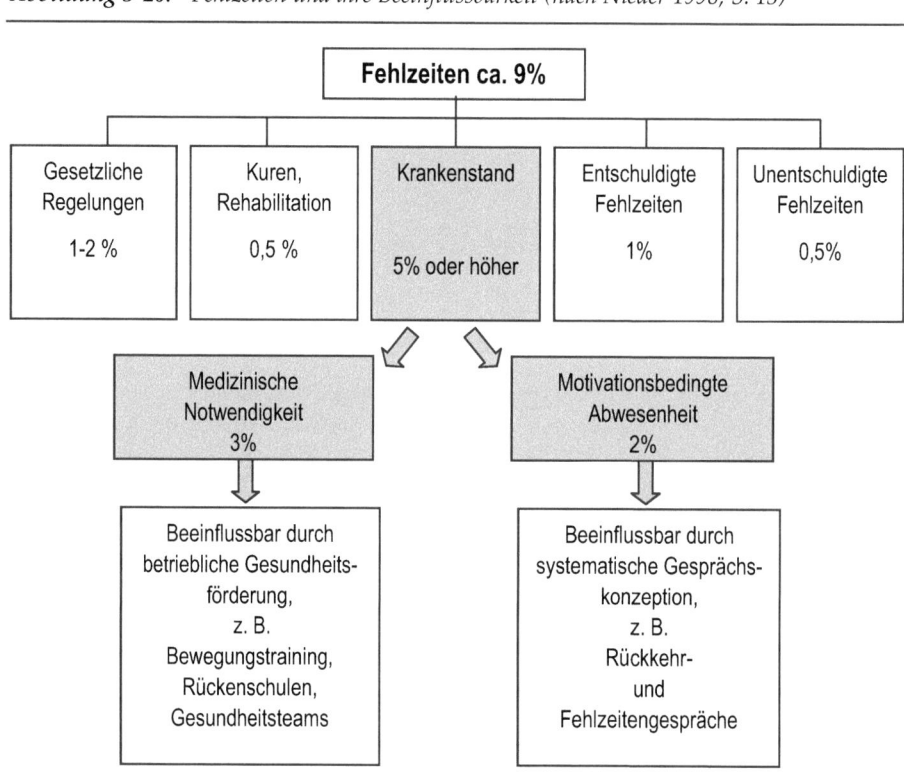

Die Senkung der Fehlzeiten ist eine weitere wichtige Möglichkeit, Personalkosten zu senken. Fast jedes Personalmanagement erhebt die Kennzahl Fehlzeiten, aber manchmal nicht in der nötigen Detaillierung. Nur ein Teil der Fehlzeiten ist auch tatsächlich steuerbar: Z. B. gibt es Krankheiten, denen durch betriebliche Gesundheitsförderung vorgebeugt werden kann, und die motivationsbedingte Abwesenheit kann ebenfalls gesteuert werden (vgl. Abb. 3-20; die dort genannte Fehlzeitenhöhe ist exemplarisch gewählt).

Je nach dem Problemfeld, welches die Fehlzeiten bedingt, sind entsprechende personalwirtschaftliche Maßnahmen einzuleiten. Liegt das Problem in der Einstellung zur Arbeit, wären Maßnahmen zur Förderung der Verantwortungsübernahme, Teamarbeit, Job-Enrichment, Einführen und Leben von Führungsgrundsätzen oder auch flexible Arbeitszeitregelungen hilfreich.[182] Insgesamt sollte in jedem Fall durch Rück-

---

[182] Vgl. Lisges/Schübbe 2005, S. 252

kehrgespräche und durch Training der Führungskräfte zum Fehlzeitenmanagement eine Senkung der motivationsbedingten Fehlzeiten gelingen.

Ein weiterer wesentlicher Ansatzpunkt des Personalkostenmanagements ist die Senkung der Fluktuation. Fluktuation, also das freiwillige Ausscheiden von Mitarbeitern aus dem Unternehmen, ist teuer (vgl. hierzu auch das Kapitel „Personalabbau"). Die Kosten der Fluktuation setzen sich zusammen als die Summe aus Ausstellkosten (Kosten für Minderleistung und Abwicklung) und Einstellkosten (Kosten für Anwerbung, Auswahl und Einarbeitung.[184] Ziel ist es, die Fluktuationsquote so gering wie möglich zu halten. Abgangsinterviews mit ausscheidenden Mitarbeitern helfen, die Gründe für die Abwanderung herauszufinden. Erst dann können entsprechende Maßnahmen zur Gegensteuerung eingeleitet werden.

---

[184] Die Fluktuationsquote kann mit der Kennzahl (Anzahl freiwilliger Austritte/durchschnittlicher Personalbestand):100 ermittelt werden; vgl. Schulte 2002, S. 182

3.3   Anreizsysteme

Leitfragen:

- Welche Formen unternehmensbezogener Anreize können unterschieden werden?

- Welche Funktionen haben betriebliche Anreize?

- Welche Besonderheiten weisen monetäre Anreizsysteme auf?

- Welche Formen der betrieblichen Altersversorgung gibt es?

- Welche Rahmenbedingungen sind beim Arbeitszeitmanagement zu beachten?

Unternehmen versuchen, ihre Ziele mithilfe ihrer Mitarbeiter zu erreichen. Diese Mitarbeiter sind jedoch keine Maschinen, sondern Individuen: Sie verfolgen, anders als die eingesetzten Sachmittel, in der Regel andere (eigene) Ziele. Während ein Unternehmen zum Beispiel anstrebt, bei der Konzeption und dem Bau von Industrieanlagen in Asien einen Marktanteil von 30 % zu erreichen, macht sich ein Mitarbeiter möglicherweise Gedanken darum, wie er seine Karriere vorantreiben, seine Handlungsspielräume in der Arbeit erweitern, seine Familie optimal versorgen oder den Kontakt zu Freunden intensivieren kann.

Wie kann ein Unternehmen nun dafür sorgen, dass die Mitarbeiter auch die Unternehmensziele verfolgen? Vermutlich wäre es zweckmäßig für ein Unternehmen, dafür zu sorgen, dass parallel zum Erreichen der Unternehmensziele auch die Mitarbeiter ihren persönlichen Zielen näher kommen (Win-win-Situation). Einige Wissenschaftler nahmen an, dass es aus der Sicht des Mitarbeiters eine Art Gleichgewicht zwischen seinen Beiträgen zum Erreichen der Unternehmensziele und den vom Unternehmen gebotenen Gegenleistungen (sogenannte Anreize) zum Erreichen seiner persönlichen Ziele geben muss. Diese Gedanken waren unter anderem Grundlage für die Anreiz-Beitrags-Theorie (inducement contribution balance), die Herbert A. Simon und James G. March bereits Mitte des 19. Jahrhunderts entwickelten.[185]

So überrascht es kaum, dass viele Unternehmen heute ihren Mitarbeitern eine ganze Reihe unterschiedlicher Gegenleistungen dafür anbieten, dass diese im Unternehmen ihre Arbeitsleistung erbringen. Solche Anreize bestehen beispielsweise aus der Zahlung von Geld, der Beteiligung am Unternehmensgewinn oder der Vergabe eines hierarchischen Titels (z. B. Hauptabteilungsleiter). Betriebliche Anreize umfassen alle

---

[185] Vgl. z. B. Staehle 1994, S. 405 ff.

materiellen und immateriellen Leistungen für Mitarbeiter, die vom Unternehmen mit dem Zweck ausgestaltet werden, das Verhalten der Mitarbeiter so zu beeinflussen, dass die Unternehmensziele erreicht werden können. Da es heute eine Vielzahl solcher betrieblicher Leistungen gibt, soll im Folgenden zunächst ein Überblick über mögliche Anreizformen gegeben werden.

3.3.1   Formen unternehmensbezogener Anreize

Unternehmen bieten ihren Mitarbeitern heute eine Vielzahl von Anreizen. Dabei können materielle Anreize (in Form von Geld oder Sachleistungen) und immaterielle Anreize unterschieden werden. Einige dieser Anreize beziehen sich zudem direkt auf die eigentliche Tätigkeit, andere entfalten ihre Wirkung im Tätigkeitsumfeld oder im privaten Bereich. Die Kombination verschiedener Anreize wird oft als Anreizsystem bezeichnet.

Wichtigster Teilbereich eines betrieblichen Anreizsystems sind sicher die materiellen Anreize, welche unmittelbar die Arbeit betreffen. Hierzu zählen insbesondere die vom Unternehmen gezahlten Löhne und Gehälter oder die Sonderzahlungen für besondere Leistungen (z. B. Boni). Dies verwundert nicht, da es für einen Mitarbeiter in der Regel üblich ist, diverse Grundbedürfnisse (z. B. nach einem „Dach über dem Kopf") mithilfe von Geld zu befriedigen.

Ebenfalls in diese Kategorie fallen sogenannte Incentives, die besonders in vertriebsorientierten Strukturen sehr beliebt sind. Hierzu zählen alle Sach- bzw. Geldprämien, die für das Erreichen zuvor definierter Ziele ausgegeben werden (z. B. die Reise für den besten Verkäufer im ersten Quartal). Generell können materielle Anreize auch in Sachleistungen bestehen. Hierzu zählen beispielsweise hochwertige Mobiltelefone, Notebooks oder eine exklusive Büroausstattung.

Materielle Anreize müssen jedoch nicht zwangsläufig die Arbeit selbst betreffen. Beispiele hierfür sind etwa die betriebliche Altersvorsorge, der Betriebskindergarten oder ein Betriebsrestaurant. Aber auch die subventionierte Dienstwohnung, der Parkplatz auf dem Betriebsgelände oder eine Fahrtkostenerstattung können zu den materiellen Anreizen zählen, die nicht unmittelbar mit der Arbeit zusammenhängen.

Solche materiellen Anreize sind, in gewissen Grenzen, mit einzelnen Mitarbeitern individuell verhandelbar und werden in der Regel vertraglich fixiert. Sie sind zudem für das Unternehmen häufig relativ einfach organisier- und planbar. Eine größere Herausforderung stellen die immateriellen Anreize dar. Diese sind oft nicht so klar abgrenzbar, betreffen meist relativ komplexe Sachverhalte bzw. viele Mitarbeiter und können häufig nur langfristig beeinflusst werden.

Tabelle 3-9:   *Betriebliche Anreize (Übersicht)*

	Materielle Anreize	Nichtmaterielle Anreize
Unmittelbar die Tätigkeit betreffend	• Lohn/Gehalt • Sonderzahlungen (z. B. Bonus, Urlaubs-/Weihnachtsgeld) • Gewinnbeteiligung • Dienstwagen • Incentives (z. B. Reise) • Notebook/Diensthandy	• Arbeitszeit • Betriebsklima/-kultur • Arbeitsgestaltung • Anerkennung/Status • Qualifikation • Kommunikation • Führungskultur
Nicht unmittelbar die Tätigkeit betreffend	• Betriebliche Altersvorsorge • Betriebskrankenkasse • Betriebskindergarten • Fahrtkostenerstattung • Parkplatz • Sonderkonditionen (für im Unternehmen hergestellte Produkte oder Dienstleistungen) • Dienstwohnung • Verpflegung/Kantine	• (Sonder-) Urlaub • Gesundheitsförderung/-vorsorge • Kulturelle Angebote • Freistellung für karitative Projekte • Betriebsfeiern • Sozialkontakte • Betriebssport

Zu den immateriellen Anreizen, die unmittelbar die Arbeit betreffen, gehören beispielsweise die Gestaltung der Arbeitszeit oder das Betriebsklima. Aber auch ein möglicher Qualifikationszuwachs im Rahmen der Tätigkeit ist hier anzusiedeln. Zudem können Bedürfnisse nach Kommunikation oder sozialer Anerkennung bzw. sozialem Status (z. B. Eintragung als Prokurist ins Handelsregister) in diesem Bereich befriedigt werden.

Von besonderer Bedeutung bei den immateriellen Anreizen ist jedoch die Gestaltung der Tätigkeit selbst. Dabei geht es um die Frage, wie man es schaffen kann, dass die Arbeit als solche einen Anreiz darstellt. In diesem Zusammenhang spricht man auch von intrinsischer (im Gegensatz zu extrinsischer) Motivation. Erste Hinweise darauf, was eine motivierende Tätigkeit ausmacht, geben Hackman und Oldham.[186] Aus ihrer Sicht sind fünf Faktoren besonders ausschlaggebend:

■ Vielseitigkeit: Tätigkeiten, die besonders abwechslungsreich sind, laufen weniger Gefahr, monoton zu werden. Zudem stellt es für die Mitarbeiter eine besondere Herausforderung dar, wenn unterschiedliches Wissen bzw. Können im Sinne einer Anforderungsvielfalt kombiniert werden muss, um zu guten Ergebnissen zu kommen.

■ Ganzheitlichkeit: Bei der Gestaltung einer Tätigkeit sollte eine allzu große Fragmentierung, also die Aufteilung in kleine Teiltätigkeiten, vermieden werden. Dadurch können insbesondere sinnentleerte Tätigkeiten vermieden werden.

■ Bedeutung: Wichtig für die Motivation ist auch die wahrgenommene Bedeutung einer Tätigkeit. Wenn ein Mitarbeiter weiß, welchen Beitrag er beispielsweise zum Erreichen von Unternehmenszielen leistet, erlebt er eine Tätigkeit in der Regel als motivierender.

■ Autonomie: Eine Tätigkeit ist zudem tendenziell motivierender, je mehr ein Mitarbeiter für die Ergebnisse der eigenen Tätigkeit verantwortlich ist. Arbeitsbedingungen, bei denen jeder noch so kleine Schritt vorher abgestimmt werden muss, fördern im Gegensatz dazu eine gewisse Gleichgültigkeit gegenüber der Tätigkeit und ihren Ergebnissen.

■ Rückmeldung: Die Tätigkeit sollte so gestaltet werden, dass man jederzeit weiß, wie gut man gearbeitet hat. Dies beinhaltet z. B. regelmäßiges Feedback zur Arbeitsgeschwindigkeit und zur Qualität der Arbeitsergebnisse.

Eher seltener finden sich im betrieblichen Umfeld immaterielle Anreize, die nicht unmittelbar mit der Arbeit zusammenhängen. Hierzu zählen beispielsweise Angebote der betrieblichen Gesundheitsförderung (z. B. ein Manager-Check-up) oder Betriebssportangebote. Aber auch kulturelle Veranstaltungen oder Betriebsfeiern können in diese Kategorie eingeordnet werden.

Noch nicht sehr verbreitet ist die Freistellung für karitative Projekte. So erleben es viele Mitarbeiter als positiv, wenn ihre Arbeitgeber beispielsweise Bildungsprojekte in Entwicklungsländern nicht nur finanziell unterstützen, sondern die Mitarbeiter aktiv in solche Projekte einbinden.

In der betrieblichen Praxis wird eine Vielzahl von Anreizformen eingesetzt. Dabei stellt sich die Frage, welche Anreize ein Unternehmen in seiner speziellen Situation anbieten sollte. Dazu ist es notwendig, zunächst die unterschiedlichen Funktionen von Anreizen zu analysieren und mögliche Kriterien für die Auswahl zu entwickeln.

---

[186] Vgl. von Rosenstiel 2007, S. 98 ff.

3.3.2 Funktion und Auswahl betrieblicher Anreize

Um die Frage, welches Angebot bzw. welche Kombination von Mitarbeiter-Anreizen aus Sicht eines Unternehmens optimal sind, zu beantworten, hilft es, sich zunächst mögliche Funktionen betrieblicher Anreize anzusehen. Zu diesen Funktionen zählen:

- Kommunikationsfunktion: Ein Anreizsystem hat immer auch eine Kommunikationsfunktion. Es transportiert, neben den Sachinformationen über das Anreizsystem selbst, Informationen über die Haltung gegenüber den Mitarbeitern. Zusätzlich ist es auch möglich, beispielsweise Informationen über notwendige Veränderungen im Unternehmen an die Mitarbeiter weiterzugeben. So kann z. B. der Abbau von fixen Gehaltsbestandteilen hin zu variablen Vergütungselementen deutlich machen, dass Leistung in Zukunft eine größere Rolle spielen soll und insofern ein kultureller Wandel angestrebt wird.

- Bindungsfunktion: Ein betriebliches Anreizsystem soll auch dazu dienen, die Entscheidung von Mitarbeitern, sich für ein bestimmtes Unternehmen zu engagieren, positiv zu beeinflussen. Dies gilt sowohl für neue potenzielle Mitarbeiter als auch für den bestehenden Mitarbeiterstamm. Das Anreizsystem kann in dieser Funktion als Teil des Personalmarketings verstanden werden. Im Idealfall gelingt es, durch das Anreizsystem die Identifikation des Mitarbeiters mit dem Unternehmen auszubauen und ihn langfristig zu binden.

- Steuerungsfunktion: Anreizsysteme üben in der Regel eine (gewollte oder auch ungewollte) Steuerungsfunktion aus. Sie beeinflussen dabei drei motivationale Aspekte: Richtung, Stärke und Ausdauer des Mitarbeiterverhaltens.[187] Zudem kann ein Tun, aber auch ein Unterlassen Ziel der Anreize sein.

- Risikominimierungsfunktion: Die Tatsache, dass Mitarbeiter während ihrer Tätigkeit eigene Ziele verfolgen, führt dazu, dass Risiken entstehen. Denkbar sind etwa Leistungszurückhaltung oder auch strafbare Handlungen. Wenn es durch das Anreizsystem gelingt, dass Mitarbeiter stärker die Ziele des Unternehmens verfolgen, sinken gleichzeitig diese Risiken.

Die persönlichen Zielvorstellungen von Menschen sind in der Regel sehr unterschiedlich. Insofern wäre es aus Sicht eines Unternehmens kaum zweckmäßig, nur auf einzelne, isolierte Anreize zu setzen. Ebenso wenig ist es möglich, für jeden Mitarbeiter ein individuelles Set an Anreizen bereitzuhalten oder einfach alle möglichen Anreize anzubieten. Zudem wirken die einzelnen Anreize unterschiedlich stark und unterschiedlich lange.

Ein Unternehmen bewegt sich hier in einem Zieldreieck. Auf der einen Seite sollen die Anreize möglichst lange und intensiv wirken, auf der anderen Seite möglichst geringe Kosten verursachen.

---

[187] Vgl. hierzu auch die Zieltheorie von Locke (z. B. Staehle 1994, S. 221 f.)

Abbildung 3-21:   *Zieldreieck betrieblicher Anreize*

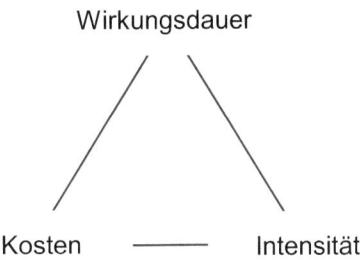

Wirkungsdauer

Kosten ——— Intensität

Die einzelnen Anreizformen wirken je nach Person und Unternehmen unterschiedlich stark und lang, und auch die Kosten können je nach Unternehmen stark differieren.

Die Ursachen hierfür können vielfältig sein: So kann etwa eine Leistungsprämie in einer Vertriebsorganisation die gewünschte Absatzsteigerung vorantreiben. Die gleiche Prämie kann in einem Kindergarten als Fremdkörper wahrgenommen werden, da hier der Teamgedanke eine ganz zentrale Rolle spielt. Die Kosten für den Betriebskindergarten können, je nach Standort, höchst unterschiedlich ausfallen. Und ein Familienvater, der gerade bauen möchte, legt vielleicht keinen Wert auf einen betrieblichen Titel. Viel mehr würde er sich über mehr Geld oder einen Mitarbeiterkredit zur Realisierung seines Bauvorhabens freuen.

Letztlich muss jedes Unternehmen ein für sich passendes Anreizsystem entwickeln. Mögliche Kriterien für die Passung können sein:[188]

- Leistungsorientierung: Das Anreizsystem führt beispielsweise dazu, dass leistungsstärkere Mitarbeiter ein höheres Einkommen erzielen können

- Gerechtigkeit: Das Anreizsystem berücksichtigt beispielsweise das unterschiedliche Können und Wissen der Mitarbeiter, wird den unterschiedlichen Anforderungen in den einzelnen Tätigkeiten gerecht und berücksichtigt, dass die einzelnen Mitarbeiter unterschiedlich viel zum Unternehmenserfolg beitragen

- Transparenz: Die Mitarbeiter können die einzelnen Anreizarten durchschauen, nachvollziehen und deren Ergebnisse vorhersehen

- Integration: Das Anreizsystem fügt sich nahtlos in andere betriebliche Systeme, etwa das Führungssystem, ein und passt zur Unternehmenskultur

---

[188] Vgl. Locher 2001, S. 19 ff.

■ Individualisierung: Das Anreizsystem ist so flexibel, dass es potenziell auf die Bedürfnisse und Wünsche aller Mitarbeiter anpassbar ist

■ Wirtschaftlichkeit: Die Kosten des Anreizsystems liegen nicht über dem Nutzen, den es für das Erreichen von Unternehmenszielen stiftet

■ Effektivität: Das Anreizsystem entfaltet die beabsichtigten Wirkungen

Betriebliche Anreize können sehr unterschiedlich gestaltet werden. Beispielhaft werden im Folgenden die monetären Anreizsysteme, die betriebliche Altersvorsorge und das Arbeitszeitmanagement näher betrachtet.

3.3.3 Monetäre Anreizsysteme

Monetäre Anreize stehen zweifelsohne im Mittelpunkt betrieblicher Anreizsysteme. Dies ist nicht zuletzt deshalb der Fall, weil sich diverse Grundbedürfnisse (etwa nach Nahrung und Unterkunft) mithilfe von Geld befriedigen lassen. Dabei lässt sich in den letzten Jahren ein Trend beobachten: der Schwenk von der Input- zur Output-orientierung. Es geht nicht mehr so sehr darum, bloße Anwesenheit zu honorieren. Vielmehr soll ein monetäres Anreizsystem so gestaltet sein, dass es die Mitarbeiter dazu motiviert, positive Arbeitsergebnisse zu produzieren und damit zu helfen, den Erfolg eines Unternehmens zu steigern.

Doch kann Geld überhaupt zur Motivation von Mitarbeitern beitragen? Offensichtlich ist dies nicht immer der Fall: „Mehr Geld für mehr Leistung verliert […] dann an Bedeutung, wenn die Grundbedürfnisse befriedigt sind oder das Erbringen der Leistung so viel Zeit in Anspruch nimmt, dass die Sekundärziele (Freizeiterleben oder Erwerb von Statussymbolen) zwar finanzierbar werden, aber der arbeitende Mensch sie aus Zeitmangel oder Erschöpfung weder genießen noch präsentieren kann."[189]

Weitere Hinweise für diese Einschätzung lieferte bereits Herzberg. Er hat im Rahmen seiner Pittsburgh-Studie deutlich gemacht, dass Geld sowohl als Hygienefaktor (ein Faktor, der Unzufriedenheit verhindert, aber nicht zufrieden macht) als auch als Motivator (ein Faktor, der zufrieden macht, dessen Nichtexistenz aber nicht zur Unzufriedenheit führt) wirken kann.[190] Während ein Grundgehalt eher als Hygienefaktor verstanden wird, kann eine leistungsabhängige Zusatzvergütung als Zeichen der Anerkennung für eine hohe Leistung motivieren. Herzberg gelingt es damit, plausible Erklärungen für Erfahrungen aus dem Alltag zu liefern. Allerdings stellt sich die Frage, inwiefern wissenschaftliche Untersuchungen die Einschätzung Herzbergs, dass Geld auch motivieren kann, untermauern können.

---

[189] Kaschube/von Rosenstiel 2000, S. 71
[190] Vgl. Staehle 1994, S. 209 ff.

3.3.3.1 Motivationswirkung von monetären Anreizsystemen

Etliche Untersuchungen haben sich mit der Frage beschäftigt, inwiefern Geld (im Sinne einer leistungsabhängigen Bezahlung) motivierend wirkt. Aus Sicht der Unternehmen scheint diese Frage allerdings bereits beantwortet. In fast jedem Unternehmen werden jährlich erhebliche Summen in Form von Sonderzahlungen an die Mitarbeiter überwiesen. Schließlich, so die Befürworter von monetären Anreizsystemen in Unternehmen, müsse gute Leistungen auch gut vergütet werden. Die bisher vorliegenden Forschungsergebnisse sind jedoch alles andere als eindeutig.[191]

So verweisen einige Autoren darauf, dass leistungsorientierte variable Vergütungsbestandteile möglicherweise die intrinsische Motivation für die Arbeit mindern könnten. Diese intrinsische Motivation, die in der Tätigkeit selbst ihren Ursprung hat, würde durch eine extrinsische Motivation (nämlich die leistungsorientierte Vergütung) ersetzt. Dies habe jedoch gravierende Nachteile für ein Unternehmen, da eine intrinsische Motivation aus mehreren Gründen für den Unternehmenserfolg wichtig sei.

In diesem Zusammenhang argumentieren Frey und Osterloh[192], dass Mitarbeiter als Folge einer leistungsorientierten Vergütung stärker ihr eigenes Wohl in den Vordergrund rücken und Aspekte der Arbeit, für die es keine Erfolgsprämie gibt, vernachlässigen könnten. Auch würde wahrscheinlich die gegenseitige Unterstützung bei der Arbeit leiden. So würde etwa der Austausch von Know-how weniger attraktiv, wenn sich die leistungsorientierten Vergütungsbestandteile rein auf die individuelle Leistung bezögen. Nicht zuletzt würden kreative Tätigkeiten, die meist eine Folge intrinsischer Motivation sind, in den Hintergrund gerückt werden. Extrinsisch motivierte Mitarbeiter würden sich eher darauf konzentrieren, was bereits in der Vergangenheit gut funktioniert hat.

Die Komplexität von Unternehmen macht es letztlich unmöglich, alle relevanten Aspekte der Arbeitstätigkeit im Rahmen einer leistungsorientierten Entlohnung zu erfassen. Aus Sicht der Autoren kommt daher „pay for performance" (also eine Entlohnung, die auf der individuellen Leistung eines Mitarbeiters beruht) nur dann in Frage, wenn keine intrinsische Motivation vorhanden ist. Dies ist etwa bei einfachen Tätigkeiten bzw. dann, wenn Personen ausschließlich am Gelderwerb interessiert sind, der Fall.[193]

Andere Autoren teilen diese Ansicht nicht.[194] So kommen Cameron, Banko und Pierce im Rahmen einer umfangreichen Metaanalyse zu dem Schluss, dass eine extrinsische Motivation über Belohnungen keineswegs zwangsläufig einen negativen Effekt auf die intrinsische Motivation haben muss.[195] Im Gegenteil: In bestimmten Konstellationen,

---

191 Vgl. Kaschube/von Rostenstiel 2000, S. 72
192 Vgl. Frey/Osterloh 2000, S. 67 f.
193 Vgl. Frey/Osterloh 2000, S. 67
194 Vgl. z.B. Prendergast 1999, S. 18
195 Vgl. Cameron/Banko/Pierce 2001, S. 27

etwa bei erwarteten und leistungsabhängigen Belohnungen in Form von Geld oder ähnlichem, würde die extrinsische die intrinsische Motivation noch verstärken.

Es scheint, dass eine differenzierte Betrachtungsweise notwendig ist, um die motivationalen Effekte von monetären Anreizen zu verstehen. Wenn zum Beispiel leistungsbezogene Vergütungselemente manchmal die beabsichtigten Wirkungen zeigen und manchmal nicht: Wovon hängt dies im Einzelfall ab? Hierfür kommen verschiedene Sachverhalte in Frage:[196]

- Positives Leistungs-Beitrags-Denken: Je mehr ein Mitarbeiter davon überzeugt ist, dass mehr Leistung auch mit mehr Vergütung einhergehen sollte, desto wirksamer kann das System der Leistungsvergütung sein.

- Negatives Leistungs-Beitrags-Denken: Hingegen wird die Überzeugung eines Mitarbeiters, dass es keine bzw. möglichst geringe Einkommensunterschiede geben sollte, einen negativen Einfluss auf die Wirksamkeit von monetären Anreizen haben.

- Kollegenvergleich/Externenvergleich: Mitarbeiter vergleichen ihren persönlichen Einsatz und die resultierenden monetären Anreize mit dem, was ihre Kollegen oder Externe investieren und welches Ergebnis diese erzielen können. Je stärker dieses Austauschverhältnis differiert, etwa wenn der Kollege für wesentlich weniger Engagement den gleichen Lohn erhält, desto stärker demotiviert wird der Mitarbeiter sein.

- Prozess- bzw. Systemakzeptanz: Nicht nur Art und Umfang eines monetären Anreizes sind für die motivationale Wirkung entscheidend. Auch die Art, wie die monetären Anreize ermittelt werden (z. B. durch Kennziffern oder Leistungsbeurteilung), spielt eine große Rolle bei der Wirksamkeit eines solchen Systems.

- Einflussnahme: Je stärker ein Mitarbeiter die monetären Anreizsysteme oder die Elemente einer leistungsbezogenen Vergütung mitgestalten kann, desto stärker motiviert ihn das System.

- Indirekte/Direkte Erwartung: Je enger ein Mitarbeiter den Zusammenhang zwischen dem Engagement bei der Arbeit und dem resultierenden Arbeitsergebnis zum einen (indirekte Erwartung) und den Zusammenhang zwischen Arbeitsergebnis und Umfang der monetären Anreize zum anderen wahrnimmt (direkte Erwartung), desto stärker wird er in der Regel durch das Anreizsystem motiviert. Entscheidend ist in diesem Kontext auch eine relativ enge zeitliche Kopplung der Vergütung an das Arbeitsergebnis.[197]

- Bedürfnisse: Je stärker ein Mitarbeiter zusätzliche Einkünfte benötigt, desto stärker wird er durch leistungsbezogene Vergütungselemente motiviert.

---

[196] In Anlehnung an Dressler 2000, S. 43 ff.
[197] Vgl. Kaschube/von Rosenstiel 2000, S. 72

Diese Aufzählung ist sicher nicht abschließend. Zudem tragen die genannten Sachverhalte unterschiedlich stark zur Akzeptanz leistungsbezogener Vergütungselemente bei. Aus der Sicht von Dressler sind insbesondere das Leistungs-Beitrags-Denken und der Kollegenvergleich entscheidend.[198]

Auch wenn der Schwerpunkt der bisherigen Ausführungen sich auf einzelne Individuen bezieht, darf nicht vergessen werden, auch gruppenbezogene Anreizsysteme zu thematisieren. Insbesondere in Situationen, in denen Teamfähigkeit entscheidend ist, können gruppenbezogene Anreize notwendig werden. Gleiches gilt auch dann, wenn die Zurechnung eines Erfolgs auf einen einzelnen Mitarbeiter nur schwer oder gar nicht möglich ist. Die motivierenden Effekte hängen in diesen Fällen stark von der Gruppengröße ab. In kleineren Gruppen ist der Leistungsanteil eines Einzelnen in der Regel leichter zu ermitteln.[199]

Monetäre Anreizsysteme scheinen im Einzelfall eine motivierende Funktion bieten zu können. Dies ist jedoch nicht immer der Fall und hängt stark von der konkreten Situation ab. So kommen Kaschube und von Rosenstiel auch letztlich zu dem Schluss, dass „aufgrund einer Vielzahl unterschiedlicher Einflussfaktoren auf der Ebene gesellschaftlicher Werte, organisationaler und individueller Charakteristika [...] eindeutige Aussagen darüber, wann und bei wem leistungsabhängige Entlohnungsformen motivationssteigernd wirken, nur schwer möglich [sind]"[200].

3.3.3.2 Einflussfaktoren zur Bestimmung monetärer Anreize

Eine Voraussetzung dafür, dass ein monetäres Anreizsystem motivierend wirken kann, ist eine wahrgenommene Fairness bzw. Gerechtigkeit. Allerdings ist es äußerst schwierig, beispielsweise ein gerechtes Gehalt zu finden. Es ist dennoch eine zentrale Frage im betrieblichen Alltag, welche Höhe bzw. welche Form monetäre Anreize haben sollten. Wann wird eine Belohnung als gerecht empfunden? Wie kann ein Unternehmen feststellen, ob es zu viel oder zu wenig zahlt? Und wie Klarheit darüber gewinnen, ob die Anreizstruktur passt? Um diese Fragen beantworten zu können, ist es zunächst notwendig, sich klar zu machen, welche Einflussfaktoren bei der Bestimmung monetärer Anreize zum Tragen kommen können.

Monetäre Anreize sind im Unternehmenskontext von einer Vielzahl von Einflussfaktoren abhängig. So ist ein Faktor für die Höhe monetärer Anreize regelmäßig die Qualifikation eines Mitarbeiters. Je höher der Bildungsabschluss, desto spezieller und vielseitiger ist er in der Regel einsetzbar und dadurch auch wertvoller für ein Unternehmen.

---

[198] Vgl. Dressler 2000, S. 44
[199] Vgl. Kaschube/von Rosenstiel 2000, S. 73
[200] Kaschube/von Rosenstiel 2000, S. 75

Abbildung 3-22:   *Mögliche Einflussfaktoren zur Bestimmung monetärer Anreize*

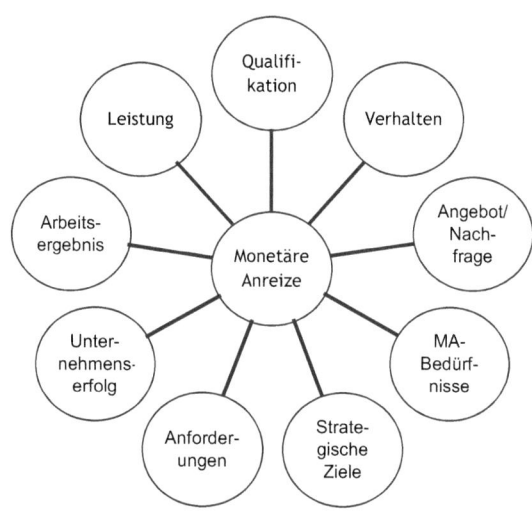

Dieser Wert spiegelt sich auch am Markt für Arbeitskräfte wider. Auch die Knappheit bei der Beschaffung, also der „Marktwert" von potenziellen Mitarbeitern, macht regelmäßig Anpassungen bei den monetären Anreizsystemen notwendig. Um überhaupt in die engere Wahl als potenzieller Arbeitgeber kommen zu können, muss sich das Anreizsystem zumindest auf einem ähnlichen Niveau bewegen wie das der Konkurrenzunternehmen.

Auch die Bedürfnisse eines Mitarbeiters können die Gestaltung monetärer Anreizsysteme beeinflussen. Denkbar ist beispielsweise das Angebot eines Firmenparkplatzes im Innenstadtbereich oder das Angebot günstiger Darlehen für Mitarbeiter, die gerade dabei sind, ein Haus zu erwerben.

Aus Unternehmenssicht sind insbesondere die Anforderungen, die eine Stelle an den Mitarbeiter stellt, entscheidend für die Höhe der monetären Anreize. Hat der Mitarbeiter Führungsverantwortung? Welche komplexen Projekte wird er leiten? Inwiefern muss er mit widrigen Arbeitsbedingungen (Lärm, Hitze) zurechtkommen?

Aber auch die Leistung der Mitarbeiter ist ein entscheidender Einflussfaktor. Gerade bei leistungsorientierten Anreizsystemen stellt sich die Frage, wie überdurchschnittliches Engagement ermittelt und vergütet werden kann. Dieser Aspekt hängt eng zusammen mit den Leistungs- bzw. Arbeitsergebnissen, die ebenfalls einen Einfluss auf die Gestaltung von monetären Anreizsystemen haben können. Mitunter lässt sich eine gute Leistung aber nicht an einem materiellen Ergebnis, sondern eher an einem bestimmten Verhalten festmachen. Dies ist etwa in Call-Centern der Fall, wo die Kundenberatung und -zufriedenheit im Mittelpunkt steht und keine verkäuferischen Aspekte zum Tragen kommen.

Auch strategische Ziele oder der Unternehmenserfolg können einen Einfluss auf Elemente eines monetären Anreizsystems haben. So ist es etwa möglich, variable Vergütungselemente an die Wertsteigerung des Unternehmens am Aktienmarkt zu koppeln oder Bereichskennziffern (z. B. Renditekennzahlen) zur Berechnung einer Sonderzahlung heranzuziehen.

3.3.3.3 Rechtliche Grundlagen für monetäre Anreizsysteme

Neben den beschriebenen Einflussfaktoren sind auch rechtliche Rahmenbedingungen relevant für die Gestaltung von monetären Anreizsystemen. Dabei können verschiedene Ebenen unterschieden werden.[201]

Bereits auf gesetzlicher Ebene, sei es im bundesdeutschen oder im EU-Recht, finden sich diverse Regelungen, die Einfluss auf monetäre Anreizsysteme haben. Hierzu zählt beispielsweise das Allgemeine Gleichstellungsgesetz (AGG), das Bundesurlaubsgesetz (BUrlG) oder das Entgeltfortzahlungsgesetz (EntgFG). Weitere Vorschriften finden sich im Bürgerlichen Gesetzbuch (BGB) oder im Handelsgesetzbuch (HGB).

Die genannten Gesetze sind in der Regel nur der Rahmen für ein monetäres Anreizsystem. In der Praxis wesentlich wichtiger sind Regelungen, die in Tarifverträgen fixiert worden sind. Solche Tarifverträge sind oft unterteilt: Während ein sogenannter Manteltarifvertrag allgemeine Regeln über die Entlohnung von Mitarbeitern enthält (z. B. Lohngarantien, wenn ein Mitarbeiter versetzt wird, oder grundlegende Regeln über die Akkordarbeit), sind in speziellen Lohn- und Gehaltstarifverträgen Details zur Entlohnung (z. B. Gehaltsgruppen) geregelt. In den vergangenen Jahren wurden Tarifverträge deutlich weiterentwickelt. So entfällt z. B. mehr und mehr die Differenzierung zwischen Arbeitern und Angestellten, da sie heute kaum mehr relevant ist. Zudem gibt es in vielen Tarifverträgen inzwischen Öffnungsklauseln, die ein Abweichen von tarifvertraglichen Bestimmungen bei wirtschaftlichen Problemen erlauben.

Zusätzliche Regelungen für monetäre Anreizsysteme können sich in Dienst- bzw. Betriebsvereinbarungen finden. Dies können z.B. Grundsätze für ein Zielvereinbarungssystem sein. Auch in einem Arbeitsvertrag befinden sich meist viele Regelungen, die ein monetäres Anreizsystem betreffen. Dies kann sich auf die Höhe des Grundentgelts, die Teilnahme an Bonusprogrammen, die Fälligkeit des Entgelts, die Vergütung von Überstunden oder andere Elemente eines monetären Anreizsystems beziehen.

---

[201] Vgl. Olfert 2006, S. 303 ff.

3.3.3.4 Elemente monetärer Anreizsysteme

Ein monetäres Anreizsystem kann verschiedene Elemente beinhalten. Diese können auf drei Ebenen angesiedelt werden: der Ebene der Vergütung, der Mitarbeiterbeteiligung sowie der der sonstigen Elemente.

Tabelle 3-10:   *Elemente monetärer Anreizsysteme*

Ebene	Bezeichnung	Beispiele
Vergütung	Feste Elemente	Grund-, Tarifgehalt
	Variable Elemente	Bonus, Prämie
Mitarbeiterbeteiligung	Beteilung am Erfolg	Gewinnbeteiligung, Umsatzbeteiligung
	Kapitalbeteiligung	Belegschaftsaktien, Mitarbeiterdarlehen
Sonstige Elemente	Altersversorgung	Direktzusage, U-Kasse, Pensionskasse/-fonds, Direktversicherung
	Arbeitsmittel	Dienstwagen, Notebook, Mobiltelefon etc.
	Sonstige Vorteile	Dienstwohnung, Sonderkonditionen

Im Bereich der Vergütung können feste und variable Elemente unterschieden werden. Sie stellen die Basis der Vergütung dar und sollten aus motivationalen Gesichtspunkten heraus eine angemessene Höhe besitzen, also etwa einem Vergleich mit einem Externen stand halten. Bei den variablen Vergütungsbestandteilen geht es um individuelle Leistung. Entscheidend ist dabei unter anderem das Verhältnis zwischen festen und variablen Vergütungsbestandteilen. So wird die Einkommenssicherheit durch erfolgsabhängige Vergütungsformen reduziert. Dies kann, etwa wenn Mitarbeiter auf sichere Einkünfte angewiesen sind, zu Unsicherheit und Demotivation führen. In der Regel akzeptieren Mitarbeiter es nicht, dass einfach nur ein Teil des ehemals fixen Gehalts variabel ausgestaltet wird. Vielmehr wird oft eine Art Risikoprämie als Aufschlag angeboten, sodass ein Mitarbeiter, wenn er maximale Leistung bringt, mehr als sein ursprünglich fixes Gehalt verdienen kann.[202] Die Höhe des variablen Entgelts ist

---

[202] Vgl. Beblo/Wolf/Zwick 2002, S. 3

auch für die Anreizwirkung entscheidend. Erst ab einem Prozentsatz zwischen 7 % und 10 % ist mit einer nennenswerten Anreizwirkung zu rechnen.[203]

Auf der zweiten Ebene, der Mitarbeiterbeteiligung, kann zwischen einer Beteiligung am Erfolg eines Unternehmens und einer Kapitalbeteiligung unterschieden werden.[204] Beide Vergütungsformen stellen in der Regel freiwillige Leistungen des Unternehmens dar. Während eine Erfolgsbeteiligung in der Regel eine Sonderzahlung auslöst, hat der Mitarbeiter bei einer Kapitalbeteiligung die Möglichkeit, selbst in das Unternehmen zu investieren. Dies kann entweder in Form einer Eigenkapitalbeteiligung (z. B. Belegschaftsaktien) oder einer Fremdkapitalbeteiligung (z. B. in Form eines Darlehens, das der Mitarbeiter dem Unternehmen gewährt) geschehen.

Bei der Erfolgsbeteiligung kann man verschiedene Erfolgsaspekte betonen. So ist zum einen denkbar, Erfolg im Sinne einer Zielerreichung für ein konkretes Arbeitsergebnis zu honorieren. Dies könnte etwa das Erfüllen von Budgetvorgaben, das Erzielen einer bestimmten Produktionsmenge oder das Erreichen von Kostenzielen bedeuten. Erfolg kann zweitens Ertragskomponenten, beispielsweise den erzielten Umsatz, in den Fokus rücken. Drittens ist auch eine Beteiligung am Gewinn denkbar. Stärker im Ausland verbreitet sind Erfolgsbeteiligungen, die auf eine Wertentwicklung des Unternehmens abstellen. Der Mitarbeiter hat hier die Möglichkeit, beispielsweise sogenannte „stock options" zu erwerben. Er erhält dadurch das Recht, Unternehmensaktien zu einem bestimmten Kurswert zu erwerben.

Eine Erfolgsbeteiligung birgt immer auch ein gewisses Risiko. Es muss sehr genau analysiert werden, welche Folge die Kopplung bestimmter Faktoren an die leistungsorientierte Vergütung haben kann. So ist es beispielsweise denkbar, den Gewinn als Maßstab für die leistungsabhängige Vergütung eines Vorstands zu nutzen. Dies könnte ihn dazu verleiten, das Unternehmen durch Zukäufe stark wachsen zu lassen und damit andere Ziele, etwa eine bestimmte Kapitalrendite, zu vernachlässigen.[205]

Eine immer wichtigere Rolle bei den monetären Anreizsystemen spielen die sonstigen Elemente. Dabei kann es sich beispielsweise um einen Dienstwagen oder die betriebliche Alterversorgung handeln, die im nächsten Teilkapitel näher erläutert wird. Die Anreizwirkung solcher Elemente ist in der Regel umso größer, je besser sie auf die Bedürfnisse der einzelnen Mitarbeiter zugeschnitten sind. Aus diesem Grund haben auch sogenannte Cafeteria-Systeme, also Anreizsysteme, bei denen ein Mitarbeiter unter verschiedenen Elementen wählen kann, Hochkonjunktur.[206] Solche Systeme sind auch für Unternehmen interessant, da die Anreizwirkung gesteigert werden kann, ohne dass erhebliche Mehrkosten notwendig wären.

---

[203] Vgl. Kaschube/von Rosenstiel 2000, S. 72
[204] Vgl. Scholz 2000, S. 754 ff.
[205] Vgl. Beblo et al. 2002, S. 5
[206] Vgl. das Praxisbeispiel Anreizsysteme (Kapitel 3.3.6)

Welche der beschriebenen Elemente monetärer Anreizsysteme sollten nun aus Motivationsgesichtspunkten von Unternehmen eingesetzt werden? Diese Frage lässt sich kaum pauschal beantworten. Jedoch muss ein monetäres Anreizsystem Spielraum für die Bedürfnisse der unterschiedlichen Mitarbeiter bereithalten.

3.3.3.5 Einführung von monetären Anreizsystemen

Die Einführung oder gravierende Veränderung eines monetären Anreizsystems ist immer mit erheblichem Aufwand verbunden. So werden beispielsweise personelle Kapazitäten bei der Entwicklung und Umsetzung des Systems gebunden. Da in der Regel nur diejenigen ein neues System gutheißen werden, die letztlich auch davon profitieren, kann es zu Demotivation und Konflikten (z. B. mit dem Personal-/Betriebsrat) kommen. Die Unternehmen befinden sich hier in einem Dilemma. Soll es nur „Gewinner" bei der Einführung eines neuen Anreizsystems geben, steigen die Kosten durch den „Bestandsschutz" sprunghaft an. Soll es auch „Verlierer" geben, so ist möglicherweise breite Demotivation oder gar Reaktanz die Folge.

Es ist anzunehmen, dass ein Anreizsystem dann besonders motivieren kann, wenn es von den Mitarbeitern in hohem Maße akzeptiert wird.[207] Entscheidend hierfür ist unter anderem die wahrgenommene Fairness des Systems. Idealerweise sollte es durch ein neues System gelingen, frühere Ungleichgewichte in den Input-Output-Verhältnissen (Verhältnis zwischen Engagement und Belohnung) zwischen den Mitarbeitern zu beseitigen oder doch zumindest zu minimieren. In diesem Zusammenhang ist es hilfreich, diese Input-Output-Verhältnisse transparent zu machen und aktiv gewollte Unterschiede darzustellen.[208]

Monetäre Anreizsysteme erzielen, wenn es um die Motivation der Mitarbeiter geht, nicht immer die gewünschten Effekte. Statt jedoch permanent immer neue und differenziertere Anreize zu „erfinden", sollte man sich immer auch die Alternative zu den Anreizsystemen vergegenwärtigen: den Abbau von Motivationsbarrieren, um über eine geringere Demotivation zu mehr Mitarbeiterzufriedenheit zu gelangen.[209]

3.3.4 Betriebliche Altersversorgung

Die betriebliche Altersversorgung kann in Deutschland auf eine lange Tradition zurückblicken. Bereits Mitte des 19. Jahrhunderts gingen Unternehmen dazu über, ihren Beschäftigten freiwillige Versorgungsleistungen anzubieten. Dabei spielte die Absicherung im Alter zunächst keine herausragende Rolle. Vielmehr standen, insbesondere aufgrund der niedrigen Lebenserwartung und der häufigen Unfälle im betrieblichen

---

[207] Vgl. Beblo/Wolf/Zwick 2002, S. 16
[208] Vgl. Dressler 2000, S. 45
[209] Vgl. Küpers/Wunderer 2001, S. 28 ff.

Umfeld, der Schutz von Hinterbliebenen und die Absicherung im Invaliditätsfall im Vordergrund. Die betriebliche Altersversorgung ist damit älter als die gesetzliche Rentenversicherung, die erst durch Otto von Bismarck im Jahr 1889 für Arbeiter eingeführt wurde. Entsprechende Regelungen für Angestellte wurden sogar erst 1911 verabschiedet.[210]

Die Bedeutung der betrieblichen Alterversorgung hat sich mittlerweile grundlegend geändert. Nicht zuletzt durch den demografischen Wandel ist bereits heute absehbar, dass die Leistungen der gesetzlichen Rentenversicherung in Zukunft kaum ausreichen werden, den gewohnten Lebensstandard im Alter oder Invaliditätsfall aufrechtzuerhalten. Die gestiegene Sensibilität der Arbeitnehmer hinsichtlich ihrer Versorgung im Alter führt zudem dazu, dass betriebliche Altersversorgung mehr und mehr zum bedeutenden Faktor bei der Konkurrenz um knappe Arbeitskräfte wird. Da sie in der Regel als Ergänzung zu anderen Vorsorgearten wahrgenommen wird, soll zunächst kurz erläutert werden, wie die betriebliche Altersversorgung gegenüber anderen Vorsorgeformen eingeordnet werden kann.

3.3.4.1 Einordnung der betrieblichen Altersversorgung

Im Rahmen der Altersversorgung werden heute üblicherweise 3 Schichten unterschieden.[211] Dieses Schichtenmodell löst das bisherige 3-Säulen-Modell (gesetzliche Rente, betriebliche Altersversorgung, private Eigenvorsorge) ab. Die unterschiedlichen Vorsorgearten werden nun so gegliedert, dass in jeder Schicht eine einheitliche steuerrechtliche Behandlung zum Tragen kommt.

Der ersten Schicht, auch Basisversorgung genannt, werden solche Vorsorgeinstrumente zugeordnet, die weder in Einmalzahlungen umgewandelt noch übertragen, vererbt, beliehen oder veräußert werden können. Die durch Beiträge erworbenen Ansprüche werden zudem frühestens ab dem 60. Lebensjahr gezahlt. Somit zählen beispielsweise die Leistungen der gesetzlichen Rentenversicherung, der staatlich geförderten „Rürup-Rente" und der berufsständischen Versorgungswerke (z. B. für Steuerberater oder Rechtsanwälte) zu dieser Basisversorgung.

Die betriebliche Altersversorgung wird, ebenso wie die private „Riester-Rente", der zweiten Schicht zugeordnet. Diese sogenannte Zusatzversorgung kann, wie auch die Basisversorgung, staatlich gefördert werden. Beide Versorgungsarten werden einheitlich nachgelagert besteuert (also aus unversteuerten Beiträgen gebildet und erst im Rentenfall der Besteuerung unterworfen). Sowohl die Vorsorgearten der ersten und der zweiten Schicht dienen ausschließlich der Altersversorgung.

---

210 Vgl. z.B. die Informationen auf der Website des Bundesministeriums für Arbeit und Soziales (http://www.bmas.de/coremedia/generator/10688/geschichte_der_gesetzlichen_rentenversich erung.html) (Abruf am 2. 5. 2008)

211 Vgl. Sachverständigenkommission 2003, S. 16 ff.

Die dritte Schicht (Kapitalanlageprodukte) beinhaltet solche Produkte, die nicht in die ersten beiden Schichten fallen. Sie können der Altersversorgung dienen, müssen dies jedoch nicht zwangsläufig oder ausschließlich tun. Die Produkte dieser Schicht werden vorgelagert besteuert; die Beiträge in der Ansparphase stellen versteuertes Kapital dar. Beispiele für diese Schicht sind das selbstgenutzte Wohneigentum oder die klassische Kapitallebensversicherung.

Tabelle 3-11:   *3-Schichten-Modell der Altersversorgung*

Schicht	Altersvorsorgeformen	Steuerliche Behandlung
1. Schicht **Basisversorgung**	■ Gesetzliche Rentenversicherung ■ „Rürup-Rente" ■ Berufsständische Versorgungswerke ■ Landwirtschaftliche Alterskasse	■ Beiträge werden zunehmend steuerbegünstigt; Zulagenförderung möglich ■ Renten werden zunehmend steuerpflichtig
2. Schicht **Zusatzversorgung**	■ Betriebliche Altersversorgung ■ „Riester-Rente"	■ Beiträge steuerfrei; Zulagenförderung möglich ■ Renten voll steuerpflichtig
3. Schicht **Kapitalanlageprodukte**	■ Aktien ■ Kapitalbildende Lebens- und Rentenversicherung ■ Wohneigentum	■ Beiträge aus versteuertem Einkommen ■ Rente steuerbegünstigt

3.3.4.2 Vorteile der betrieblichen Altersversorgung

Die betriebliche Altersversorgung stellte ursprünglich eine freiwillige Arbeitgeberleistung dar. Dies hat sich heute geändert. So regelt § 1a des Gesetzes zur Verbesserung der betrieblichen Altersversorgung (Betriebsrentengesetz, BetrAVG), dass ein Arbeitnehmer von seinem Arbeitgeber verlangen kann, im Rahmen einer sogenannten Entgeltumwandlung für sein Alter vorzusorgen.

Für die Mitarbeiter bietet dies eine Reihe von Vorteilen. So können sie zum einen von staatlichen Förderungen profitieren (bei „riesterfähigen" Altersversorgungsprodukten). Zum anderen ist es für sie möglich, die Vorteile der nachgelagerten Besteuerung zu nutzen. Da ihre Einkünfte im Alter wahrscheinlich geringer ausfallen werden als während ihrer aktiven Beschäftigungszeit, müssen in geringerem Umfang Steuern und Sozialversicherungsbeiträge entrichtet werden. Ebenfalls vorteilhaft sind häufig geringere Verwaltungs- und Abschlusskosten für Altersversorgungsprodukte (z. B. bei Direktversicherungen). Bietet ein Arbeitgeber für eine Mehrzahl von Arbeitnehmern solche Produkte an, kann er eventuell Mengenrabatte weitergeben oder spezielle Haustarife zu für den Mitarbeiter günstigeren Konditionen entwickeln. Da viele Arbeitgeber inzwischen die Bindungswirkung einer betrieblichen Altersversorgung erkannt haben, gehen sie zudem dazu über, ihren Mitarbeitern rein arbeitgeberfinanzierte Angebote zur betrieblichen Altersversorgung zu unterbreiten.

Aber auch für den Arbeitgeber kann sich die betriebliche Altersversorgung lohnen. So ist es für ihn möglich, die entstehenden Kosten steuerlich geltend zu machen. Gleichzeitig sollte es bei einem guten Altersversorgungsangebot leichter möglich sein, kompetente und motivierte Mitarbeiter zu gewinnen und zu halten. Finanzielle Vorteile können sich zudem dann ergeben, wenn die Arbeitgeberanteile zur Sozialversicherung zum Teil eingespart werden. Ebenso kann ein Unternehmen bei einzelnen Vorsorgeformen, bei denen es den Zugriff auf die angesparten Mittel behält, Liquiditätsvorteile nutzen.

Betriebliche Altersversorgung kann sich sowohl für Arbeitnehmer als auch für Arbeitgeber rechnen. Entscheidend ist dabei insbesondere, wie die betrieblichen Angebote konkret ausgestaltet werden.

3.3.4.3 Durchführungswege der betrieblichen Altersversorgung

Betriebliche Altersversorgung kann auf unterschiedliche Art und Weise realisiert werden. Die rechtlichen Grundlagen hierzu können auf verschiedenen Ebenen angesiedelt sein:

- ■ Gesetzliche Grundlagen (hierzu zählen beispielsweise das BetrAVG, aber auch die Regelungen des Allgemeinen Gleichbehandlungsgesetzes (AGG) oder allgemeine arbeitsrechtliche Grundsätze)

- ■ Kollektivrechtliche Grundlagen (Vereinbarungen zur betrieblichen Altersversorgung finden sich regelmäßig auch in Tarifverträgen oder Betriebs- bzw. Dienstvereinbarungen)

- ■ Individualrechtliche Grundlagen (Regelungen, die im Arbeitsvertrag oder in einem separaten Pensionsvertrag getroffen wurden)

Abbildung 3-23: *Durchführungswege bei aktiv sozialversicherungspflichtig Beschäftigten (nach TNS Infratest 2007, S. 32)*

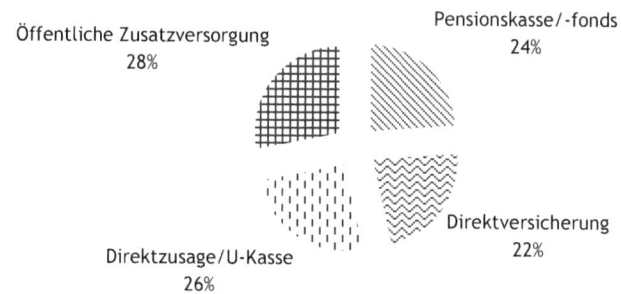

Öffentliche Zusatzversorgung
28%

Pensionskasse/-fonds
24%

Direktversicherung
22%

Direktzusage/U-Kasse
26%

Generell kann zwischen unmittelbaren und mittelbaren sogenannten Durchführungswegen unterschieden werden. Während bei einem unmittelbaren Durchführungsweg der Arbeitgeber selbst zum Träger der Versorgung wird, erwirbt ein Mitarbeiter bei einem mittelbaren Versorgungsweg Ansprüche gegenüber einer rechtlich selbstständigen Versorgungseinrichtung (z. B. einer Versicherung).

Rechtlich zulässig sind derzeit fünf Durchführungswege der betrieblichen Altersversorgung[214], zwischen denen der Arbeitgeber wählen kann:[215]

1. Die Direktzusage stellt den unmittelbaren Durchführungsweg dar. Ein Arbeitgeber verpflichtet sich, einem Mitarbeiter im Pensionsalter selbst (aus dem Betriebsvermögen) eine Rente zu zahlen. Hierfür bildet er in der Regel Pensionsrückstellungen, die steuerlich als Betriebsausgaben anerkannt werden. Um die Risiken einer solchen Direktzusage zu minimieren, können Arbeitgeber entsprechende Rückversicherungen abschließen.

2. Versorgungseinrichtungen in Form einer Unterstützungskasse (kurz: U-Kasse) können von einem oder mehreren Unternehmen gemeinsam gegründet werden. Dabei soll das von den Unternehmen eingezahlte Kapital von der U-Kasse möglichst gewinnbringend angelegt werden, um so später die Versorgung der Pensionäre finanzieren zu können. Reichen die angesparten Mittel nicht aus, haftet der Arbeitgeber subsidiär für die zugesagten Pensionsleistungen. Für U-Kassen als mittelbarem Durchführungsweg wird gewöhnlich die Rechtsform einer Stiftung,

---

[214] Vgl. § 1 BetrAVG
[215] Vgl. zu den einzelnen Durchführungswegen Fath/Urbitsch 2008

eines eingetragenen Vereins oder einer GmbH gewählt. Da U-Kassen keiner staatlichen Aufsicht unterliegen, müssen sie sich gegen eine Insolvenz beim sogenannten Pensionssicherungsverein pflichtversichern.

3. Im Rahmen einer Direktversicherung schließt ein Arbeitgeber als Versicherungsnehmer eine Lebensversicherung zu Gunsten seiner Mitarbeiter ab. Diese haben im Rentenfall Ansprüche gegen den Versicherer, nicht gegen den Arbeitgeber direkt. Es handelt sich also auch hier um einen mittelbaren Durchführungsweg. Direktversicherungen werden durch die Bundesanstalt für Finanzdienstleistungsaufsicht (BaFin) beaufsichtigt.

4. Eine Pensionskasse ist eine rechtlich selbstständige Versorgungseinrichtung, die von einem oder mehreren Arbeitgebern finanziert wird. Die Mitarbeiter bzw. ihre Hinterbliebenen erwerben einen Anspruch auf Leistungen direkt gegen die Pensionskasse. Pensionskassen stellen letztlich private Versicherungsunternehmen dar und unterliegen daher ebenfalls der Aufsicht durch die BaFin.

5. Pensionsfonds stellen den jüngsten Durchführungsweg dar und sind seit 2002 zulässig. Sie sind selbstständige Versorgungseinrichtungen, die aber im Gegensatz zur Pensionskasse keine Versicherungsunternehmen darstellen. Auch Pensionsfonds unterliegen der Aufsicht durch die BaFin. Sie haben mehr Möglichkeiten im Rahmen der Vermögensanlage (z. B. Investition der angelegten Gelder in Aktien). Die Mitarbeiter haben bei diesem Durchführungsweg mehr Chancen, müssen aber auch höhere Risiken eingehen. Ein Pensionsfonds garantiert lediglich die eingezahlten Beiträge, nicht aber deren Verzinsung. Diese Altersversorgung ist zusätzlich über den Pensionssicherungsverein abgesichert.

Fasst man Pensionskasse/-fonds und Direktzusage/U-Kasse zusammen, sind die einzelnen Durchführungswege bei den aktiv sozialversicherungspflichtig Beschäftigten heute in etwa gleich verteilt.

Wechselt ein Mitarbeiter das Unternehmen, bleiben ihm unter Umständen die bisher erworbenen Anwartschaften erhalten. Entscheidend hierfür ist zunächst, wer in die betriebliche Altersversorgung eingezahlt hat. Wurden die Anwartschaften arbeitnehmerfinanziert, also durch den Mitarbeiter aufgebracht, so sind die resultierenden Ansprüche sofort unverfallbar, bleiben also dem Mitarbeiter erhalten.[216] Bei einer arbeitgeberfinanzierten Altersversorgung ist dies nur dann der Fall, wenn der Mitarbeiter mindestens 30 Jahre alt ist und die Versorgungszusage mindestens 5 Jahre bestanden hat.[217]

---

[216] Vgl. § 1b Abs. 5 BetrAVG
[217] Vgl. § 1b Abs. 1 BetrAVG

Tabelle 3-12:   *Durchführungswege der betrieblichen Altersversorgung*

Durch-führungsweg	Direktzusage	U-Kasse	Direktver-sicherung	Pensionskasse	Pensionsfonds
Art der Versorgung	Arbeitgeber übernimmt selbst die Versorgungsleis-tung für seine Mitarbeiter	Arbeitgeber lässt seinen Mitarbeitern Versorgungs-leistungen über U-Kasse zu-sagen	Arbeitgeber schließt für den Mitarbeiter (als Bezugsberech-tigten) eine Lebensver-sicherung ab	Arbeitgeber lässt seinen Mitarbeitern Versorgungs-leistungen über Pensionskasse zusagen	Arbeitgeber lässt seinen Mitarbeitern Versorgungs-leistungen über Pensionsfonds zusagen
Träger der Versorgung	Arbeitgeber	U-Kasse	Lebens-versicherer	Pensionskasse	Pensionsfonds
Zulässige Kapitalanlage	Kapital kann frei im Unternehmen genutzt werden	Freie Kapital-anlage	Limitierte Kapitalanlagen	Limitierte Kapitalanlagen	Flexible Kapital-anlage (z. B. verstärkt Aktien)
Insolvenz-sicherung	PSVaG	PSVaG	Nicht erforder-lich	Nicht erforder-lich	PSVaG
Aufsicht durch BaFin	Nein	Nein	Ja	Ja	Ja
Staatliche Zulagen-förderung	Nein	Nein	Ja	Ja	Ja
Versorgungs-leistung[218]	Lebenslange Rente oder Kapitalzahlung	Lebenslange Rente oder Kapitalzahlung	Lebenslange Rente	Lebenslange Rente	Lebenslange Rente

3.3.5   Arbeitszeitmanagement

Kaum etwas wird im Zusammenhang mit der Vereinbarkeit von Familie und Beruf (auch: work-life-balance) so kontrovers diskutiert wie das Thema Arbeitszeit. Dabei stand noch vor wenigen Jahren die Arbeitszeitverkürzung im Mittelpunkt der Betrachtungen. Dies hat sich inzwischen gewandelt. Mehr und mehr geht es darum, Arbeitszeitmodelle so zu gestalten, dass die Mitarbeiter ihre Arbeitszeit möglichst souverän und frei steuern können. Gleichzeitig sollen betriebliche Belange bei der Frage, wer, wann und wie lange arbeitet, eine zentrale Rolle spielen.

---

[218] Für Neuzusagen

Um die Gestaltung von Arbeitszeitmodellen verstehen zu können, ist es zunächst wichtig, sich die Ziele der einzelnen Akteure und die rechtlichen Rahmenbedingungen zu verdeutlichen.

3.3.5.1 Ziele des Arbeitszeitmanagements

Mitarbeiter und Unternehmen verfolgen, wenn es um die Konzeption von Arbeitszeitmodellen geht, recht unterschiedliche Ziele.[219] So werden die Beschäftigten beispielsweise darauf achten, genügend Zeit für Familie bzw. Freunde zu haben. Sie wünschen sich in der Regel möglichst große Spielräume bei der Planung und Gestaltung der Arbeitszeit. Nicht zuletzt sollte die Arbeitszeit so verteilt und bemessen sein, dass keine gesundheitlichen Probleme aus der Arbeit resultieren.

Ein Unternehmen verfolgt in der Regel völlig andere Ziele. Im betrieblichen Umfeld kommt es zum Erreichen der Unternehmensziele darauf an, möglichst kostengünstig eine ausreichende Menge an Mitarbeitern zum notwendigen Zeitpunkt in der passenden Qualität zur Verfügung stehen zu haben. Möchten etwa viele Kunden abends gerne technische Informationen zu einem bestimmten Produkt per Telefon erhalten, muss das Arbeitszeitmodell eines entsprechenden Call-Centers so gestaltet sein, dass genügend gut geschulte technische Ansprechpartner über die Telefonanlage erreichbar sind.

Generell können die Ziele, die mit der Gestaltung der Arbeitszeit verfolgt werden, zwischen einzelnen Unternehmen stark voneinander abweichen. Produktionsbetriebe werden stärker auf eine optimale Auslastung von Maschinen achten oder solche Lösungen suchen, die es ihnen möglich machen, auf Auftragsschwankungen flexibel zu reagieren. Dienstleistungsbetriebe werden möglicherweise, aufgrund des höheren Anteils der Personal- an den Gesamtkosten, die Lohnkosten (z. B. für Überstunden) mithilfe des Arbeitszeitmodells minimieren wollen. Das Arbeitszeitmodell einer Beratungsorganisation wird die Arbeitszeit eher so gestalten wollen, dass der Kundenservice optimal gestaltet werden kann. Entscheidend für die Zielsetzungen bei der Arbeitszeitgestaltung können insbesondere strategische Faktoren sein.[220]

---

[219] Vgl. z.B. Kleinmann 1999, S. 181
[220] Vgl. Wildemann 1991, S. 19 ff.

Abbildung 3-24: *Strategische Erfolgsfaktoren und Arbeitszeitgestaltung (nach Wildemann 1991, S. 21)*

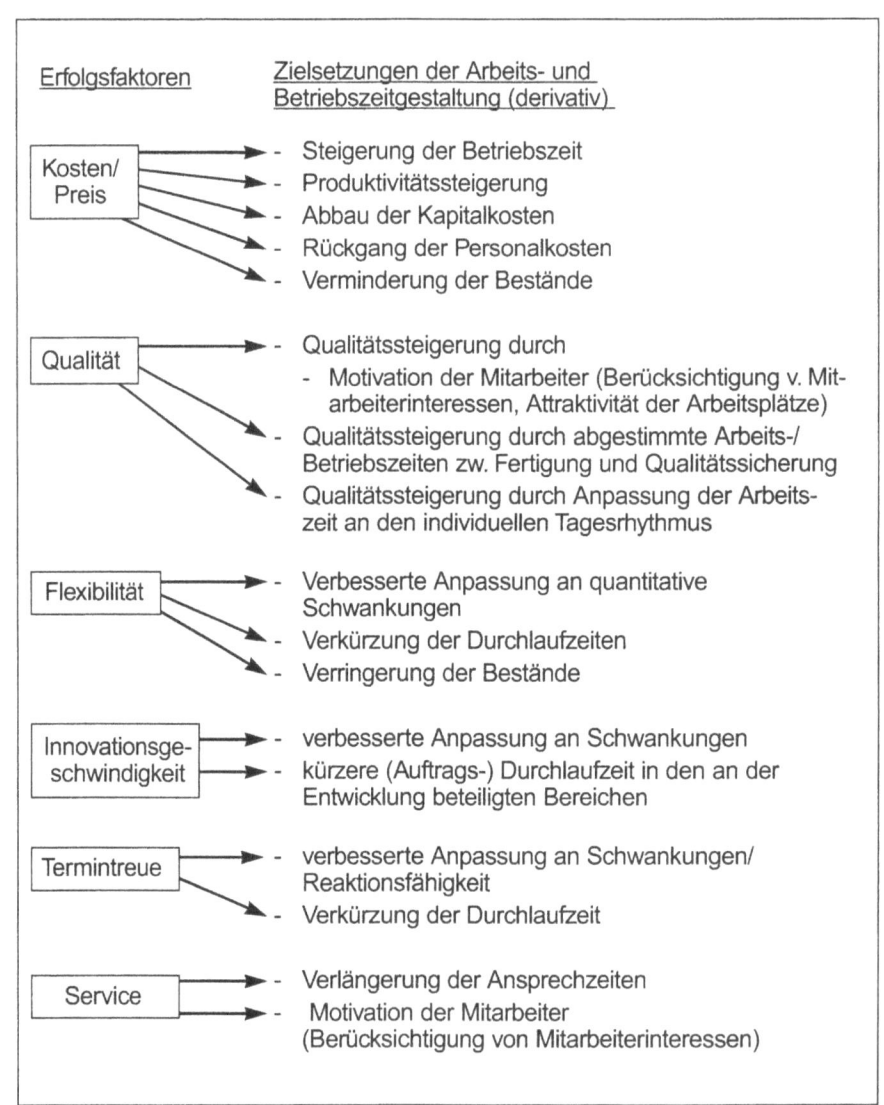

Nicht zuletzt sollte ein Arbeitszeitmodell so beschaffen sein, dass seine Administration einen möglichst geringen Aufwand hervorruft und möglichst wenige Konflikte bei der Anwendung des Modells entstehen.

3.3.5.2 Rechtliche Rahmenbedingungen des Arbeitszeitmanagements

Bei der Konzeption von Arbeitszeitmodellen müssen jedoch nicht nur die Ziele der beteiligten Akteure im Auge behalten werden. Vielmehr kommt es ebenfalls darauf an, den rechtlichen Rahmen im Bereich Arbeitszeitmanagement nicht zu verlassen.

Regelungen, die für die Gestaltung von Arbeitszeitmodellen relevant sind, finden sich in einer Vielzahl von Gesetzen wieder. Die wichtigste gesetzliche Norm in Deutschland ist dabei das Arbeitszeitgesetz (ArbZG). Hier finden sich beispielsweise viele Begriffsbestimmungen, die bei der Beschreibung von Arbeitszeitmodellen elementar sind. So wird in § 2 ArbZG definiert, dass Arbeitszeit „die Zeit vom Beginn bis zum Ende der Arbeit [ist] ohne die Ruhepausen"[221]. Zusätzlich wird im ArbZG geregelt, wie lange ein Mitarbeiter am Tag maximal arbeiten darf (§ 3 ArbZG), welche Ruhepausen einzuhalten sind (§ 4 ArbZG) und welche Besonderheiten für Nacht- und Schichtarbeiter gelten (§ 6 ArbZG). Neben dem ArbZG finden sich in Gesetzen auch Regelungen für spezielle Mitarbeitergruppen. Dies können beispielsweise (werdende) Mütter (Mutterschutzgesetz, MuSchG) oder Jugendliche (Jugendarbeitsschutzgesetz, JArbSchG) sein. Relevant sind außerdem Gesetze wie das Ladenschlussgesetz (LadSchlG) oder die entsprechenden Normen zur Mitbestimmung von Betriebsräten (Betriebsverfassungsgesetz, BetrVG) bzw. – im öffentlichen Dienst – Personalräten (Bundes- bzw. Landespersonalvertretungsgesetz, BPVG, LPVG).

Neben den gesetzlichen Regelungen können noch weitere rechtliche Rahmenbedingungen für die Gestaltung von Arbeitszeitmodellen relevant sein. So finden sich beispielsweise in Tarifverträgen regelmäßig spezielle Regelungen, die sich auf die Arbeitszeit beziehen. Aber auch betriebliche Regelungen, etwa in Form von Betriebs- (in der privaten Wirtschaft) oder Dienstvereinbarungen (beim öffentlichen Dienst), können bei der Konzeption von Arbeitszeitregeln eine Rolle spielen. Eine letzte Rechtsquelle stellen die einzelvertraglichen Regelungen im Arbeitsvertrag dar. In der nachfolgenden Übersicht sind beispielhaft einige wichtige Vorschriften zum Arbeitszeitrecht aufgeführt.

---

[221] § 2 Abs. 1 Satz 1 ArbZG

Tabelle 3-13:   *Wichtige Vorschriften zum Arbeitszeitrecht (in Anlehnung an Olfert 2006, S. 206)*

Gesetzliche Regelung	Beschreibung
■ § 3 ArbZG **Arbeitszeit**	Die werktägliche Arbeitszeit eines Arbeitnehmers darf 8 Stunden nicht überschreiten. Eine Verlängerung auf 10 Stunden pro Werktag ist nur dann zulässig, wenn innerhalb von 6 Kalendermonaten oder 24 Wochen der Arbeitnehmer im Durchschnitt nicht mehr als 8 Stunden pro Werktag arbeitet.
■ § 4 ArbZG **Ruhepausen**	Bei einer Arbeitszeit zwischen 6 und 9 Stunden sind Ruhepausen von mindestens 30 Minuten einzuhalten. Werden mehr als 9 Stunden gearbeitet, muss die Pausenzeit mindestens 45 Minuten betragen. Einzelne Pausen müssen mindestens 15 Minuten lang sein.
■ § 5 ArbZG **Ruhezeit**	Nach dem Ende der Arbeit muss ein Arbeitnehmer eine Arbeitspause von mindestens 11 Stunden einlegen.
■ § 9 ArbZG **Sonn-/Feiertags-ruhe**	Arbeitnehmer dürfen an Sonn- und Feiertagen ganztägig nicht beschäftigt werden.
■ § 3 LadSchlG **Ladenschlusszei-ten**	Verkaufsstellen müssen für den Kundenverkehr an Sonn- und Feiertagen und zwischen 20 Uhr und 6 Uhr geschlossen werden.
■ § 8 MuSchG **Mehrarbeit**	Werdende und stillende Mütter dürfen weder Mehrarbeit leisten, in der Nacht zwischen 20 Uhr und 6 Uhr arbeiten noch an Sonn- oder Feiertagen beschäftigt werden.
■ § 8 JArbSchG **Dauer der Arbeits-zeit**	Jugendliche dürfen maximal 8 Stunden pro Tag und maximal 40 Stunden pro Woche beschäftigt werden.

Die beschriebenen Regelungen stehen in einem bestimmten Rangverhältnis zueinander. So hat ein Gesetz regelmäßig eine stärkere Bedeutung als ein Tarifvertrag, ein Tarifvertrag als eine Dienst- oder Betriebsvereinbarung und eine Dienst- oder Betriebsvereinbarung als eine einzelvertragliche Regelung. Eine Ausnahme hierzu stellt das sogenannte Günstigkeitsprinzip dar: Eine rangniedere Regelung kann zum Zuge kommen, wenn sie für den Arbeitnehmer eine für ihn günstigere Regelung darstellt. Zudem enthalten viele gesetzliche Regelungen Öffnungsklauseln, die eine Veränderung von Regeln in Tarifverträgen oder Dienst-/Betriebsvereinbarungen zulassen.[222]

---

[222] Vgl. z.B. § 7 ArbZG

3.3.5.3 Gestaltungsparameter der Arbeitszeitgestaltung

Um Arbeitszeitmodelle zu konzipieren, stehen einem Unternehmen drei Gestaltungsparameter zur Verfügung: die Dauer, die Lage und die Verteilung der Arbeitszeit.[223] Die Dauer bezieht sich auf das Volumen der Arbeitszeit. Üblicherweise sind dies die Arbeitsstunden pro Woche, zu der sich ein Mitarbeiter vertraglich verpflichtet hat. Häufig spricht man in diesem Zusammenhang auch von der sogenannten Chronometrie. Demgegenüber beschreibt die Lage der Arbeitszeit, wann diese beginnt bzw. endet (z. B. von 8–16 Uhr). Die Verteilung der Arbeitszeit gibt Aufschluss darüber, wie viele Stunden pro Tag bzw. Tage pro Woche gearbeitet wird. Zudem wird hier betrachtet, ob die Verteilung gleichmäßig (immer wiederkehrend) oder ungleichmäßig ist. Lage und Verteilung werden auch mit dem Begriff Chronologie diskutiert.

Die einzelnen Gestaltungsparameter können in unterschiedlichen Arbeitszeitmodellen einzeln oder gemeinsam flexibel ausgestaltet werden. Ein einfaches Beispiel stellt die Schichtarbeit dar. Hier können Dauer und Verteilung der Arbeitszeit in der Regel nicht oder kaum variiert werden. Jedoch ändert sich die Lage der Arbeit für die Mitarbeiter je nachdem, ob sie für die Früh-, Spät- oder Nachtschicht eingeteilt sind.

Tabelle 3-14:   Gestaltungsparameter der Arbeitszeitflexibilisierung

Chronometrie	Chronologie	
Dauer	**Lage**	**Verteilung**
Umfang der vertraglich vereinbarten Arbeitszeit (z. B. 40 Stunden/Woche)	Beginn und Ende der Arbeitszeit (z. B. 8–16 Uhr)	Gleichmäßige oder ungleichmäßige Verteilung der Arbeitszeit auf Tage, Wochen oder Monate
■ Teilzeit	■ Gleitzeit	■ KAPOVAZ
■ Altersteilzeit	■ Funktionszeit	■ Jahresarbeitszeit
■ Bandbreitenmodelle	■ Variable Arbeitszeit	■ Lebensarbeitszeitkonten
■ Kurzarbeit	■ Schicht-/Nachtarbeit	■ Sabbatical
■ Mehrarbeit/Überstunden		
Mischformen		
■ Jobsharing		
■ Vertrauensarbeitszeit		

[223] Vgl. Seifert 2006, S. 11 ff.

3.3.5.4 Formen der Arbeitszeitflexibilisierung

In der Praxis haben sich verschiedene Formen der Arbeitszeitflexibilisierung heraus-gebildet. Einige dieser Formen sollen im Folgenden beispielhaft erläutert werden.[224] Zunächst zu Arbeitszeitformen, deren Schwerpunkt auf einer Flexibilisierung der Arbeitsdauer liegt.

Unter der sogenannten Teilzeit versteht man eine Arbeitszeit, die unter der in einem Unternehmen üblichen Arbeitszeit für Vollzeitkräfte liegt. Weit verbreitet ist die „Halbtagsstelle", bei der 50 % des üblichen Stundenrahmens gearbeitet wird. Prinzi-piell sind aber auch andere Anteile möglich.

Auch die Altersteilzeit basiert letztlich auf einem Teilzeitmodell. Mitarbeiter haben die Möglichkeit, nach Vollendung des 55. Lebensjahrs ihre Arbeitszeit auf 50 % zu redu-zieren, und erhalten einen Teil des resultierenden Einkommensverlusts von der Agen-tur für Arbeit zurück. Ziel dieser Regelung ist es auf der einen Seite, dem Mitarbeiter einen gleitenden Übergang in den Ruhestand zu ermöglichen. Auf der anderen Seite geht es darum, die freien Arbeitskapazitäten möglichst mit Arbeitssuchenden zu be-setzen.

Eher gering verbreitet sind Bandbreitenmodelle. Hier kann ein Mitarbeiter in be-stimmten Abständen (z. B. halbjährlich) wählen, ob er 40, 42 oder 38 Stunden pro Wo-che arbeiten möchte.

Eine besondere Form der Teilzeit stellt die Kurzarbeit dar. Dabei können Unternehmen vorübergehende wirtschaftliche Schwierigkeiten zumindest zum Teil dadurch kom-pensieren, dass sie ihre Mitarbeiter zeitlich befristet in einem geringeren Umfang als üblich beschäftigen. Die Agentur für Arbeit unterstützt unter bestimmten Vorausset-zungen die Mitarbeiter mithilfe des Kurzarbeitergelds.[225]

Eine Möglichkeit, temporär die Dauer der Arbeitszeit auszuweiten, stellt die Mehrar-beit in Form von Überstunden dar. Ein Unternehmen fordert seine Mitarbeiter dabei auf, über die unternehmensübliche Regelarbeitszeit hinaus zu arbeiten. Auf diese Weise ist es für das Unternehmen möglich, die Kapazitäten seiner Personalressourcen kurzfristig zu erhöhen, ohne dass Neueinstellungen vorgenommen werden müssen. Typischerweise werden für solche Mehrarbeitsstunden Zuschläge zur normalen Ver-gütung gezahlt. Entsprechende Regelungen werden meist in Tarifverträgen vereinbart.

Eine Arbeitszeitform, die primär an der Lage der Arbeitszeit ansetzt, ist die Gleitzeit. Während für die sogenannte Kernzeit eine Anwesenheitspflicht besteht, haben die Mitarbeiter die Möglichkeit, Beginn und Ende in gewissen Grenzen flexibel zu gestal-ten. Die Funktionszeit stellt eine Sonderform der Gleitzeit dar. Hier wird die starre Anwesenheitspflicht durch die Regelung ersetzt, dass (nach Absprache der Mitarbeiter untereinander) in der Kernzeit die Funktionsfähigkeit, also z. B. die telefonische Er-

---

[224] Vgl. Kleinmann 1999, S. 179, und Olfert 2006, S. 197 ff.
[225] Die entsprechenden Regelungen zum Kurzarbeitergeld finden sich in den §§ 169 ff. SGB III.

reichbarkeit, eines Bereichs oder einer Abteilung gewährleistet sein muss. Demgegenüber verzichtet die variable Arbeitszeit vollständig auf eine Kernzeit. Die Mitarbeiter können Beginn und Ende der Arbeitszeit frei wählen, ohne dass eine generelle Anwesenheitspflicht zum Tragen kommt.

In Deutschland weit verbreitet ist die Schicht- bzw. Nachtarbeit. Dabei liegen bereits seit Langem Erkenntnisse vor, dass diese Arbeitszeitform negative soziale und gesundheitliche Folgen haben kann.[226] So berichten Schichtarbeiter regelmäßig über Probleme im familiären oder privaten Umfeld, weil beispielsweise die Zeit mit den Kindern oder Freunden zu kurz kommt. Hinzu kommen Einschlaf- und Durchschlafstörungen, weil der natürliche Schlafrhythmus immer wieder unterbrochen wird.

Abbildung 3-25: *Handlungsempfehlungen zur Gestaltung von Schicht-/Nachtarbeit (nach Handlungsempfehlungen zur Schichtarbeit der Bundesanstalt für Arbeitsschutz und Arbeitsmedizin (BAuA)*[227]

- Die Anzahl der aufeinanderfolgenden Nachtschichten sollte möglichst gering sein.

- Nach einer Nachtschichtphase sollte eine möglichst lange Ruhephase folgen. Sie sollte auf keinen Fall weniger als 24 Stunden betragen.

- Geblockte Wochenendfreizeiten sind besser als einzelne freie Tage am Wochenende.

- Schichtarbeiter sollten möglichst mehr freie Tage im Jahr haben als Tagarbeiter.

- Ungünstige Schichtfolgen sollten vermieden werden, d. h. immer vorwärts rotieren.

- Die Frühschicht sollte nicht zu früh beginnen.

- Die Nachtschicht sollte möglichst früh enden.

- Zu Gunsten individueller Vorlieben sollte auf starre Anfangszeiten verzichtet werden.

- Die Massierung von Arbeitstagen oder Arbeitszeiten auf einen Tag sollte begrenzt werden.

- Schichtpläne sollen vorhersagbar und überschaubar sein.

So verwundert es nicht, dass der Gesetzgeber im § 6 ArbZG (Arbeitszeitgesetz) festgelegt hat, dass Nacht- und Schichtarbeit so auszugestalten sind, dass arbeitswissenschaftliche Erkenntnisse berücksichtigt werden.

---

[226] Vgl. z.B. Ulich 1992, S. 363 ff.
[227] Vgl. z. B. Handlungsempfehlungen zur Schichtarbeit der Bundesanstalt für Arbeitsschutz und Arbeitsmedizin (BAuA):
(http://www.baua.de/de/Informationen-fuer-die-Praxis/Handlungshilfen-und-Praxisbeispiele/Arbeitszeitgestaltung/Nacht-20und_20Schichtarbeit.html_nnn=true)

Immer populärer werden Arbeitszeitmodelle, deren Flexibilisierungsschwerpunkt auf der Verteilung der Arbeitszeit liegt. Dabei kann unterschieden werden, ob die Entscheidung für eine bestimmte Verteilung stärker vom Arbeitgeber oder vom Mitarbeiter ausgeht. Eine Arbeitszeitform, bei der die Verteilung der Zeit vom Arbeitgeber ausgeht, ist die kapazitätsorientierte variable Arbeitszeit (KAPOVAZ). Diese auch als Abrufarbeit bezeichnete Arbeitszeitform findet sich insbesondere in Branchen, die mit starken saisonalen Schwankungen konfrontiert werden (z. B. Weihnachtsgeschäft im Einzelhandel). Allerdings kann ein Unternehmen nicht beliebig über die Zeit seiner Mitarbeiter verfügen. Die gesetzlichen Rahmenbedingungen für die Arbeit auf Abruf sind im Teilzeit- und Befristungsgesetz (TzBfG) geregelt. Demnach muss ein Arbeitgeber, sofern nichts Abweichendes vereinbart wurde, einen Mitarbeiter mindestens 3 Stunden am Stück und 10 Stunden pro Woche beschäftigen. Zudem ist der Abruf von Arbeitszeit mindestens 4 Tage im Voraus anzukündigen.[228]

Bei der sogenannten Jahresarbeitszeit geht die Zeitsouveränität stärker vom Mitarbeiter aus, wobei auch hier regelmäßig die Belange des Unternehmens beachtet werden müssen. Bei diesem Arbeitszeitmodell wird die Arbeitszeit festgelegt, die ein Mitarbeiter im Laufe eines Kalenderjahres zu erbringen hat. Die tägliche Arbeitszeit darf allerdings aufgrund der Regelungen im Arbeitszeitgesetz (siehe oben) maximal 10 Stunden betragen. Die vereinbarte wöchentliche Arbeitszeit muss im Durchschnitt innerhalb des betreffenden Jahres erreicht werden. Auch durch die Jahresarbeitszeit können saisonale, aber auch kurzfristige konjunkturelle Schwankungen ausgeglichen werden.

Anders verhält es sich mit den Lebensarbeitszeitkonten. Hier ist das Ansammeln größerer, zum Teil auch nach oben nicht begrenzter, Zeitguthaben möglich. Mithilfe dieser Guthaben ist es dann möglich, entweder vorzeitig in den Ruhestand einzutreten oder längere Freistellungsphasen (z. B. in Form eines Sabbaticals) zu nutzen. Generell ist es möglich, die Guthaben in Form eines Wert- oder Zeitkontos zu führen.[229] Bei Wertkonten werden Zeitguthaben zunächst in Geldbeträge umgewandelt. Zudem können auch Resturlaubstage oder Sonderzahlungen in das Wertkonto eingebracht werden. Um inflationsbedingte Wertminderungen zu kompensieren und von der überdurchschnittlichen Wertenwicklung am Anlagemarkt zu profitieren, werden die Mittel aus den Wertkonten am Kapitalmarkt angelegt. Auf diese Weise können Wertkonten beispielsweise eine gute Ergänzung zur betrieblichen Altersversorgung sein. Um die angesparten Beträge zu schützen, muss ein Unternehmen unter Umständen Maßnahmen zur Insolvenzsicherung ergreifen.[230] Bei Zeitkonten wird eine Entnahme aus dem Guthaben erst zum Entnahmezeitpunkt monetär bewertet. Da davon auszugehen ist, dass in der Zwischenzeit die Höhe der Entlohnung gestiegen ist, findet auch hier eine (wenn auch nur implizite) Verzinsung statt.

---

[228] Vgl. § 12 TzBfG
[229] Vgl. Feldkamp 2008, S. 15 ff.
[230] Vgl. § 7b SGB IV

Viele Arbeitszeitmodelle stellen häufig Mischformen dar, weil (in gewissen Grenzen) eine Flexibilisierung von Dauer, Lage und Verteilung der Arbeitszeit möglich wird. Dies ist z. B. beim Jobsharing der Fall. Zwei oder mehrere Mitarbeiter teilen sich dabei einen Arbeitsplatz. Da alle Beteiligten faktisch eine Teilzeitbeschäftigung ausüben, weicht hier die Dauer von einem Vollzeitarbeitsverhältnis ab. Gleichzeitig ist es jedoch oft möglich, dass die Teilnehmer am Jobsharing auch Lage und Verteilung der Arbeitszeit in Absprache wählen können (z. B. Aufteilung in vormittags/nachmittags oder erste/zweite Wochenhälfte).

Ebenfalls zu den Mischformen zählt die Vertrauensarbeitszeit, die in den letzten Jahren stark an Bedeutung gewonnen hat.[231] Zwar wird üblicherweise auch bei dieser Arbeitszeitform eine Regelarbeitszeit vertraglich festgelegt. Die Dauer, Lage und Verteilung der Arbeitszeit wird jedoch nicht explizit geregelt. Gleichzeitig verzichtet das Unternehmen auf eine Arbeitszeiterfassung. Verfechter dieser Arbeitszeitform gehen davon aus, dass die bloße Anwesenheit am Arbeitsplatz nicht mit einer bestimmten Leistung einher geht. Bei der Vertrauensarbeitszeit geht es konsequenterweise also nicht mehr darum, eine bestimmte Zeit im Unternehmen zu verbringen. Vielmehr liegt der Fokus auf dem Erreichen bestimmter Ziele. Gerade deswegen kommt den Führungskräften bei der Vertrauensarbeitszeit eine besondere Rolle zu. Sie vereinbaren mit den Mitarbeitern Ziele (etwa mithilfe von Zielvereinbarungsinstrumenten) und sind verantwortlich dafür, dass es nicht zu Überlastungssituationen kommt. Daher ist es besonders wichtig, Führungskräfte vor der Einführung von Vertrauensarbeitszeit intensiv zu schulen.[232]

Eine weitere Besonderheit stellt die sogenannte Tele-/Heimarbeit dar. Diese wird oft im Zusammenhang mit Arbeitszeitmodellen diskutiert.[233] Allerdings steht hier die räumliche Flexibilisierung der Arbeit im Vordergrund. Zwar können Dauer, Lage und Verteilung bei der Tele-/Heimarbeit ebenfalls flexibel gehandhabt werden. Dies geschieht jedoch in der Regel auf der Basis einer bestehenden oder speziell getroffenen Arbeitszeitvereinbarung.

---

[231] Vgl. Neubert/Thomas 2005, S. 211 ff.
[232] Vgl. Neubert/Thomas 2005, S. 215
[233] Vgl. z.B. Kleinmann 1999, S. 179

3.3.6 Praxisbeispiel Anreizsysteme: Cafeteria-System bei der Volksbank Wiesbaden[234]

Die Wiesbadener Volksbank gehört mit einer Bilanzsumme von ca. 2,8 Milliarden €, 24 Filialen und 570 Mitarbeitern zu den größten und erfolgreichsten Volksbanken in Deutschland. Zum 1. Januar 2002 führte die Bank ein leistungs- und erfolgsorientiertes Vergütungssystem ein. Danach hat jeder Mitarbeiter der Bank die Chance, über die tariflich vereinbarten 13 Monatsgehälter hinaus weiteres Einkommen zu erzielen. Die Höhe dieses Einkommens richtet sich nach dem Gesamterfolg der Bank, dem Erfolg seiner Abteilung bzw. Filiale und der persönlichen Zielerreichung und Leistungsbeurteilung des einzelnen Mitarbeiters.

Im Rahmen der Einführung dieses Vergütungssystems wurden auch die bis dahin von der Bank gewährten Sozialleistungen auf den Prüfstand gestellt, da diese zum Teil den Anforderungen an moderne Sozialleistungen nicht mehr entsprachen oder aber sehr arbeitsaufwendig und kostenintensiv waren. Als Beispiele seien hierfür genannt: der Betrieb einer Kantine, die von den Mitarbeitern nur schwach besucht wurde und einen jährlich 6-stelligen Kostenzuschuss durch die Bank auslöste, Geschenke zur Silberhochzeit und zur Geburt eines Kindes, freie Nachmittage am Geburtstag oder Rosenmontag, außerdem Jubiläumszuwendungen beim 10-, 20-, 25- und 40-jährigen Dienstjubiläum.

Es wurde zunächst geprüft, ob die durch den Wegfall dieser Sozialleistungen ersparten Kosten dem Budget für die leistungs- und erfolgsorientierte Vergütung zugeschlagen werden sollten. Aber die Bank entschied sich dafür, als attraktiver Arbeitgeber neben diesem Vergütungssystem auch weiterhin Sozialleistungen anzubieten. Dabei war das Ziel der Neustrukturierung, dass sich die Kosten für die Bank nicht wesentlich ausweiten und die Mitarbeiter die Sozialleistungen erhalten sollten, die für sie auch unter steuerlichen Gesichtspunkten attraktiv sind. Daneben sollte der administrative Aufwand für die Verwaltung der Sozialleistungen gering sein.

Zunächst wurden für die ab 1. 1. 2002 entfallenden Sozialleistungen die Gesamtkosten ermittelt. Unter Zugrundelegung dieser Gesamtkosten wurde für jede Tarifgruppe in der Bank ein Jahresbudget ermittelt, das festgeschrieben wurde. Dieses Budget liegt zwischen 537 und 870 € pro Mitarbeiter jährlich. Mit seinem Budget kann der Mitarbeiter heute zwischen 5 Leistungen wählen:

1. Betriebliche Altersversorgung

Im Rahmen dieses Bausteins kann der Mitarbeiter einen Teil oder sein gesamtes Budget im Rahmen einer Direktzusage verwenden. Die Bank bezuschusst seine Zahlung mit weiteren 25 %. Der Mitarbeiter kann sich hierfür jedes Jahr neu entscheiden und

---

[234] Von Peter Offermanns, Abteilungsdirektor Personal und Recht bei der Wiesbadener Volksbank AG

anhand einer Datenbank für sich berechnen, welche jährliche Altersrente er dadurch erreichen kann. Diese beträgt für eine 40-jährige Mitarbeiterin (TG 6), die bis zu ihrem Renteneintritt mit 65 Jahren jährlich ihren Cafeteria-Baustein in Höhe von 640 € einzahlt, ca. 2.658 € Bruttojahresrente.

2. Freizeit

Im Rahmen dieser Wahlleistung hat der Mitarbeiter die Möglichkeit, bis zu 3 zusätzliche Urlaubstage zu kaufen. Die Urlaubstage wurden entsprechend der Tarifgruppe des Mitarbeiters verpreist und liegen zwischen 133 € und 215 € pro Tag.

3. Kindergartenzuschuss

Hier kann der Mitarbeiter im Rahmen seines Budgets einen steuerfreien Zuschuss für die Betreuung von nichtschulpflichtigen Kindern, z. B. Kindergarten, wählen.

4. Fahrtkostenzuschuss

Bei dieser Wahlleistung kann sich der Mitarbeiter, der öffentliche Verkehrsmittel für die Fahrten zu seiner Arbeitsstätte nutzt, die dafür anfallenden Kosten bis zur Höhe seines Budgets steuerfrei auszahlen lassen. Der Zuschuss kann steuerfrei gewählt werden, da die Bank die Pauschalsteuer in Höhe von 15 % übernimmt. Die Erstattung kann aber nur noch ab dem 21. Entfernungskilometer erfolgen.

5. Cash

Hier hat der Mitarbeiter die Möglichkeit, sich Differenzbeträge zwischen einer von ihm gewählten Sozialleistung und seinem Jahresbudget oder aber sein gesamtes Jahresbudget auszahlen zu lassen. Die Auszahlung erfolgt dann steuer- und sozialversicherungspflichtig.

Bei der Implementierung des Systems wurde der Betriebsrat frühzeitig eingebunden und umfassend informiert. Die Mitarbeiter wurden über das neue Sozialleistungssystem anhand einer ausführlichen Broschüre ebenfalls umfassend informiert.

Der administrative Aufwand im Cafeteria-System ist deutlich geringer als zuvor. Dies zum einen deshalb, weil ein Großteil der bestehenden nicht mehr attraktiven Sozialleistungen wegfiel, allerdings ohne das zur Verfügung stehende Gesamtbudget für die Sozialleistungen zu schmälern, zum anderen aber auch, weil die Abwicklung wesentlich vereinfacht wurde. Die Auswahl der Sozialleistungen erfolgt nicht mehr in Papierform, sondern mit Datenbanken auf Lotus-Notes. Die Mitarbeiter können sich im

November des Vorjahres ein Formular am Bildschirm aufrufen, aus dem sich die Höhe ihres Cafeteria-Anspruchs für das folgende Jahr ergibt. Die Abwicklungsmodalitäten sind ebenfalls für den Mitarbeiter nachvollziehbar im System hinterlegt. Die Auswahl sämtlicher Sozialleistungen erfolgt elektronisch. Lediglich für den Kindergartenzuschuss ist es erforderlich, einen Beleg in Papierform einzureichen.

Auch im fünften Jahr seines Bestehens hat sich das Cafeteria-System der Wiesbadener Volksbank als attraktives Sozialleistungssystem bewährt. Die Leistungen, die am meisten gewählt wurden, waren über die letzten Jahre konstant die Altersversorgung (ca. 35 %), freie Tage (ca. 35 %), Cash (ca. 17 %), Fahrtkosten (ca. 9 %), Kindergartenzuschuss (ca. 4 %). Bedauerlicherweise führten Veränderungen in der Gesetzgebung dazu, dass eine Heirats- und Geburtshilfe nicht mehr steuerfrei ausgezahlt werden kann und somit als unattraktiver Baustein aus dem System herausgenommen wurde und auch die Fahrtkostenerstattung für Mitarbeiter, die öffentliche Verkehrsmittel benutzen, aufgrund der neuen Regelung nicht mehr besonders interessant ist.

3.4 Unternehmenskultur

Leitfragen:

- Was versteht man unter einer Unternehmenskultur?
- Welche Funktionen hat eine Unternehmenskultur?
- Wie kann man eine Unternehmenskultur beschreiben?
- Welche Möglichkeiten gibt es, die Kultur eines Unternehmens zu beeinflussen?

3.4.1 Grundlagen der Unternehmenskultur

Unternehmen sind höchst unterschiedlich. Kein Wunder, möchte man meinen: Sie sind schließlich unterschiedlich groß, vertreiben unterschiedliche Produkte auf unterschiedlichen Märkten und sind in unterschiedlichen Ländern angesiedelt. Auffällig ist allerdings, dass sich auch Menschen in verschiedenen Unternehmen zum Teil völlig unterschiedlich verhalten. Sie lösen Probleme in einer speziellen Art und Weise, bewerten die Verhaltensweisen von Kolleginnen und Kollegen anders oder kommunizieren in einer Form, die in anderen Unternehmen nicht üblich ist. Es herrscht eine besondere Art von „Kultur", die jedem Unternehmen eine ganz eigene, unverwechselbare Identität gibt. Jedes Unternehmen scheint – in Analogie zum Menschen – eine Art eigene Persönlichkeit zu haben.

Die Erfahrung, wie sehr sich diese „Persönlichkeit" unterscheiden kann, machen besonders Menschen, die im Laufe ihrer beruflichen Karriere den Arbeitgeber gewechselt haben. Mitunter passt plötzlich nichts mehr zusammen. Da ist zum Beispiel statt permanenter Abstimmprozesse über verschiedene Hierarchieebenen hinweg jetzt plötzlich ein hohes Maß an Eigenverantwortung wichtig. Statt höflichem Miteinander, das durch ein allgemeines „einander nicht wehtun wollen" gekennzeichnet ist, steht nun eine direkte, unverblümte Kommunikation im Vordergrund. An die Stelle der gewohnten informellen Kaffeerunden treten hocheffiziente Meetings. Risiken werden plötzlich akzeptiert und nicht mehr um jeden Preis vermieden. Krawatte ist nun ebenso Pflicht wie ein blauer Anzug und vieles mehr.

Besonders stark sind diese wahrgenommenen Unterschiede, wenn man mit dem Unternehmen auch gleich noch das Land wechselt, in dem man beschäftigt ist. Hier sind hohe Anpassungshürden vorprogrammiert, da die Landeskultur die Unternehmenskultur in hohem Maß beeinflusst und so quasi ein doppelter Wechsel vollzogen werden muss.

Sehr deutlich werden diese Unterschiede auch dann, wenn man etwa das Verhalten von Teams in unterschiedlichen Unternehmen analysiert. So geht ein Team von Therapeuten in der Regel ganz anders miteinander um, als dies bei einer Schiffscrew der

Fall ist. Beschäftigte auf einer Baustelle verhalten sich in der Regel völlig anders als Bankmitarbeiter. Die unterschiedliche Art, miteinander umzugehen, wird dabei häufig schon in der Sprache deutlich. Auf einer Baustelle oder einem Schiff wird in der Regel sehr klar, hart und unmissverständlich kommuniziert. In einer Bank oder bei einem Team von Therapeuten sind eher leisere Töne mit einem Hang zum Ausgleich üblich.

Auch Kulturwandel kann – gerade wenn er sehr schnell vonstatten geht – gut beobachtet werden. So werden im Zeitalter der Globalisierung immer wieder inhabergeführte Familienunternehmen an private Investoren verkauft. Pointiert ausgedrückt: Den damit einhergehenden kulturellen Wandel bekommen die Beschäftigten beispielsweise dann zu spüren, wenn „verdiente" Mitarbeiter mit gesundheitlichen Problemen keine Auffangstelle angeboten bekommen, sondern eine krankheitsbedingte Kündigung in den Händen halten. Zählte gerade noch das Wort des Vorgesetzten, ist seine Aussage nun nur noch mit seiner Unterschrift oder in Form einer schriftlichen Bestätigung per E-Mail ernst zu nehmen. Wurden vorher die Reaktionen der einzelnen Beteiligten abgewogen, spielen diese nun keine Rolle mehr: Die Controlling-Zahlen sind plötzlich das Maß der Dinge.

3.4.2   Begriffsbestimmung zur Unternehmenskultur

Eine Unternehmenskultur hat offensichtlich enorm viele Facetten. Die genannten Beispiele machen deutlich, welch unterschiedliche Aspekte einer Organisation von der Unternehmenskultur beeinflusst werden können. Dabei sind nicht alle kulturellen Eigenheiten sofort sichtbar. Regelmäßig ist die Unternehmenskultur den Beteiligten auch nicht bewusst: Können Kleiderordnungen, bestimmte Designelemente oder Unternehmensstrukturen noch relativ leicht beobachtet werden, ist dies bei den zugrunde liegenden Überzeugungen, Normen, Regeln und Werten kaum unmittelbar möglich. Sackmann vergleicht in diesem Zusammenhang die Unternehmenskultur mit einem Eisberg.[235] Ähnlich wie bei einem solchen Eiskoloss, bei dem nur ein geringer Prozentsatz über die Meeresoberfläche hinausragt, ist ein Großteil der Unternehmenskultur für den Betrachter zunächst verborgen.

---

[235] Vgl. Sackmann 2004, S. 25

Abbildung 3-26: Das Eisbergmodell der Unternehmenskultur (nach Sackmann 2004, S. 25)

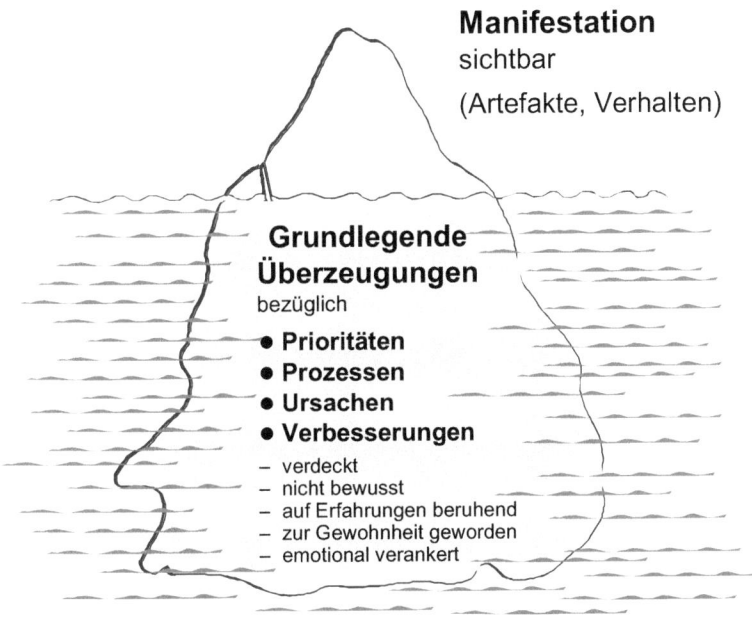

Auch wenn ein großer Teil der Unternehmenskultur zunächst nicht sichtbar oder bewusst ist, gibt es dennoch eine Reihe von Ausdrucksformen, an der man die Kultur eines Unternehmens erkennen kann. Doppler/Lauterburg[236] zählen hierzu:

■ Kommunikation: Diese Ausdrucksform beinhaltet die Art, wie schriftlich (z. B. primär per E-Mail oder Papier, mit oder ohne förmlich Anrede) bzw. mündlich kommuniziert wird, die Inhalte der Kommunikation, den Sprachstil und mögliche Tabus in der Kommunikation einer Firma.

■ Verhalten: Die Art, wie Entscheidungen zustande kommen (z. B. zentral und alleine oder breit abgestimmt und im Team) und wie sich Führungskräfte verhalten, spielt hier ebenso eine Rolle wie der Umgang miteinander. Zudem kann beobachtet werden, welche Verhaltensweisen belohnt, welche bestraft werden. Aber auch der Umgang mit individuellem Erfolg (z. B. „Mitarbeiter des Monats") kann hier prägend sein.

■ Strukturen: Auch die Art, welche Gebäude, Anlagen oder Formen der Raumgestaltung vorherrschen, ist ein Ausdruck der Unternehmenskultur. Zusätzlich geben bevorzugte Organisationsformen oder Regelungen Aufschluss darüber, welche

---

236 Vgl. Doppler/Lauterburg 1996, S. 391 f.

kulturellen Eigenheiten vorliegen. Dazu dient beispielsweise die Beobachtung, welches Führungsinstrumentarium (z. B. Gespräche zur Zielvereinbarung) zum Einsatz kommt.

- Soziale Ereignisse: Regelmäßige Veranstaltungen drücken aus, welche kulturellen Aspekte gelebt werden. Hierzu zählen etwa jährlich stattfindende Konferenzen, gemeinsame Frühstücke, Firmenfeste oder Abteilungstreffen. Selbst die Art, wie man mit dem Gedenken an Verstorbene umgeht, kann stark zwischen Firmen differieren.

Für die weitere Diskussion ist es hilfreich, das Phänomen „Unternehmenskultur" begrifflich einzugrenzen. Dabei ist auffällig, dass die Unternehmenskultur in der Literatur sehr unterschiedlich definiert wird:

- Edgar Schein, einer der Pioniere im Bereich der Unternehmenskultur, charakterisiert diese als „a pattern of shared basic assumptions"[237], also ein Muster geteilter Grundannahmen.

- Neuberger und Kompa[238] beschreiben diesen Begriff als die „Summe der Überzeugungen, Regeln und Werte, die das Typische und Einmalige eines Unternehmens ausmachen".

- Ähnlich argumentieren Doppler und Lauterburg[239]: Für sie ist Unternehmenskultur „die Gesamtheit aller Normen und Werte, die den Geist und die Persönlichkeit des Unternehmens ausmachen".

- Andere Autoren beschreiben die Persönlichkeit eines Unternehmens stärker aus Sicht der Beteiligten und stellen auf bestimmte „Denk-, Fühl- und Handlungsmuster" ab, welche die Unternehmenskultur kennzeichnen.[240]

- In der Praxis wird oftmals eine pragmatischere Charakterisierung gewählt: „So läuft das eben hier!"

3.4.3   Funktionen von Unternehmenskultur

Doch warum gibt es eine Unternehmenskultur? Welchen Nutzen stiftet sie in einem Unternehmen? Eine erste Antwort auf diese Fragen bietet ein Blick auf mögliche Funktionen der Unternehmenskultur:[241]

---

[237] Schein 2004, S. 17
[238] Neuberger/Kompa 1987, S. 17
[239] Doppler/Lauterburg 1996, S. 390
[240] Hofstede 2006, S. 3
[241] Vgl. Sackmann 2004, S. 27 ff.

Reduktion von Unsicherheit und Komplexität

Normen und Werte helfen dabei, sich im Unternehmen leichter zu orientieren. Die Mitarbeiter wissen, ohne dass dies etwa in Handbüchern explizit formuliert worden wäre, was von ihnen erwartet wird, und richten ihr Verhalten entsprechend aus. Gleichzeitig haben die Mitarbeiter eine realistische Vorstellung davon, was sie von anderen Mitarbeitern erwarten können.

Die Normen und Werte vermitteln ein Gefühl dafür, was – aus Sicht des Unternehmens – richtig und was falsch ist, welches Verhalten belohnt und welches bestraft wird. Die Unternehmenskultur transportiert zudem implizite Informationen, welche ersten Schritte bei einer Problemlösung in die richtige Richtung gehen.

Koordinieren des Handelns

In modernen Organisationen dominieren dezentrale Entscheidungsstrukturen. Die Mitarbeiter aller hierarchischen Ebenen haben, im Gegensatz zu streng hierarchischen Organisationsformen, große Handlungsspielräume und können wichtige Entscheidungen oft autonom treffen. Hier kann die Unternehmenskultur helfen, das Handeln des Einzelnen mit dem Handeln der anderen Mitarbeiter zu koordinieren. Sie übernimmt damit (zumindest teilweise) die Funktion des direkten Vorgesetzten, der zuvor alleine für die Koordination und Abstimmung verantwortlich war.

Identifikation/Sinnstiftung

Unternehmenskultur kann helfen, ein „Wir-Gefühl" zu vermitteln. Die Beschäftigten eines Unternehmens verstehen sich als Einheit und grenzen sich bewusst gegenüber Nichtmitgliedern des Unternehmens (z. B. Konkurrenten) ab. Diese wahrgenommene Einheit verändert mitunter auch die gegenseitige Wahrnehmung. Nicht umsonst wird in der Psychologie vermutet, dass wahrgenommene Ähnlichkeit ein guter Hinweis für Sympathie sein kann.

Auslöser für ein solches „Wir-Gefühl" können etwa Personen (z. B. ein Firmengründer) oder ein bestimmtes Produkt (z. B. ein großes Bauwerk) sein. Eine besondere Bedeutung kommt dabei der Sinnstiftung zu. Oder wie es Antoine de Saint-Exupéry einmal formulierte: „Wenn du ein Schiff bauen willst, so trommle nicht Männer zusammen, um Holz zu beschaffen, Aufgaben zu verteilen, sondern lehre die Männer die Sehnsucht nach dem endlosen weiten Meer."

Stabilität und Kontinuität

Die Unternehmenskultur kann helfen, die Stabilität und Kontinuität von Strukturen und Prozessen im Unternehmen zu erhalten. Dabei fungiert sie als eine Art „kollektives Gedächtnis". In diesem Gedächtnis werden erfolgreiche und weniger erfolgreiche Verhaltensweisen abgespeichert und im Bedarfsfall abgerufen. Dadurch werden Probleme, basierend auf dem kollektiven Erfahrungswissen, ähnlich wie in der Vergangenheit gelöst.

Die beschriebenen Funktionen können prinzipiell sowohl positive als auch negative Auswirkungen haben. Komplexitätsreduktion kann beispielsweise auch dazu führen, dass feine Signale oder Details nicht mehr oder falsch interpretiert werden. Speziell in Situationen, die ein hohes Maß an Wandlungsfähigkeit erfordern, können Stabilität und Kontinuität für das Überleben eines Unternehmens eher hinderlich sein. Insbesondere ein Mangel an Flexibilität, das Aufbauen von Hürden für neue Lösungen oder eine kollektive Vermeidungshaltung gegenüber bestimmten Lösungsansätzen können dazu führen, dass das Unternehmen nicht an alte Erfolge anknüpfen kann.

3.4.4 Beschreibungen von Unternehmenskultur

Die Unternehmenskultur ist ein sehr komplexes Phänomen. Um sie besser verstehen zu können, ist es notwendig, wichtige Merkmale solcher Kulturen zu identifizieren und zu einem Konzept von Unternehmenskultur zusammenzufassen.

Es gibt inzwischen eine Vielzahl solcher Konzepte. Dabei können modellhafte, empirisch getriebene und typologische Ansätze unterschieden werden. Um einen ersten Überblick zu geben, werden beispielhaft die Ansätze von Schein, Hofstede und Deal/Kennedy beschrieben.

3.4.4.1 Edgar H. Schein: Ebenen der Unternehmenskultur[242]

Eine besondere Bedeutung für die psychologische Erforschung der Unternehmenskultur hat der modellgestützte Ansatz von Edgar H. Schein erlangt. In seinem Konzept unterscheidet er drei kulturelle Ebenen in Organisationen: die Ebenen der Artefakte (artifacts), der unterstützten Überzeugungen und Werte (espoused beliefs and values) und der zugrunde liegenden Annahmen (underlying assumptions).

Schein zählt zur Ebene der Artefakte alle Dinge, die man bei der Begegnung mit einer neuen Unternehmenskultur wahrnehmen (also hören, sehen oder fühlen) kann. Dazu zählt er beispielsweise architektonische Besonderheiten, die Art der Sprache, die Kleidung, Rituale und Zeremonien, aber auch schriftlich fixierte Informationen: etwa ein Unternehmensleitbild oder Führungsrichtlinien. Diese organisatorischen Strukturen und Prozesse sind relativ leicht zu beobachten. Die Schwierigkeit, so Schein, besteht allerdings darin, die Artefakte zu entschlüsseln. Dem neuen Betrachter ist oft nicht

---

[242] Vgl. Schein 2004, S. 25 ff.

klar, welche Bedeutung seine Beobachtungen haben. Erschwerend kommt hinzu, dass der Betrachter seine Wahrnehmungen vor dem Hintergrund seiner eigenen Erfahrungen interpretiert: „For example, when one sees a very informal, loose organization, one may interpret that as inefficient if one's own background is based on the assumption that informality means playing around and not working."[243]

Abbildung 3-27:   *Kulturebenen nach Edgar H. Schein (vgl. Schein 2004, S. 26)*

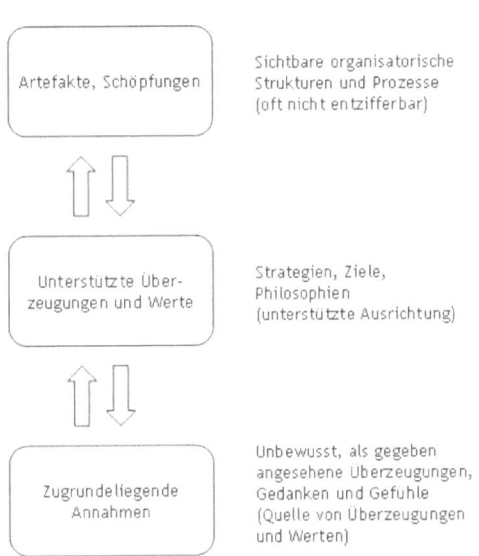

Unter der wahrnehmbaren Oberfläche der Artefakte liegen die unterstützten Überzeugungen und Werte. Oftmals basieren diese auf den Wertvorstellungen einzelner Mitglieder eines Unternehmens. Sie überzeugen bei neuen Aufgaben oder Problemen andere Gruppenmitglieder, bestimmte Verhaltensweisen anzuwenden, und geben so ihre persönlichen Auffassungen bzw. Erfahrungen weiter. Diese Werte und Überzeugungen werden nun von der Gruppe „sozial validiert", also mit den gemachten Erfahrungen abgeglichen. Führen aus Sicht der Gruppe bestimmte Verhaltensweisen zum Erfolg, werden sie als „richtig" eingestuft und in Zukunft bewusst beachtet. Dies kann sich beispielsweise in bestimmten Vorgehensstrategien, Zielsetzungen oder Ausrichtungen äußern. Ein Beispiel: Ein Mitarbeiter empfiehlt, bei sinkenden Umsätzen die Werbung zu verstärken. Die Gruppe übernimmt diese Einschätzung und nimmt wahr, dass die gesteigerte Werbung tatsächlich die Verkaufszahlen wieder anheben kann.

---

243 Schein 2004, S. 27

Daraus resultiert die Überzeugung, dass Werbung einen positiven Einfluss auf den generierten Umsatz hat. Ebenfalls in diesen Bereich fallen die „Unternehmensgeschichten", etwa über die schwierige Gründungszeit der Firma, das intensive soziale Engagement des Firmengründers oder den Weg zu Schlüsselinnovationen.

Hilft eine bestimmte Vorgehensweise permanent dabei, bestimmte Probleme oder Aufgaben zu lösen, wird sie irgendwann für selbstverständlich erachtet: Sie wird damit zu einer zugrunde liegenden Annahme, also einer Grundprämisse des Handelns für die Mitglieder eines Unternehmens oder einer Organisation. Sie werden zu einer Art kollektivem Gedächtnis. Die Grundannahmen werden unbewusst abgerufen und sind, insbesondere wenn sie stark in der Gruppe bzw. im Unternehmen verankert sind, kaum diskutierbar. Personen, die diese zugrunde liegenden Annahmen nicht teilen, werden oftmals nicht akzeptiert oder sogar abgelehnt. Diese unbewussten oder unsichtbaren Grundannahmen beziehen sich beispielsweise auch auf die Beziehungen der Gruppenmitglieder untereinander oder auf die Beziehung der Gruppe zur Umwelt.

Diese dritte Ebene bildet gleichzeitig die Grundlage für die beiden erstgenannten Ebenen. Wenn es beispielsweise eine Grundannahme in einem Unternehmen gibt, dass Menschen, wenn sie nicht kontrolliert werden, eigene Interessen verfolgen oder nicht arbeiten werden, so drückt sich dies auch regelmäßig in den Werten und Überzeugungen aus. Eine Führungskraft wird etwa zu der Auffassung gelangen, dass sie über alle Dinge Bescheid wissen und permanent die Mitarbeiter kontrollieren muss. Auf der Ebene der Artefakte wird dies daran deutlich, dass es restriktive Unterschriftsregelungen gibt, Telearbeit nicht gern gesehen wird und eine zentralistische, hierarchiebetonte Unternehmensstruktur vorherrscht.

3.4.4.2 Geert Hofstede: Unternehmenskultur im interkulturellen Kontext[244]

Im Gegensatz zum Modell von Edgar Schein ist der Unternehmenskultur-Ansatz von Hofstede empirisch getrieben. Beim Aufbau der Personalforschung von IBM in Europa fiel ihm auf, dass Mitarbeiter in den verschiedenen Landesgesellschaften Aufgaben und Probleme unterschiedlich bearbeiteten und zu verschiedenen Lösungen kamen. Um seine Einschätzungen auf eine wissenschaftliche Ebene zu bringen, befragte er weit mehr als 100.000 IBM-Beschäftigte in über 50 Ländern.

Aus der Sicht von Geert Hofstede wird die Unternehmenskultur stark von der nationalen Kultur beeinflusst. Nach seinem Verständnis ist die Basis für eine Kultur eine „mentale Programmierung". Jeder Mensch trägt in seinem Inneren eine Art Muster, die sein Denken, Fühlen und (potenzielles) Handeln bestimmen. Die Quellen für diese mentalen Programme liegen, so Hofstede, im sozialen Umfeld des Menschen. Die

---

[244] Vgl. Hofstede 2006, S. 51 ff.

Grundzüge werden bereits im Kindesalter erlernt.[245] Die Persönlichkeit eines Individuums kann demnach durch die einzigartige Kombination mentaler Programme charakterisiert werden.

Eine Unternehmenskultur kann diese mentalen Programme nicht zur Seite schieben, sie aber sehr wohl ergänzen. Dies ist aus der Sicht von Hofstede auch der Grund, warum das gleiche Unternehmen in verschiedenen Ländern wahrnehmbar unterschiedliche Unternehmenskulturen haben kann. Im Rahmen seiner Untersuchungen identifizierte er 4 Dimensionen zur Beschreibung der unterschiedlichen Kulturen.

1. Machtdistanz (Ungleichheit in der Gesellschaft)

Hofstede definiert diese Dimension als „das Ausmaß, bis zu welchem die weniger mächtigen Mitglieder von Institutionen bzw. Organisationen eines Landes erwarten und akzeptieren, dass Macht ungleich verteilt ist"[246]. Sie ist zudem ein Maßstab für die emotionale Distanz zwischen Mitarbeitern und Vorgesetzten.

Dementsprechend ist ein hohes Maß an Machtdistanz durch eine starke Zentralisierung von Entscheidungsgewalt charakterisiert. Mitarbeiter befolgen, gewöhnlich ohne Kritik, Anweisungen „von oben" und akzeptieren die (hierarchischen) Machtunterschiede. Ein geringes Maß an Machtdistanz geht in der Regel mit dezentralen Organisationsformen einher. Mitarbeiter werden vor wichtigen Entscheidungen eingebunden. Vorgesetzte und Mitarbeiter sind tendenziell gleichwertig. Dementsprechend schmälern alle Ansätze von Partizipation oder Mitbestimmung die Machtdistanz.

Unterschiedliche Machtdistanz kann besonders bei internationalen Teams zu Problemen führen: Teammitglieder, die eine hohe Machtdistanz gewohnt sind, wirken möglicherweise passiv, und Kritik ist ihnen nur schwer zu entlocken. Personen im Team, die eine geringe Machtdistanz als normal empfinden, können als respektlose Nörgler erlebt werden.

2. Kollektivismus/Individualismus

Die zweite Dimension von Hofstede bestimmt, inwiefern einzelne Individuen in eine (Arbeits-)Gruppe integriert sind. Er verdeutlicht diese Dimension anhand zweier gegensätzlicher Ausprägungen: „extremer Kollektivismus" und „extremer Individualismus".

In einer individualistischen Gesellschaft sind die Bindungen zwischen den Individuen eher locker. Jeder verfolgt vorrangig persönliche Ziele. Freundschaften werden freiwillig geschlossen. Auch die Kommunikation weist Eigenheiten auf: Es ist üblich, zu

---

[245] Vgl. Hofstede 2006, S. 3
[246] Hofstede 2006, S. 59

sagen, was man denkt. Bei der Kommunikation kommt es zudem stärker darauf an, „was" man sagt, und nicht so sehr darauf, „wie" man etwas ausdrückt.

Kollektivistische Gesellschaften funktionieren völlig anders. Die Beteiligten verstehen sich als Teil einer Gruppe. Das „Wir-Gefühl" dominiert das Denken und Handeln. Die Bindungen untereinander sind entsprechend stark; die Gruppengemeinschaft steht im Vordergrund. Bei den verfolgten Zielen handelt es sich in der Regel um Gruppenziele. Bei der Kommunikation spielt die Form (das „Wie") eine entscheidende Rolle. Eine direkte Konfrontation sollte, wenn irgend möglich, vermieden werden.

Beide Extreme haben im betrieblichen Kontext Vor- und Nachteile. So weisen Mitarbeiter in einer individualistischen Unternehmenskultur häufig nur eine begrenzte Teamfähigkeit auf. Bei der Delegation von Entscheidungen muss damit gerechnet werden, dass die Interessen des Individuums die eigentlichen Zielsetzungen überlagern und so die Delegation ineffizient werden lassen. In einem kollektivistischen Umfeld kann es schwierig sein, offene Kritik zu üben. Bei allem Handeln muss im Hinterkopf behalten werden, welchen Einfluss dies auf die Gruppe hat.

Insbesondere bei international aufgestellten Unternehmen können Probleme auftreten, wenn länderübergreifende Standards etabliert werden sollen. Ist es in individualistisch geprägten Landesgesellschaften möglich, herausragende Leistungen individuell zu honorieren (z. B. durch Prämien), werden solche Leistungen im kollektivistischen Umfeld sehr viel stärker gruppenbezogen akzeptiert. Auch Führungsleitlinien lassen sich nicht 1:1 umsetzen. Während in der individualistischen Kultur die Fähigkeit, schlechte Nachrichten direkt zu vermitteln, als wesentliche Führungsfähigkeit gesehen wird, wird das offene Gespräch bei Mitarbeitern mit einem kollektivistischen Hintergrund eher als Frontalangriff (miss-)verstanden.

3. Femininität vs. Maskulinität

Hofstede differenziert auf einer dritten Ebene zwischen maskulinen und femininen Kulturen. Während Maskulinität stärker mit Begriffen wie Durchsetzungsfähigkeit, Ehrgeiz, Entschlossenheit oder Härte belegt wird, spielen bei Femininität Beziehungsstärke, Bescheidenheit, Konsensfähigkeit oder Sensibilität eine Rolle.

Aus der Sicht von Hofstede führt dies dazu, dass feminine Kulturen stärker im Dienstleistungssektor Erfolg haben. Maskuline Kulturen können dafür im Bereich der Massenproduktion punkten. In einem maskulinen Umfeld ist zudem oft die Arbeit gleichzeitig der Lebensmittelpunkt, während in der femininen Kultur die Arbeit stärker Mittel zum Zweck ist. Die Humanisierung der Arbeitswelt wird in femininen Kulturen beispielsweise über verstärkte Kontakte untereinander und eine intensivere Zusammenarbeit realisiert. Maskulinität setzt demgegenüber stärker auf Aufgabenbereicherung (z. B. Job-Enrichment, Job-Enlargement).

Femininität und Maskulinität sind insbesondere im betrieblichen Kontext wichtig. Beispiel Konflikte: Steht Femininität für eine Konfliktlösung durch Kompromisse, so wird in der maskulin dominierten Unternehmenskultur um eine Lösung gekämpft. Während in der feminin dominierten Kultur Besprechungen der Problemlösung dienen, sind maskulin geprägte Treffen eher ein Forum zur Selbstdarstellung.

4. Unsicherheitsvermeidung (von schwach bis stark)

Die vierte und gleichzeitig letzte Dimension von Hofstede thematisiert den Umgang mit Unsicherheit. Es geht im Kern darum, inwieweit sich Mitglieder eines Unternehmens in Situationen (un-)wohl fühlen, die neuartig, unbekannt oder unklar sind. Dabei stellt Hofstede klar, dass Unsicherheitsvermeidung nicht mit Risikovermeidung verwechselt werden darf. Unsicherheit ist ein unbestimmtes Gefühl. Man weiß in einer Situation nicht, ob überhaupt etwas oder, wenn ja, was genau geschehen wird. Ein Risiko beschreibt demgegenüber die Eintrittswahrscheinlichkeit einer ganz bestimmten Situation, ist also bestimmt.

Unternehmen nutzen verschiedene Möglichkeiten, um besser mit Unsicherheit umgehen zu können. Hierzu zählen beispielsweise formelle Regelungen (z. B. Handbücher), standardisierte Verfahren (z. B. mit detaillierten Prozessbeschreibungen) oder auch das penible Einhalten von gesetzlichen Regelungen. In einer Kultur mit einem hohen Ausmaß an Unsicherheitsvermeidung findet man zudem häufig eine gewisse Skepsis gegenüber Neuerungen. Ringt man sich dennoch dazu durch, Innovationen bzw. Neuerungen einzuführen, werden diese in der Regel extrem detailliert und mit hohem Aufwand umgesetzt.

Im Gegensatz dazu existieren in Unternehmen, in denen eher eine schwache Unsicherheitsvermeidung vorzufinden ist, wenig formale Regeln oder Rituale, man ist deutlich aufgeschlossener für Neuerungen und setzt grundlegende Innovationen häufiger und schneller um als in einem auf Unsicherheitsvermeidung ausgerichteten Unternehmen.

Hofstede sensibilisiert mit seinem Ansatz insbesondere für die nationalen Unterschiede im Bereich der Unternehmenskultur. Gerade durch die Globalisierung wird das Zusammenspiel zwischen Mitarbeitern aus unterschiedlichen Kulturkreisen zunehmend wichtiger. Neben den typischen Sprachproblemen oder den Koordinierungsschwierigkeiten über längere Distanzen hinweg kommt es immer wieder zu Problemen, weil unterschiedliche Werte oder Normen die Zusammenarbeit erschweren. Wichtig ist, dass die jeweilige Landeskultur von kulturfremden Mitarbeitern verstanden werden kann. Dabei können die vier Dimensionen Hofstedes hilfreich sein.

3.4.4.3 Deal/Kennedy: Risiko und Feedback in Kulturen[247]

Auch Deal und Kennedy versuchen, die Komplexität des Phänomens Unternehmenskultur zu reduzieren. Zu diesem Zweck beschreiben sie ein typologisches Konzept, das auf zwei Ebenen aufbaut: dem Risikograd, der mit den geschäftlichen Aktivitäten des Unternehmens einhergeht, und der Schnelligkeit, mit der ein Unternehmen am Markt Feedback auf die Richtigkeit seiner Strategie bzw. Entscheidungen bekommt. Aus dieser Typologie resultiert eine Vier-Felder-Matrix.

Abbildung 3-28: *Typologie der Unternehmenskultur nach Deal/Kennedy*

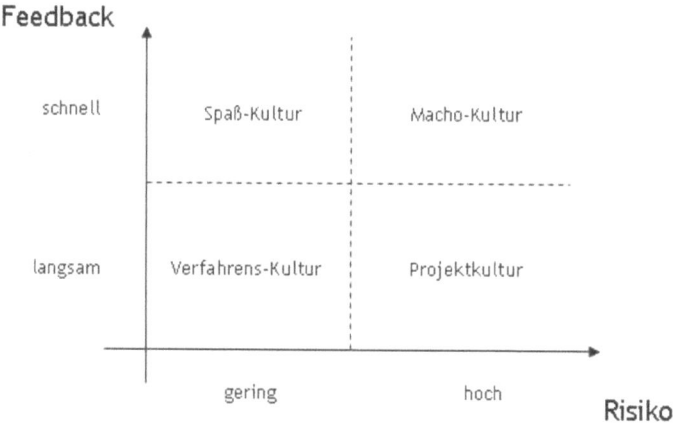

Die Machokultur („The tough-guy, macho culture")

Diese oft auch als „Alles-oder-nichts-Kultur" beschriebene Kulturform entspricht einer Welt voller Individualisten, die regelmäßig hohe Risiken eingehen. Dabei erfahren sie sehr schnell, ob sie richtig oder falsch gehandelt haben. Als Beispiele nennen die Autoren die Bereiche Consulting, Werbung oder Entertainment. Diese Branchen zeichnen sich im Allgemeinen durch eine sehr hohe Geschwindigkeit, nicht so sehr durch hohe Ausdauer aus. Durch Erfolg gelangen die Mitarbeiter zu Macht, Ansehen und Status. Im Mittelpunkt steht dabei die zu bewältigende Herausforderung. Der hohe Druck führt jedoch auch dazu, dass ein (früher) Burn-out wahrscheinlicher wird.

---

[247] Vgl. Deal/Kennedy 2000, S. 107 ff.

Die Spaßkultur („The work hard/play hard culture")

In dieser Kultur beherrschen Spaß und Aktion den Alltag. Die Mitarbeiter gehen nur selten wirkliche Risiken ein und erhalten schnell ein Feedback. Die Kultur ermuntert sie, viele Dinge mit relativ geringem Risiko durchzuführen. Exemplarisch führen Deal und Kennedy hier den Computersektor, die Immobilienwirtschaft, den Vertrieb in der Versicherungswirtschaft oder andere stark vertriebslastige Branchen auf. Entsprechend oft stehen die Kundenbedürfnisse im Mittelpunkt des Handelns. Es ist jedoch nicht der einzelne Verkaufserfolg ausschlaggebend. Hartnäckigkeit und Ausdauer führen in dieser Kultur zum Erfolg. Allerdings führt dies mitunter dazu, dass quantitative Verkaufserfolge (hohes Umsatzvolumen) zu qualitativen Problemen (z. B. bei der Beratung) führen. Der Zwang zu hohen Umsätzen führt regelmäßig dazu, dass wirklichen Ursachen für Probleme nicht auf den Grund gegangen wird (Hauptsache „quick and dirty").

Die Risiko- oder Projektkultur („The bet-your-company culture")

Mitarbeiter erhalten in dieser Kultur nur sehr langsam Feedback für ihr Handeln. Es können mitunter Jahre vergehen, bis klar ist, ob getroffene Entscheidungen richtig waren. Allerdings existieren sehr hohe Risiken. Fehlentscheidungen können die Existenz des Unternehmens bedrohen. Jede Entscheidung wird (besonders über mehrere Hierarchieebenen hinweg) mehrfach überprüft. Beispiele hierfür sind etwa die Pharmaindustrie, der Flugzeugbau oder die Rüstungsindustrie. Die mitunter starke Hierarchie kann dazu führen, dass mögliche Innovationen kaum oder gar nicht zum Zuge kommen.

Die Verfahrenskultur („The process culture")

Diese Kultur ist durch geringe Risiken und langsames oder fehlendes Feedback gekennzeichnet. Typische Vertreter sind Banken, Versicherungen, Behörden oder stark regulierte Branchen (z. B. Stromindustrie). Da es kaum Feedback gibt, spielt das „Wie" eine viel größere Rolle als das „Was". Das Ziel ist ein perfekter und an Überraschungen armer Arbeitsvollzug. Die Arbeit ist gekennzeichnet durch ein hohes Maß an Misstrauen, sehr präzise Dokumentation und intensive Kontrollen. Extreme Ausprägung der Verfahrenskultur ist die Bürokratie.

Nachteilig an einer solchen Typologie ist, dass nur idealtypische Unternehmen charakterisiert werden. In der Regel stellen Unternehmen eher Mischformen dar, die mit Dimensionen in verschiedenen Ausprägungen (wie z. B. bei Hofstede) differenzierter dargestellt werden können. Zudem ist es auch möglich, dass in einem Unternehmen mehrere Kulturtypen zu beobachten sind. So kann etwa bei einer Versicherung in der Verwaltung eher eine Verfahrenskultur, im Vertrieb eher eine Spaßkultur dominieren.

Solche „Subkulturen" entstehen besonders häufig, wenn kulturelle Aspekte kaum oder gar nicht thematisiert oder gezielt verändert werden. Auch die zugrunde liegenden Dimensionen variieren je nach Autor. So basiert z. B. auch die Typologie von Cameron und Quinn auf einer Vier-Felder-Matrix.[248] Die Dimensionen beziehen sich jedoch auf die Extrempaare „interner/externer Fokus" bzw. „Stabilität/Flexibilität".

3.4.5 Veränderung der Unternehmenskultur

Weder Unternehmen selbst noch ihr Umfeld sind statisch. Allerdings zeichnet sich eine Unternehmenskultur in der Regel durch ein gutes Maß an Beharrungsvermögen aus. Oder, um mit dem Modell von Edgar Schein zu argumentieren: Es dauert eine gewisse Zeit, bis Werte und Normen zu grundlegenden Annahmen werden. Ist dies geschehen, braucht es mitunter Jahre oder Jahrzehnte, bis diese Annahmen modifiziert werden.

Dennoch kommt es immer wieder auch zu großen, schnellen Umwälzungen im Bereich der Unternehmenskultur. Solche Umbrüche resultieren meist aus gravierenden und plötzlichen Veränderungen. Dies ist z. B. dann der Fall, wenn Märkte wegbrechen. Eine Ursache hierfür kann die zunehmende Konkurrenz aus dem Ausland sein. Bis vor wenigen Jahren war die Chipproduktion noch stark in den USA verankert. Inzwischen wird hauptsächlich in Asien gefertigt. Auch kann es vorkommen, dass eine Technologie schlicht nicht mehr gebraucht wird, wie dies etwa im Bereich der analogen Fotografie geschehen ist. Aber auch der plötzliche Tod des Firmengründers oder das Ausscheiden wichtiger Schlüsselpersonen, welche die Kultur nachhaltig geprägt haben, können Grund für eine plötzliche Veränderung sein.

In diesem Zusammenhang stellt sich die Frage, inwiefern die Unternehmenskultur überhaupt aktiv beeinflussbar ist. Generell werden die konkreten Eingriffsmöglichkeiten eher skeptisch betrachtet.[249] Denkbare Ansätze können beispielsweise wie folgt differenziert werden:[250]

Tabelle 3-15:   *Veränderungsstrategien der Unternehmenskultur*

Auslöser/Tempo	Langsames Tempo	Hohes Tempo
Zentraler Impuls/Auslöser	Mentoring	Charismatischer Wandel
Dezentraler Impuls/Auslöser	Evolution	Krisenintervention

[248] Vgl. Cameron/Quinn 2006, S. 31 ff.
[249] Vgl. von Rosenstiel 2007, S. 391
[250] In Anlehnung an Neuberger/Kompa 1987, S. 253 ff.

Charismatischer Wandel („Macher-Ansatz")

Der Impuls zur Veränderung geht bei einem charismatischen Wandel vom Unternehmen selbst aus. In der Regel ist es ein Macher oder Visionär, der alle Beteiligten zu einem Wandel mit hoher Geschwindigkeit „mitreißt". Er ist es auch, der „von oben nach unten" die wichtigsten Veränderungen anstößt und durchsetzt. Dabei gelingt es ihm, eine Vorbildfunktion einzunehmen. Zudem wirkt er integrierend und schafft es so, Personen oder Gruppen mit unterschiedlichen Zielen oder Haltungen auf eine gemeinsame „Linie" einzuschwören.

Mentoring („Gärtner-Ansatz")

Der Wandel im Unternehmen wird hier nicht bis zum Äußersten forciert. Die Unternehmensspitze beschränkt sich darauf, den Wandel in die richtigen Bahnen zu lenken. Dem liegt die Annahme zugrunde, dass die Unternehmenskultur ohnehin ein gewisses Beharrungsvermögen hat und der Versuch, mit hoher Energie einen Wandel erzwingen zu wollen, daher zum Scheitern verurteilt ist.

Krisenintervention („Krisen-Ansatz")

Ausgangspunkt für diese Form des Wandels ist ein gravierender Impuls außerhalb des Unternehmens. Dieser macht einen schnellen Wandel erforderlich, weil sonst beispielsweise die Existenz des Unternehmens bedroht ist. Dies ist etwa dann der Fall, wenn ein Technologiewandel das eigene Geschäftsmodell in Frage stellt (wie z. B. in jüngerer Zeit bei den Herstellern von Röhrenmonitoren) oder sich die Marktsituation gravierend wandelt (z. B. wenn der Direktvertrieb via Internet das klassische Filialgeschäft in Frage stellt).

Evolution („Autonomie-Ansatz")

Hier findet der Wandel weitgehend ohne direkte Intervention der Firmenspitze statt. Die Impulse für den Wandel kommen vom Markt. Sie werden langsam umgesetzt. Die Möglichkeiten des Wandels werden nur von gemeinsamen Zielen, den zur Verfügung stehenden Ressourcen und den beteiligten Akteuren begrenzt. Dieser Ansatz begünstigt die Bildung von Subkulturen in einem Unternehmen, was sowohl Vorteile (z. B. höhere Flexibilität oder Innovationsfähigkeit) als auch Nachteile (z. B. Kulturkämpfe) bietet.

Es scheint klar, dass eine mechanistische Vorgehensweise (Aktion A löst Veränderung B aus) bei einer Veränderung der Unternehmenskultur kaum zum Ziel führen wird.

Doch wie kann ein kultureller Wandel stattfinden? Viele Autoren empfehlen hier eine mehrstufige Vorgehensweise:[251]

1. Diagnosephase („Wo stehen wir heute?"): In dieser Phase werden die bestehende Kultur, etwa im Rahmen einer Mitarbeiterbefragung oder in Zusammenarbeit mit einem externen Institut, und die aktuellen Rahmenbedingungen ermittelt. Ziel ist es, die Kultur und ihre möglichen Defizite so zu beschreiben, dass sie handhabbar wird.

2. Betroffenheitsphase („Warum ist Wandel nötig?"): Das Erläutern, warum eine Kulturveränderung zwingend notwendig ist, steht im Mittelpunkt dieser Phase. Dabei geht es insbesondere um eine Sensibilisierung der Mitarbeiter und des Managements.

3. Zielkulturphase („In welche Richtung soll es gehen?"): Um eine Veränderung anstoßen zu können, muss klar sein, in welche Richtung ein möglicher Wandel gehen soll. Hierbei gilt es, den Raum für Möglichkeiten zu ermitteln und erste, noch grobe Normen zu etablieren.

4. Arbeitsphase („Was ist zu tun?"): Diese Phase ist von konkreten Aktionen und der gemeinsamen Arbeit an der Kulturveränderung geprägt. Die Möglichkeiten sind dabei sehr vielschichtig. Das Spektrum reicht von Großveranstaltungen, Mitarbeiterbefragungen[252], Workshops und Schulungen bis hin zum Austausch von Führungskräften oder zum Entwickeln von neuen Leitbildern. Entscheidend in dieser Phase ist das permanente Feedback im Führungsprozess. Die gewünschte Kultur muss Maßstab für das Führungsverhalten sein. Die Mitarbeiter müssen spüren, dass nicht nur geredet, sondern auch entsprechend gehandelt wird.

5. Abschlussphase („Was haben wir erreicht?"): Hat ein kultureller Wandel stattgefunden, gilt es, diesen zu fixieren. Mitarbeiter und Management sollen begreifen, welcher Teil des Wegs bereits absolviert ist. Da permanent ein kultureller Wandel im Unternehmen stattfindet, signalisiert dies zwar keinen fixen Endpunkt, aber einen Meilenstein.

Die beschriebene Vorgehensweise kann nur erste Anhaltspunkte für einen möglichen Veränderungsprozess liefern. So unterschiedlich die Kultur von Unternehmen ist, so unterschiedlich ist auch ein sinnvoller Veränderungsprozess, der für das jeweilige Unternehmen zielführend ist.

---

[251] In Anlehnung an Doppler/Lauterburg 1996, S. 398 ff.
[252] Vgl. Borg 2000, S. 23 f.

4 Literaturverzeichnis

Ackermann, Karl-Friedrich / Meyer, Martin / Mez, Bernd (Hrsg.): Die kundenorientierte Personalabteilung, Wiesbaden 1998

Aufhauser, R.: Bayerisches Personalvertretungsgesetz, Basiskommentar, 4. Aufl., Frankfurt/M. 2006

Axon (Hrsg.): Realizing the potential Shared services, Axon Solutions Inc. 5/2001

Backhausen, Wilhelm / Thommen, Jean-Paul: Coaching, 3. Aufl., Wiesbaden 2006

Bartscher, Thomas / Huber, Anne: Praktische Personalwirtschaft, 2. Aufl., Wiesbaden 2007

Beblo, Miriam / Wolf, Elke /Zwick, Thomas: Erfolgsabhängige Vergütung: Ein sicherer Weg zur Steigerung der Leistung von Top-Managern?, Discussion-Paper No. 02-72, Zentrum für Europäische Wirtschaftsforschung 2002 (ftp://ftp.zew.de/pub/zew-docs/dp/dp0272.pdf)

Becker, Manfred: Personalentwicklung, 3. Aufl., Stuttgart 2002

Begemann, Petra: Business-Knigge. Wie Sie überzeugend auftreten, wie Sie Fehler vermeiden, Frankfurt 2001

Berchtold, Matthias: Studie zum Thema häufigste Auswahlverfahren, in: HR Today, Ausgabe 12/2005

Berthel, Jürgen / Becker, Fred G.: Personalmanagement, 7. Aufl., Stuttgart 2003, 8. Aufl., Stuttgart 2007

Blanchard, Kenneth / Carew, Donald / Parisi-Carew, Eunice: Der Minuten-Manager schult Hochleistungs-Teams, Reinbek 1992

Bömers, J.: Mitarbeiterbefragungen als Instrument zur Gestaltung und zum Management von Veränderungsprozessen. Stand 25.02.2008. Haufe Personal Office Professional Online, Version 5.5.7.0

Bonneau, Elisabeth: Knigge for Business. Für erfolgreiches Auftreten im Beruf, Stuttgart 2002

Borg, Ingwer: Führungsinstrument Mitarbeiterbefragung, 2. Aufl., Göttingen 2000

Breu, Marianne: Arbeitszeitflexibilisierung und gesellschaftlicher Wandel, Diss. Zürich 1999

Bröckermann, Reiner / Pepels, Werner (Hrsg.), Handbuch Recruitment, Berlin 2002

Bühner, Rolf: Personalmanagement, 2. Aufl., Landsberg/L. 1997

Cameron, Judy / Banko Katherine M. / Pierce, W. David: Pervasive Negative Effects of Rewards on Intrinsic Motivation: The Myth Continues, in: The Behavior Analyst, Vol. 24, Nr. 1/2001, S. 1–44

Cameron, Kim S. / Quinn, Robert E.: Diagnosing and Changing Organizational Culture, San Francisco 2006

Conrad, Peter / Ridder, Hans-Gerd: Human resource management: an integrative perspective, Hamburg 1999

Dachrodt, Heinz-Günther: Zeugnisse lesen und verstehen, 6. Aufl., Frankfurt/M. 2001

Deal, Terrence E. / Kennedy, Allan A.: Corporate Cultures, New York 2000

Deutsche Gesellschaft für Personalführung (Hrsg.): Personalcontrolling in der Praxis, Stuttgart 2001

Domsch, Michel E. (1999): Mitarbeiterbefragungen, in: Rosenstiel, Lutz von/ Regnet, Erika / Domsch, Michel E. (Hrsg.): Führung von Mitarbeitern, 4. Aufl., Stuttgart 2003, S. 695–708

Domsch, Michel E. / Schneble, Andrea: Mitarbeiterbefragung, 2. Aufl., Heidelberg 1992

Doppler, Klaus / Lauterburg, Christoph: Change Management – Den Unternehmenswandel gestalten, 5. Aufl., Frankfurt/M. 1996

Dressler, Matthias: Variable Anreizsysteme motivieren, in: Personalwirtschaft, Sonderheft, Nr. 9/2000, S. 40–46

Drumm, Hans Jürgen: Personalwirtschaft, 4. Aufl., Berlin 2004

Einsiedler, Herbert E. / Breuer, Kathrin / Hollstegge, Sabine / Janusch, Matthias: Organisation der Personalentwicklung, 2. Aufl., Neuwied 2003

Fath, Ralf / Urbitsch, Christian: Lexikon Altersversorgung, 4. Aufl., Rechtsstand: 1. Januar 2008, Heidelberg 2008

Feldkamp, Tom: Markttrends bei der Arbeitszeitflexibilisierung, in: B+P Personalpraxis, Nr. 1/2008, S. 15–19.

Fischer, U. / Reihsner, R.: Personalplanung, Frankfurt/M. 2002

Flanagan, John C.: The critical incident technique, in: Psychological Bulletin, 51, Nr. 4/1954, S. 327 ff.

Frey, Bruno S. / Osterloh, Margit: Pay for Performance – Immer empfehlenswert?, in: Zeitschrift für Organisation, 69, Nr. 2/2000, S. 64–69.

Gabler Wirtschaftslexikon, 11. Auflage, Wiesbaden, 1983

Goossens, Franz: Personalleiter-Handbuch, 7. Aufl., Landsberg/L. 1981

Grochla, Erwin: Personalentwicklung in Groß- und Mittelbetrieben, Dortmund 1983

Grochla, Erwin / Thom, Norbert / Strombach, Manfred E.: Personalentwicklung in Mittelbetrieben. Ein Leitfaden für die Praxis, Köln 1983

Heidecker, Michael: Wertorientiertes Human Capital Management, Wiesbaden 2003

Heinen, Edmund (Hrsg.) Industriebetriebslehre. Entscheidungen im Industriebetrieb, 8. Aufl., Wiesbaden 1985

Heinen, Edmund / Dietel, Bernhard: Informationswirtschaft in: Heinen, Edmund (Hrsg.) Industriebetriebslehre. Entscheidungen im Industriebetrieb, 8. Aufl., Wiesbaden 1985, S. 893 – S. 1066

Hentze, Joachim: Personalführungslehre, Bern 1995

Hentze, Joachim / Kammel, Andreas: Personalcontrolling, Bern – Stuttgart – Wien 1993

Hofstede, Geert: Lokales Denken, globales Handeln, 3. Aufl., München 2006

Hopfenbeck, Waldemar: Allgemeine Betriebswirtschafts- und Managementlehre, Landsberg/L. 1989

Horsch, Jürgen: Personalplanung. Grundlagen, Gestaltungsempfehlungen, Praxisbeispiele, Herne – Berlin 2000

Horváth, Peter: Controlling, 5. Aufl., , München 1994

Institut der deutschen Wirtschaft, Köln: Anlage zur Pressemitteilung 7/2006 (13.02.2006), http://www.iwkoeln.de/data/pdf/pub/pm07_06.pdf (Stand: 13. 3. 2008)

Jetter, Wolfgang: Effiziente Personalauswahl, 2. Aufl., Stuttgart 2003

Kador, Fritz-Jürgen / Pornschlegel, Hans: Handlungsanleitung zur betrieblichen Personalplanung, Köln 1989

Kador, Fritz-Jürgen / Pornschlegel, Hans: Personalplanung. Grundlage eines systematischen Personalmanagements, Eschborn 2004

Kagelmann, Uwe: Shared Services als alternative Organisationsform. Wiesbaden 2001

Kaplan, Robert S. / Norton, David P.: The Balanced Scorecard. Translating Strategy into Action, Boston 1996

Kaschube, Jürgen / Rosenstiel, Lutz von: Motivation von Führungskräften durch leistungsorientierte Bezahlung, in: Zeitschrift für Organisation 69, Nr. 2/2000, S. 70–76.

Kastner, Marc: Nutzenanalyse von Personalprogrammen. Betriebliche Berufsausbildung und Personalauswahl aus entscheidungstheoretischer Sicht, Lohmar – Köln 2001

Kieser, Alfred / Nagel, Rüdiger / Krüger, Karl-Heinz: Die Einführung neuer Mitarbeiter in das Unternehmen, 2. Aufl., Neuwied 1990

Kieser, Alfred: Einarbeitung neuer Mitarbeiter, in: Rosenstiel, Lutz von / Regnet, Erika / Domsch, Michel E. (Hrsg.): Führung von Mitarbeitern, 4. Aufl., Stuttgart 2003

Kirkpatrick, D. L.: Evaluation Of Training, in: Craig, R. L. / Bittel, L. R.: Training And Development Hanbook, New York 1967, S. 87–112

Kleinmann, Martin: Arbeitszeitmanagement, in: Hoyos, Carl Graf / Frey, Dieter (Hrsg.): Arbeits- und Organisationspsychologie, Weinheim 1999

Knorr, Elke M.: Professionelles Personalcontrolling in der Personalbeschaffung. Düsseldorf 2004

Küfner-Schmitt, Irmgard: Betriebsverfassungsrecht Basiswissen, München 2003

Küpers, Wendelin / Wunderer, Rolf: Motivationsbarrieren erkennen und reduzieren – Ergebnisse einer empirischen Untersuchung, in: Personalwirtschaft, Nr. 8/2001, S. 28–31

Landsberg, Georg von / Weiß, Reinhold (Hrsg.): Bildungscontrolling, 2. Aufl., Stuttgart 1995

Lattmann, Charles.: Organisation des Personalwesens, in: Gaugler, Eduard (Hrsg.): Handwörterbuch des Personalwesens, Stuttgart 1975

Lisges, Guido / Schübbe, Fred: Personalcontrolling. Personalbedarf planen, Fehlzeiten reduzieren, Kosten steuern, München 2007

Locher, Andreas: Individualisierung von Anreizsystemen, Lizentiatsarbeit, Universität Basel 2001 (http://www.wwz.unibas.ch/ofp/publikationen/Lizarbeiten/Individualisierung_von_Anreizsystemen_Andreas_Locher.pdf)

Louis / Posner / Powell: The Availability and Helpfulness of Socialization Practices, Personnel Psychology, Vol. 36, 1983

Mag, Wolfgang: Einführung in die betriebliche Personalplanung, 2. Aufl., München 1998

Marr, Rainer: Revolution, Evolution oder Revitalisierung, in: Personal als Passion, Elbe, Martin/ Morick, Holger (Hrsg.), Neubiberg 2000, S. 207–241

Marr, Rainer / Stitzel, Michael: Personalwirtschaft – ein konfliktorientierter Ansatz, München 1979

Meyer, Hans-Jürgen: Kapazitätsorientierte variable Arbeitszeit, Neuwied 1989

Mercer (Hrsg.): Unveröffentlichtes internes Diskussionspapier, Frankfurt/M. 2003

Ministerium für Arbeit, Gesundheit und Soziales des Landes Nordrhein-Westfalen (Hrsg.): Broschüre „Betriebliche Altersversorgung" Düsseldorf 2005

Neuberger, Oswald / Kompa, Ain: Wir, die Firma – Der Kult um die Unternehmenskultur, Weinheim 1987

Neuberger, Oswald: Führen und geführt werden, 4. Auf., Stuttgart 1994

Neubert, Roald / Thomas, Michael: Das Arbeitszeitmodell „Vertrauensarbeitszeit" in der Praxis, in: Zeitschrift für Organisation, Nr. 4/2005, S. 211–216

Nieder, Peter: Grundlagen zur Reduzierung von Fehlzeiten, Wiesbaden 1998

Nienhüser, Werner: Zentrale Personalarbeit – Lob der Zentrale, in: Scholz, Christian (Hrsg.): Innovative Personalorganisation. Center-Modelle für Wertschöpfung, Strategie, Intelligenz und Virtualisierung, Neuwied 1999, S. 158–167

Oechsler, Walter A.: Personal und Arbeit. Grundlagen des Human-resource-Managements und der Arbeitgeber-Arbeitnehmer-Beziehungen, 7. Aufl., München 2000

Olfert, Klaus: Personalwirtschaft, 12. Aufl., Ludwigshafen 2006

Prendergast, Canice: The Provision of Incentives in Firms, in: Journal of Economic Literature, Vol. 37, Nr. 1/1999, S. 7–63

Pulte, Peter: Kapazitätsorientierte variable Arbeitszeit (KAPOVAZ), Heidelberger Musterverträge, Heft 68, Heidelberg 1987

Rationalisierungs-Kuratorium der Deutschen Wirtschaft: RKW-Handbuch Personalplanung, Eschborn 1996

Rationalisierungs-Kuratorium der Deutschen Wirtschaft (Hrsg.): Maßnahmen zur Verminderung der Arbeitslosigkeit, Eschborn 1998

Rosenstiel, Lutz von: Führung und Macht, in: Hoyos, Carl Graf / Frey Dieter (Hrsg.): Arbeits- und Organisationspsychologie, Weinheim 1999

Rosenstiel, Lutz von: Grundlagen der Organisationspsychologie, 6. Aufl., Stuttgart 2007

Rosenstiel, Lutz von: Mitarbeiterführung in Wirtschaft und Verwaltung, Bayerisches Staatsministerium für Arbeit und Sozialordnung, Familie und Frauen (Hrsg.), 3. Aufl., 2002 (http://www.stmas.bayern.de/arbeit/mafuehrg.pdf; Abruf am 6. 4. 2008)

Sachverständigenkommission zur Neuordnung der steuerrechtlichen Behandlung von Altersvorsorgeaufwendungen und Altersbezügen. Abschlussbericht, Berlin 2003 (http://www.bundesfinanzministerium.de/nn_4140/DE/BMF__Startseite/Service/Down loads/Abt__IV/071__8,templateId=raw,property=publicationFile.pdf)

Sackmann, Sonja: Erfolgsfaktor Unternehmenskultur, Wiesbaden 2004

Schein, Edgar H.: Career Dynamics. Matching Individual and Organizational Needs, New York 1978

Schein, Edgar H.: Organizational Culture and Leadership, 3. Aufl., San Francisco 2004

Schindler, Ulrich: Organisatorischer Wandel im Personalmanagement, in: Tempel, H./ Schmittel, W./ Rudow, B. (Hrsg.): Die Organisation der Unternehmen im Wandel. Eigenverlag, Merseburg 1996

Schmalen, Helmut / Pechtl, Hans: Grundlagen und Probleme der Betriebswirtschaft, 13. Aufl., Stuttgart 2006

Schmitz, Marcus: Familienfreundlichkeit als Unternehmensstrategie. Düsseldorf 2006

Scholz, Christian / Oberschulte, Hans (Hrsg.): Personalmanagement in Abhängigkeit von der Konjunktur, München 1994

Scholz, Christian: Personalmanagement. Informationsorientierte und verhaltenstheoretische Grundlagen, 5. Aufl., München 2000

Schöner, M. / Graeger, E.: Dialogorientierte Personalarbeit in der Landesgirokasse, in: Ackermann / Meyer/ Mez, S. 113–136

Schorr, Angela: Psychologen im Beruf. Qualifikationsmerkmale, Tätigkeitsfelder, Perspektiven, Bonn 1991

Schuler, Heinz: Das Einstellungsinterview, Göttingen 2002

Schulte, Christof: Personal-Controlling mit Kennzahlen, München 2002

Seifert, Hartmut: Konfliktfeld Arbeitszeitpolitik, Friedrich-Ebert-Stiftung (Hrsg.), 2006, Bonn, http://library.fes.de/pdf-files/asfo/04303.pdf

Speck, P. / Frick, G.: Effizienz der kundenorientierten Personalabteilung, in: Ackermann, Karl-Friedrich / Meyer, Martin / Mez, Bernd (Hrsg.): Die kundenorientierte Personalabteilung, Wiesbaden 1998, S. 283–306

Sprenger, Reinhard K.: Mythos Motivation, 7. Aufl., Frankfurt/M. 1994

Staehle, Wolfgang H.: Management: eine verhaltenswissenschaftliche Perspektive. 7. Aufl., München 1994

Staufenbiel, Thomas: Personalentwicklung, in: Hoyos, Carl Graf / Frey Dieter (Hrsg.): Arbeits- und Organisationspsychologie, Weinheim 1999

Stiefel, Rolf Th.: Personalentwicklung in Klein- und Mittelbetrieben, Leonberg 2002

TNS Infratest, Situation und Entwicklung der betrieblichen Altersversorgung in Privatwirtschaft und öffentlichem Dienst 2001–2006. Endbericht mit Tabellen, Untersuchung im Auftrag des Bundesministeriums für Arbeit und Soziales, München, Endbericht vom 22. Juni 2007
(http://www.bmas.de/coremedia/generator/952/property=pdf/ 2007__07__03__ situation__und__entwicklung__bav__2006__endbericht.pdf)

Ulich, Eberhard: Arbeitspsychologie, 2. Aufl., Stuttgart 1992

Ulrich, Dave: Human Resource Champions, Harvard 1996

Ulrich, Dave: Das neue Personalwesen: Mitgestalter der Unternehmenszukunft, in: Harvard Business Manager, 20 Jg., Nr. 4/1998, S. 59–69

Vogt, Alfons: Personalkostenerfassung und -analyse für Planungs- und Kontrollzwecke, in: ZfbF 36 (1984), S. 861–877

Weidemann, Anja / Paschen, Michael: Personalentwicklung, 2. Aufl., Freiburg 2002

Weinert, Ansfried B.: Organisationspsychologie. Ein Lehrbuch, 4. Aufl., Weinheim 1998

Wickel-Kirsch, Silke: unveröffentlichte Studie der FH Wiesbaden zum Entwicklungstand des Personalcontrollings, Wiesbaden 2007

Wickel-Kirsch, Silke / Cisek, Günter: Die Balanced Scorecard Pro & Contra, in: Personal, Heft 6/2003, S. 12–13

Wickel-Kirsch, Silke / Körmer, Walter: Balanced Scorecard als individuelles Strategieumsetzungsinstrument, in: Zeitschrift für Führung und Organisation, Heft 2/2004, S. 98–101

Wildemann, Horst: Flexible Arbeits- und Betriebszeiten – wettbewerbs- und mitarbeiterorientiert! Bayerisches Staatsministerium für Arbeit und Sozialordnung, Frauen, Familie und Gesundheit (Hrsg.), München 1991

Wimmer, Peter / Neuberger, Oswald: Personalwesen 2: Personalplanung. Beschäftigungssysteme, Personalkosten, Personalcontrolling, Stuttgart 1998

Wunderer, Rolf / Jaritz, André: Unternehmerisches Personalcontrolling. Evaluation der Wertschöpfung im Personalmanagement (1999), 3. Aufl., Neuwied / Kriftel 2006

Wunderer, Rolf / Schlagenhaufer, Peter: Personal-Controlling : Funktionen, Instrumente, Praxisbeispiele, Stuttgart 1994

Wunderer, Rolf / von Arx, Sabina: Personalmanagement als Wertschöpfungs-Center. 2. Aufl., Wiesbaden 1999

Wittlage, Helmut: Personalbedarfsermittlung, München, 1995

MIX
Papier aus verantwortungsvollen Quellen
Paper from responsible sources
FSC® C105338

FSC
www.fsc.org

If you have any concerns about our products,
you can contact us on
ProductSafety@springernature.com

In case Publisher is established outside the EU,
the EU authorized representative is:
Springer Nature Customer Service Center GmbH
Europaplatz 3, 69115 Heidelberg, Germany

Printed by Libri Plureos GmbH
in Hamburg, Germany